博雅国际汉语精品教材

国际汉语视听说教程
A Multi-skill Chinese Course

Home with Kids

刘立新　邓　方　编著

Kiran Patel　译

第二版

北京大学出版社
PEKING UNIVERSITY PRESS

图书在版编目(CIP)数据

家有儿女：国际汉语视听说教程.1 / 刘立新，邓方编著. — 2版. —北京：北京大学出版社，2021.8
博雅国际汉语精品教材
ISBN 978-7-301-32084-6

Ⅰ.①家… Ⅱ.①刘…②邓… Ⅲ.①汉语—听说教学—对外汉语教学—教材 Ⅳ.①H195.4

中国版本图书馆CIP数据核字(2021)第055211号

书　　名	家有儿女：国际汉语视听说教程1（第二版）
	JIA YOU ERNÜ: GUOJI HANYU SHITINGSHUO JIAOCHENG 1 (DI-ER BAN)
著作责任者	刘立新　邓　方　编著
译　　者	Kiran Patel
责任编辑	孙艳玲
美术设计	张婷婷
标准书号	ISBN 978-7-301-32084-6
出版发行	北京大学出版社
地　　址	北京市海淀区成府路205号　100871
网　　址	http://www.pup.cn　新浪微博：@北京大学出版社
电子信箱	zpup@pup.cn
电　　话	邮购部 010-62752015　发行部 010-62750672　编辑部 010-62753374
印刷者	三河市博文印刷有限公司
经销者	新华书店
	889毫米×1194毫米　16开本　22.5 印张　542千字
	2021年8月第2版　2021年8月第1次印刷
定　　价	128.00元（含在线配套资源）

未经许可，不得以任何方式复制或抄袭本书之部分或全部内容。
版权所有，侵权必究
举报电话：010-62752024　电子信箱：fd@pup.pku.edu.cn
图书如有印装质量问题，请与出版部联系，电话：010-62756370

第二版前言

《家有儿女：国际汉语视听说教程》首版于2008年年底面世，十多年间一再重印，先后被北京大学、清华大学、中国人民大学、北京语言大学、北京外国语大学、中国传媒大学等高校用于留学生的汉语教学，广受学习者喜爱。2019年，这套教材的再版及修订工作被整体转移至北京大学出版社。

2009年开始，北京大学对外汉语教育学院开设了中级汉语视听说课，所采用的教材就是这套教程，我们也始终是主讲教师。在随后十年近二十个学期的教学过程中，数字技术不断更新，社会生活不断发展，汉语国际教育的专业化程度不断提高，对这套教材的再版修订和技术升级的工作也逐步提上日程。在广泛吸收教材使用者反馈意见及相关学者研究成果的基础上，我们对该教材进行了修订。

以真实语料为素材而编制的汉语视听说教材的优势，已得到学习者和研究者的广泛认可。情景剧《家有儿女》之所以被我们选中，其原因在于它的剧情内容、单集长度、语言难度以及语言丰盈度，是理想的汉语教学材料。此次修订，保留了原版教材的结构、体例，继续遵循"内容为王""多重浸润""宜教易学"的理念和原则并使之强化。

新版的改变

1. 将原来的三册12单元精简为两册10单元，使内容更加紧凑，更便于进行教学安排；

2. 根据课堂使用实践与反馈，更新部分翻译、语言点说明和例句；

3. 生词和文化点滴部分添加或替换一些图片，使之更典型、易懂；

4. 增加学习者容易出现偏误的语块练习，增强其语感，降低学习难度；

5. 更新因社会生活发展而过时的内容，如有关"独生子女"、"3+X"高考模式的说明等；

6. 为教程中出现的个别方言词语做标记，并提供对应的普通话词语和拼音；

7. 为台词中出现的感叹词配上拼音，并增加总结性练习，突出口语表达特点；

8. 为数字化升级预留接口，优化过去因技术限制无法实现的音视频呈现方式，如语言点的定向链接、佳句集锦的音频示范和快慢速播放等；

9. 配套视频、音频可扫每课二维码播放，也可扫描文前二维码在电脑端播放（使用说明见教程最后一页）。

教材使用建议

在使用第二版教材时，与首版一样，需要注意纸本教材与配套音视频材料的结合，包括台词的展示形式、词汇表的呈现、文化点的说明、语言点的例释、佳句集锦的使用、练习的设置等，教师需要宏观把握，合理使用。我们结合自己以及长期使用该教程的教师的教学经验，给出一些建议，仅供参考。

1. 可以采用泛视听和精视听相结合的方法，中级班可以用 4 课时完成一课，高级班则可 2 课时完成一课。若用于翻转课堂，则可由学生按教师要求自主学习视频，课上由老师精讲、答疑、指导学生练习，等等，宗旨都是"精讲多练"。

2. 教程内容的呈现，并非按照固定程序——设定教学步骤，而是按照先充分理解、后自主表达的内在逻辑，通过分层设计的方式提供给教师和学习者，由教师根据教学进度、重点难点、学习者水平进行选择或改造。比如"热身问题"，既可以是预习提示，也可以作为初步视听理解；"台词"，既可以作为听力文本，也可以作为阅读学习的课文，教师可以根据需求决定让学生先看视频还是先看课文；"生词表"，既可以在观看视频前学习，也可以边看视频边学，还可以与剧本阅读同步；"练习"采用"典型题型＋特殊题型"的形式，前两题一般是视听理解题，中间部分是生词和语言点强化练习，最后一两题则是成段表达、交际话题或延伸话题，这种练习分层设计是出于对教师自主性的考虑，也经过了教学实践的检验。教师可以结合课堂实际情况取舍、增减或调序，在针对不同需求和学习难点的学习者时，练习的形式也可以改变，比如，由听改说，由说改写，由写改为朗读，等等。

3. 本教程视频的使用手段丰富多样，画面中所呈现的各个情景及细节都可利用。视频分为整体播放和分段播放、有字幕播放和无字幕播放等形式，教师既可以带领学习者整体浏览，适时提问，也可以利用定格或回放，对重点部分进行"精视讲"或提问，还可逐句讲解，以及引导学习者互相问答。

4. 生词和语言点呈现，采用了多种视觉呈现方式和"高变异语言材料"，如剧中视频闪回、标准音与文字复现、男女原声交错示范等，通过"高变异语言材料"的刺激，加深学习者的印象，并形成有效模仿，增强语感，从而提高其表达自信。

5. "文化点滴"中英对照，既可作为阅读材料，也可作为讨论题的基础或者补充学习材料。

6. 教师还可利用一分钟"剧情简介"的反复呈现、单元佳句集锦提炼（精选台词，也是精听范本，可用于听写、朗读、背诵或测试）、配音秀比赛（练习）等，训练学习者的成段表达能力。

总之，通过多角度聚焦、多渠道引导，突出重点，学习者可以在"多重浸润"的语境中有效模仿，在轻松愉悦的话语环境中大胆尝试，在自主表达中感受和体验汉语表达的快乐。具体教学流程建议和样课的教学步骤展示，可参见论文《读图时代的视听说教学》（邓方、刘立新，《国际汉语教学研究》2017年第 2 期，北京语言大学出版社）。

致谢

本教材的顺利再版，离不开以下各位的鼎力支持，他们分别是：电视剧《家有儿女》的总制片人李洪先生，世界图书出版公司北京分公司原总经理张跃明先生、原总编辑郭力女士，北京大学出版社邓晓霞女士、宋立文先生、孙艳玲女士，特此鸣谢。

本教材的修订，自 2019 年 8 月至 2020 年 8 月，历时一年。此间，正值我们以访问学者身份在美国狄金森学院任教。就在修订工作处于关键之时，由于新型冠状病毒的肆虐，原定于 2020 年 5 月 14 日的回国航班被取消。随之而来的是：国际航班受限、票价飞涨、签证到期、保险中止……一个个困难接踵而至。尽管干扰不断，但教材的修订工作始终没有停止，并成为我们在这个特殊时期最大的心理慰藉，衷心希望这套教材的再版能为汉语学习者带来新的美好体验。

刘立新　邓方
2020 年 9 月 10 日于美国宾州卡莱尔

Preface to the Second Edition

The first edition of "Home with Kids: A Multi-skill Chinese Course" was published at the end of 2008 and has been reprinted multiple times in the past 10 years. The series has been utilized to teach Chinese as a foreign language by Peking University, Tsinghua University, Renmin University, Beijing Language and Culture University, Beijing Foreign Studies University, Communication University of China, etc., and has been praised by learners worldwide. In 2019, the reprint and revision project of this series of textbooks was transferred to Peking University Press.

Beginning in 2009, the School of Chinese as a Second Language at Peking University created an intermediate-level audio-visual-oral Chinese course and utilized this series of textbooks as the teaching material, and we have always been the lecturers for this course. In the following 10 years and nearly 20 semesters, digital technology has advanced, the social climate has evolved, and the professionalism of teaching Chinese as a second language has also increased; as such, we formed the idea of revising and upgrading this series of textbooks. After collecting extensive feedback from users of the textbooks and internalizing the research findings by scholars of Chinese Education, the revision was completed.

The advantages of using authentic Chinese materials to create audiovisual teaching materials have been widely recognized by learners and researchers. We chose the sitcom "Home with Kids" because its plot content, episode length, language difficulty, and language abundance make it an ideal Chinese teaching material. This revision retains the structure and style of the original series of textbooks, and continues to follow the principles of "content is king" "multiple exposures", and "easy to teach and to learn".

Changes in the New Edition

1. Condensed the original three volumes of 12-unit lessons into two volumes of 10-unit lessons, making that the content is now more compact, and teaching planning can be more simple;

2. Based on the feedback from teaching use, revised some translations, grammar explanations, and samples sentences;

3. Added or replaced many pictures in the New Words and Cultural Points to be more representative and easier to understand;

4. Added lexical chunks exercises to help learners practice error-prone words and phrases, enhance their comprehension of language and reduce the difficulty of learning;

5. Updated content that has become obsolete due to the development of social context, e.g. the concept of "only child", and "3+X" college entrance examination model, etc.;

6. Marked out the dialects that appear in the textbook and provided the corresponding words and *pinyin* pronunciation in Mandarin;

7. Added *pinyin* pronunciation to the interjections that appear in the scripts and added summarizing exercises to highlight the characteristics of verbal expression;

8. Created the opportunity of digital upgrading in the future, modified the presentation of audio and video clips that could not be achieved due to past technical limitations, etc.. e.g. direct links to Grammar Points, sample audio and slow/fast playback of Key Sentences, etc.;

9. The accompanying video and audio can be played by scanning the QR code of each part. You can also scan the QR code in the front of the textbook for computer playing (See the instruction on the last page).

Suggestions on How to Use This Textbook

Like the original edition, when using the new edition of the textbook, please pay attention to the integration of the paperback textbook and the supporting audio and video materials, including clips of the sitcom, presentations of the vocabulary, explanations of Cultural Points, samples of Language Points, and use of Key Sentences; instructors should focus on the big picture and use all the materials to supplement each other reasonably. Here we combine the teaching experiences of ourselves and other instructors who have extensive experience in using this series of textbooks and give the following suggestions for reference.

1. Crude- and fine- audio-visual-learning methods can be utilized. Intermediate level learners can complete a lesson in 4 class hours, and advanced learners can complete a lesson in 2 class hours. For using in a flipped classroom, learners can independently study video contents with the instructor's directions. In class, the instructor can teach with specific focuses, answer questions, and lead learner exercises. The key principle is to "teach concentratedly and practice extensively".

2. The presentation of the content to instructors and learners was not designed in a precise order but stratified based on the general principle of compression first and expression later. Instructors have the freedom to modify the order of the teaching materials based on learning progress, difficult and/or important teaching points, and learner's abilities. For example, "Warm-up Questions" could be used both as a preview sneak peek and a review evaluation of a video clip; "Scripts" could be used as the text for either listening or reading, and instructors can decide to have students watch the video or read the text first; "Vocabulary" can be studied either before watching the video or during it, or while learning the script; "Exercise" adopts the format of typical question type plus special question type: The first two questions are generally audiovisual comprehension questions, the middle part is an intensive exercise of new words and grammar points, and the last one or two questions are expressions in paragraphs, communication topics, or extended topics. This kind of stratification design of exercises is created with the consideration of instructor autonomy and has passed the test of teaching practice. Instructors can pick and choose, add or drop, or adjust the order of exercises according to the actual learning circumstances in the classroom. When targeting learners with different needs and learning difficulties, the format of exercises can also be modified, for example, from listening to speaking, from speaking to rewriting, from writing to reading, etc..

3. All the video content in the textbook can be utilized in various ways. For example, the videos can be played back as a whole or in segments, with the subtitles or without the subtitles. Instructors can guide learners to watch the video, ask questions when it is appropriate, pause and playback, spend additional time on focused teaching for difficult sections, teach the content line by line, and guide learners to pair up and complete learning tasks.

4. New words and grammars are presented with visual aids with high variances, such as flashback of the original scene, standard pronunciation and writing, and pronunciation demonstration in both male and female voices, etc.. Through the stimulation of these "highly variable teaching materials", learners can develop a stronger impression of the content learned, promote effective emulations, enhance their sense of language, and improve their self-confidence in expression.

5. "Culture Points" are presented in both Chinese and English, and can be used as both reading materials and a basis for discussion questions or supplementary learning materials.

6. Instructors can also utilize the repeated one-minute synopsis, extraction of key sentences of each unit (selected lines can be used as focused learning materials for dictation, reading, recitation, or testing), voice-over exercises and contests, to help learners practice long speeches.

In summary, this series of textbooks allow learners to effectively emulate authentic expressions in a multiple-exposure context, practice and learn in a relaxed and humorous learning environment, and fully experience the joy from self-expression in Chinese. More suggestions and demonstrations of each teaching step in sample lessons can be found in the manuscript in Chinese titled "Audio-visual-oral Teaching in the Era of Picture-reading" (Fang Deng, Lixin Liu, "International Researches on Chinese Language Teaching" 2017, Issue 2, Beijing Language and Culture University Press).

Acknowledgment

We owe the successful revision and reprint of this textbook to the unwavering support from the following people: Mr. Hong Li, the Chief Producer of the TV series "Home with Kids"; Mr. Yueming Zhang, the former General Manager, and Ms. Li Guo, the former Editor-in-Chief of World Book Publishing Co., Ltd., Beijing Chapter; in addition to Ms. Xiaoxia Deng, Mr. Liwen Song, and Ms. Yanling Sun at Peking University Press. We hereby express our sincerest gratitude.

The revision of this textbook took place in the year between August of 2019 and August of 2020. During this time, we instructed Chinese as a foreign language as visiting scholars at Dickinson College in Pennsylvania, United States. Our international flight back to China, originally scheduled for May 14, 2020, was canceled due to the COVID-19 pandemic just as the revision work entered a critical phase. In the following months, we were repeatedly challenged with restrictions on international flights, skyrocketed travel fares, expiration of US visas, suspension of health insurances... Difficult situations presented one after another, but we never put off the revision project despite the continuous interruptions. In fact, the project was a constant of ours in a time full of fluctuations and it provided contentment and tranquility during the unprecedented time. We sincerely hope that the revision and reprint of this series of textbooks can bring novel and enjoyable experiences to Chinese learners.

Lixin Liu & Fang Deng
September 10, 2020
Carlisle, Pennsylvania, U.S

目录 Content

Volume 1

| 序 | Preface | 1 |

第一单元 新家庭 7
Unit 1 A New Family
- 第1课 Lesson 1 8
- 第2课 Lesson 2 20
- 第3课 Lesson 3 31
- 第4课 Lesson 4 41
- 第5课 Lesson 5 50
- 第6课 Lesson 6 60

第二单元 下马威 73
Unit 2 Making a Show of Strength at First Contact
- 第1课 Lesson 1 74
- 第2课 Lesson 2 87
- 第3课 Lesson 3 100
- 第4课 Lesson 4 110
- 第5课 Lesson 5 120
- 第6课 Lesson 6 130

第三单元 全家福 143
Unit 3 Family Shot
- 第1课 Lesson 1 144
- 第2课 Lesson 2 154
- 第3课 Lesson 3 165
- 第4课 Lesson 4 176
- 第5课 Lesson 5 184
- 第6课 Lesson 6 194

第四单元 好爸爸 207
Unit 4 Good Father
- 第1课 Lesson 1 208
- 第2课 Lesson 2 219
- 第3课 Lesson 3 228
- 第4课 Lesson 4 238
- 第5课 Lesson 5 248
- 第6课 Lesson 6 257

第五单元 老妈，谢谢你 271
Unit 5 Thanks, Mum
- 第1课 Lesson 1 272
- 第2课 Lesson 2 282
- 第3课 Lesson 3 290
- 第4课 Lesson 4 298
- 第5课 Lesson 5 304
- 第6课 Lesson 6 311

附录 Appendix

附录一 Appendix 1	词性缩略语表 Abbreviations for Parts of Speech	323
附录二 Appendix 2	词汇索引 Vocabulary Index	324
附录三 Appendix 3	常见成语、惯用语与俗语索引 Idioms, Locutions and Proverbs Index	336
附录四 Appendix 4	语言点例释索引 Grammar Points Index	338
附录五 Appendix 5	文化点滴索引 Cultural Points Index	341
附录六 Appendix6	部分练习参考答案 Reference Answers of Exercises	342

全书主要 人物表
Actors and Actresses

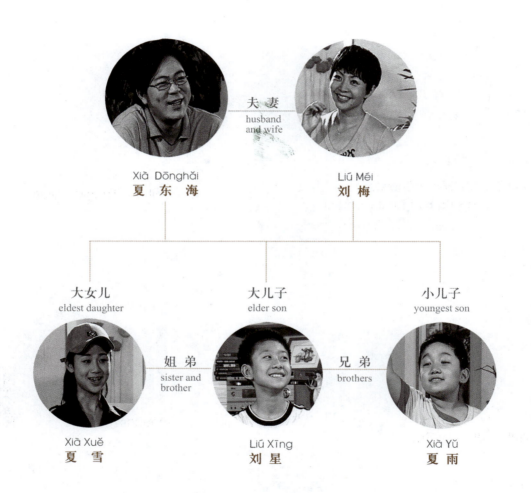

夫妻 husband and wife

Xià Dōnghǎi 夏东海 — Liú Méi 刘梅

大女儿 eldest daughter — 大儿子 elder son — 小儿子 youngest son

姐弟 sister and brother　兄弟 brothers

Xià Xuě 夏雪　Liú Xīng 刘星　Xià Yǔ 夏雨

Home with Kids

Hú Yītǒng
胡一统
(刘梅的前夫，
刘星的亲生父亲)
Liu Mei's ex-husband;
Liu Xing's father

Mǎlì
玛丽
(夏东海的前妻，
夏雪和夏雨的亲生母亲)
Xia Donghai's ex-wife;
Xia Xue and Xia Yu's mother

Yéye
爷爷
(夏东海的父亲)
Xia Donghai's father

Lǎolao
姥姥
(刘梅的母亲)
Liu Mei's mother

Duǒduo
朵朵
(夏家的邻居，
夏雨的同学)
The Xia's neighbor;
Xia Yu's classmate

Duǒduo de fùqin
朵朵的父亲
(夏家的邻居)
The Xia's neighbor

Dàniú
大牛
(小区居民，
牛牛的舅舅)
Resident in the district;
Niuniu's uncle

Home with Kids

家有儿女1(第二版)
刮开涂层观看全书视频
本码2025年12月31日前有效

剧情简介

序 Preface

序 Preface
（共1分04秒）

🔍 热身问题 Warm-Up Questions

1. 故事中有几个主要人物？
2. 他们是什么关系？

（夏东海和刘梅在对话）

夏：你愿意①做我的老婆*吗？

梅：愿意①。你愿意①做我的老公*吗？

夏：当然愿意①了。

（刘星过来）

星：妈！老师让您去一趟！

梅：你是不是又调（皮了）……（对夏）
哦(ò)，我有一个淘气的儿子叫刘星。

（小雨跑过来）

雨：爸！加利福尼亚的大蜘蛛咬我了！

夏：听话听话！小雨，过来，过来。（对梅）
这是我在美国出生的儿子，夏雨。

梅：（对刘星）玩儿去吧。

夏：（对小雨）去玩儿去吧。

（小雪出来）

夏：（对梅）这是我的大女儿夏雪，一直在爷爷家长大。

星：不是我爷爷家！

雨：是我爷爷家！

夏：你们虽然没有共同的爷爷，但是有共同的爸爸！

---

1. 愿意　yuànyì / v. / be willing to
2. 老婆　lǎopo / n. / wife
3. 老公　lǎogōng / n. / husband
4. 趟　tàng / mw. / one time
5. 调皮　tiáopí / adj. / naughty
6. 淘气　táoqì / adj. / mischievous
7. 加利福尼亚　Jiālìfúníyà / N. / California
8. 蜘蛛　zhīzhū / n. / spider

9. 咬　yǎo / v. / bite

10. 共同　gòngtóng / adj. / common

---

* 老婆、老公：丈夫、妻子对对方的比较亲切而随便的称呼。"老婆" and "老公", in comparison to "妻子" (wife) and "丈夫" (husband), is a more amiable and informal tone of address.

梅：共同的妈妈！（对观众）我们是一个重组家庭*，幸福生活就要开始了②！

孩子们：耶（Yeah）—！

11. 重组　chóngzǔ / v. / recombine
12. 家庭　jiātíng / n. / family

语言点例释 Grammar Points

1 愿意

解释 Explanation

动词。表示做某事符合心意或希望发生某种情况。可带动词、形容词、小句做宾语。不能用"没"否定。

"愿意" is a verb which is used to express willingness and approval from someone to do something in accordance with their feelings and intentions, and can be used with a verb, an adjective or a short sentence as the object. Note that you can not use "没" before "愿意" to express unwillingness.

剧中 Examples in Play

夏：你愿意做我的老婆吗？
梅：愿意。你愿意做我的老公吗？
夏：当然愿意了。

他例 Other Examples

↘ 甲：你愿意嫁给他吗？
　乙：我愿意！
　甲：你愿意娶她为妻吗？
　丙：我愿意！
↘ 我不愿意一个人去旅行。

---

* 重组家庭：见文化点滴1。*See Culture Points 1.*

② 就要……了

解释 Explanation

事情在短时间内就会发生或者情况马上会出现。"了"用在句末,表示事态出现变化或即将出现变化。

"就要……了" indicates that something is due to take place within a short space of time or will occur imminently. The use of "了" at the end of the sentence indicates that there has been or will be a change.

剧中 Example in Play

梅:我们是一个重组家庭,幸福生活就要开始了!

他例 Other Examples

↘ 就要下雨了,快回家吧!
↘ 考试就要开始了,我越来越紧张。

练习 Exercises

一、阅读剧情简介,了解全剧内容

Read the play's brief synopsis and make sure that you understand the content completely

> 这是发生在中国一个普通家庭里的故事。故事的男主人公叫夏东海,女主人公叫刘梅。
>
> 夏东海曾和前妻长期在美国工作,他们的女儿夏雪留在国内,一直在爷爷家住。到美国七年后,夏东海和妻子离了婚,带着在美国出生的七岁的儿子夏雨回到了中国。
>
> 刘梅是一家医院的护士,离婚后带着儿子刘星一起生活。后来,刘梅和夏东海相识并相爱,组成了一个新的家庭。
>
> 我们的故事就发生在这个重新组合的家庭里。那么,在这个重新组合的家庭里,会有一些怎样的故事呢?

普通	pǔtōng	adj.	common; general; ordinary
主人公	zhǔréngōng	n.	dramatis personae (in a novel, etc.)
曾	céng	adv.	ever (in the past)
前妻	qiánqī	n.	former wife; ex-wife
长期	chángqī	n.	long-term; long time
相识	xiāngshí	v.	be acquainted with each other

二、根据视频和剧情简介判断

Based on the plot of video and its synopsis, make a judgment on the following statements

1. 夏东海和刘梅是（父女/夫妻）关系。
2. 夏雪是夏东海的（女儿/儿子）。
3. 夏雪住在（学校/爷爷家）。
4. (夏东海/刘梅）曾在美国工作。
5. 夏雨是在（中国/美国）出生的。

三、看视频，填台词 Watch the video and fill in the actor's lines

1. 梅：你（　　　）做我的老公吗？
   夏：（　　　）愿意了。
2. 星：妈！老师（　　　）您去一趟！
3. 梅：我有一个（　　　）的儿子叫刘星。
4. 雨：爸！加利福尼亚的大蜘蛛（　　　）我了！
5. 夏：这是我在美国（　　　）的儿子，夏雨。
6. 夏：这是我的大女儿夏雪，一直在爷爷家（　　　）。
7. 夏：你们（　　　）没有共同的爷爷，（　　　）有共同的爸爸！
8. 梅：我们是一个重组家庭，幸福生活（　　　）开始了！

四、选词填空 Choose the most appropriate words to fill in the blanks

1. 我想去看电影，谁（　　　）和我一起去？
2. 我最近去了一（　　　）上海。
3. 男孩子一般比女孩子（　　　）。
4. 我不喜欢狗，我怕它（　　　）我。
5. 游泳是我们（　　　）的爱好。
6. 这本书的内容我记不清了，我得（　　　）看一遍。

咬	重
趟	淘气
共同	愿意

五、成段表达 Presentation

根据"序"的视频片段谈谈你对这个新家庭中每个人的第一印象（比如年龄、性格等），并说明理由。

Based on the video snippet in the preface, tell your first impressions of everyone in the new family (for example, age, personality, etc.), and give reasons for these.

佳句集锦 A Collection of Key Sentences

1. 你愿意做我的老婆吗?
2. 老师让您去一趟!
3. 我有一个淘气的儿子。*
4. 她一直在爷爷家长大。
5. 你们虽然没有共同的爷爷,但是有共同的爸爸、共同的妈妈。
6. 幸福生活就要开始了!

---

* 考虑到教学需要,本教程佳句集锦、语言点及练习部分,部分语句略有调整,与台词不完全一致。

第一单元 Unit 1

新家庭 A New Family

源自《家有儿女》第一部第一集《下马威》(上)
Extracted from *Making a Show of Strength at First Contact* 1 of "Home with Kids" Series 1 Episode 1

第一课 Lesson One
(共3分39秒)

❓ 热身问题 Warm-Up Questions

1. 刘梅和夏东海结婚后，两个男孩子的关系怎么样？
2. 夏东海有什么新想法？
3. 刘梅为什么害怕？

（刘星在追小雨）

星：你等会儿我，还没说完呢！

梅：你瞧，咱俩结婚刚两个月，这俩孩子就好得跟亲兄弟似的①，多好啊②！

夏：好！如果是再多一个就更好了。

梅：什么意思啊？你还想让我再生啊？

夏：不是，我不是那意思。我是说*啊，干脆③把小雪从她爷爷家也接过来一块儿住。你想啊，一头羊也是赶，三头羊也是轰*。

梅：你是说，让我当三个孩子的妈？

夏：敢不敢？目前中国孩子最多的妈妈啊。

梅：你……你扶着我点儿，我有点儿走不动了。

1. 瞧　qiáo / v. / look; see
2. 亲　qīn / adj. / related by blood
3. 兄弟　xiōngdì / n. / brother
4. 似的　shìde / part. / be like
5. 干脆　gāncuì / adv. / simply; just
6. 赶　gǎn / v. / drive; drive away
7. 轰　hōng / v. / drive off
8. 目前　mùqián / n. / currently
9. 扶　fú / v. / support with the hand

---
* 我是说：我的意思是……I mean ...
* 一头羊也是赶，三头羊也是轰：赶一头羊和赶三头羊是一样的，赶三头羊不会更麻烦。夏东海的意思是，当三个孩子的母亲和当一个孩子的母亲没有什么差别。
To drive three sheep is the same as to drive one and no additional trouble. Xia Donghai's words mean that being a mother to three children is not different to being a mother to just one.

第一单元（第1课）| 新家庭
Unit 1 (Lesson 1) | A New Family

（刘梅在找领带，夏东海进来）

梅：哎（āi）哎……

夏：啊？

梅：你打哪个？这个吧？

夏：不就是接个闺女嘛，至于这么正式吗④？

梅：当然至于了！多大的事儿啊！

夏：好！

梅：我必须得让你闺女看看，自打你娶了我以后，你的品位就增高了，而且越来越帅！

夏：好！那等闺女来了之后，你好好儿捯饬捯饬她！

梅：没问题！当然了！

夏：哎，来了以后，你们娘儿俩可就天天朝夕相处了。怎么样，做好心理准备没有？

梅：心理准备没做好，我做好战斗准备了！

夏：啊？

梅：真的，让我当三个孩子的妈，我特害怕！

夏：我对你有信心⑤。

梅：我觉得比我照顾重症病房的病人这任务都艰巨。

夏：这个比喻可一点儿想象力都没有啊。

梅：那你给我来点儿有想象力的，有诗意的。

夏：好！"啊，可爱的母亲，伟大的母爱！"

梅："太阳底下最光辉的……三个孩子的妈！"

（小雨进来）

雨：妈，我的手被虫子给⑥咬了。

10. 领带　lǐngdài / n. / necktie

11. 闺女　guīnü / n. / daughter
12. 至于　zhìyú / adv. / go so far as to
13. 正式　zhèngshì / adj. / formal

14. 自打　zìdǎ（方）/ prep. / =自从 since
15. 娶　qǔ / v. / marry (a woman)
16. 品位　pǐnwèi / n. / taste
17. 帅　shuài / adj. / handsome
18. 捯饬　dáochi（方）/ v. / =打扮 dǎban make up

19. 朝夕相处　zhāoxī xiāngchǔ / be together from morning to night
20. 心理　xīnlǐ / n. / psychology; mentality
21. 战斗　zhàndòu / v. / fight
22. 害怕　hàipà / be afraid
23. 信心　xìnxīn / n. / confidence
24. 照顾　zhàogù / v. / look after
25. 重症病房　zhòngzhèng bìngfáng / ICU
26. 任务　rènwu / n. / task; duty
27. 艰巨　jiānjù / adj. / difficult and heavy
28. 比喻　bǐyù / n. / metaphor; analogy
29. 想象力　xiǎngxiànglì / n. / ability of imagination
30. 诗意　shīyì / n. / poetic quality or flavour
31. 伟大　wěidà / adj. / great; outstanding
32. 光辉　guānghuī / adj. / glory; brilliant
33. 虫子　chóngzi / n. / worm; insect

梅：哟（yō），怎么回事儿呀？哟，蚊子咬的吧？妈给挠挠。可怜了。

34. 挠 náo / v. / scratch
35. 可怜 kělián / adj. / pitiful; wretched

雨：为什么蚊子只咬我，不咬刘星？是不是这不是我的家啊？

梅：别胡说！这怎么不是你的家呀？这就是你的家呀！你看，爸爸妈妈不都在呢吗？对不对？你知道为什么蚊子咬你不咬刘星吗？因为你的血呀是甜的，刘星的血呀是臭的，蚊子一闻，嗯（ňg），这儿的血甜，我来咬他吧，就吃你的血了，对不对？快去吧，换衣服啊！换完衣服该上学了，啊。

36. 胡说 húshuō / v. / talk nonsense

37. 血 xiě / n. / blood
38. 臭 chòu / adj. / smelly
39. 闻 wén / v. / smell

雨：我不想上学，我想睡觉！

梅：别胡说！为什么？

雨：我时差还没倒过来呢。

夏：谁又在这儿瞎说八道啊？从美国都回来180天了，人（家）*80天把地球都环游一周了，你还没倒过时差来？

40. 时差 shíchā / n. / jet lag
41. 倒 dǎo / v. / adjust; shift
42. 瞎说八道 xiāshuō bādào / talk nonsense
43. 环游 huányóu / v. / travel around
44. 待 dāi / v. / stay

雨：我在美国都待了7年了！

梅：对呀，人家7年，就得倒7年的时差！（对小雨）爸爸什么都⑦不懂！

---

* 人家 rénjia：代词，这里指某个人或某些人。Pronoun, here means certain person or persons.

（刘星进来）

星：老妈，老爸，老弟，good morning!

雨：Good morning，刘星!

梅：你以后少⑧在这儿good morning! 记住了，以后当着弟弟，不许⑨老说英文，就得说纯正的中文，听见没有？

星：收到! 哎，不过我告诉你们一件事儿，刚才我看见一个八条腿儿的家伙，横着它就进沙发底下去了。

雨：妈! 加利福尼亚的大蜘蛛!

梅：嗨呀（hāiya），什么加利福尼亚的大蜘蛛，那是早晨起来妈妈去买的活螃蟹。

45. 当着　dāngzhe / v. / be in front of
46. 不许　bùxǔ / v. / not allow or permit
47. 纯正　chúnzhèng / adj. / pure
48. 横　héng / adj. / across
49. 螃蟹　pángxiè / n. / crab

语言点例释 Grammar Points

1 跟……似的

解释 Explanation

像……一样。"似的"是助词，用在名词、代词或动词后，表示跟某种事物或情况类似。

"跟……似的" is the same as "像……一样"."似的", the auxiliary word, is used after a noun, a pronoun or a verb and indicates that a certain situation or matter has similarities.

剧中 Example in Play

梅：你瞧，咱俩结婚刚两个月，这俩孩子就好得跟亲兄弟似的，多好啊!

他例 Other Examples

⇨ 她们俩长得跟亲姐妹似的。
⇨ 最近天气热得跟夏天似的。

❷ 多……啊

解释 Explanation

"多"用于感叹句,表示程度高。一般句式是"多+形容词(+啊)"。在口语中,"啊"常常随前边的词语尾音发生音变,变成"哪""呀""哇"等。书写时可以不变。

Expressed with a high pitch, "多" is used when making an exclamation. The normal sentence pattern is "多 + adjective (+ 啊)". In colloquial Chinese, "啊" is often connected to the end of the word for a smoother sound and can also be substituted for "哪""呀""哇". In written Chinese, it is not necessary to change the state.

剧中 Example in Play

梅:你瞧,咱俩结婚刚两个月,这俩孩子就好得跟亲兄弟似的,多好啊!

他例 Other Examples

⇩ 这里的空气多新鲜啊。
⇩ 他的性格多好啊。

❸ 干脆

解释 Explanation

副词,索性。由于前边所说的情形或者说话双方都知道的情况比较麻烦,所以采取一个比较简便的方法或者作出一个容易操作的决定。

"干脆" is an adverb that is used to indicate "why not just do something". When said conditions or something that two persons are speaking about has become overcomplicated, this rather simple and straightforward expression is adopted to make a simple decision.

剧中 Example in Play

夏:我是说啊,干脆把小雪从她爷爷家也接过来一块儿住。

他例 Other Examples

⇩ 冰箱里没有东西了?干脆去饭馆儿吃吧。
⇩ 我的自行车老坏,我干脆买了辆新的。

Unit 1 (Lesson 1) | A New Family

④ 不就是……嘛，至于……吗

解释 Explanation

只是一个简单的事情，到不了那么严重的程度。对所说的人、事儿往小里说或者表示轻视。

"不就是……嘛，至于……吗", used when something is really simple and doesn't reach such a serious degree, indicates that persons and things that are concerned are taken lightly.

剧中 Example in Play

夏：不就是接个闺女嘛，至于这么正式吗？
梅：当然至于了！多大的事儿啊！

他例 Other Examples

↘ 不就是一只蜘蛛嘛，至于这么怕吗？
↘ 不就是一次考试嘛，至于这么紧张吗？

⑤ A 对 B 有信心

解释 Explanation

相信某人能做好某事或相信某事能取得好结果。

"A 对 B 有信心" indicates that A believes that B can do something well, or that something will produce a good result.

剧中 Example in Play

梅：真的，让我当三个孩子的妈，我特害怕！
夏：我对你有信心。

他例 Other Examples

↘ 我对这次比赛很有信心。
↘ 我对自己没信心。

⑥ A 被 B（给）……

解释 Explanation

被动句。"被"引进动作的施事，A 是动作的受动者；"给"在这里是助词，直接用在动词前，也可以省略。

"A 被 B（给）……" is a passive sentence structure. "被" introduces that the action has been completed elsewhere and A is the recipient of the action. Here, "给", an auxiliary word, is used directly in front of the verb, or be omitted.

| 剧 中 Example in Play | 雨：妈，我的手被虫子给咬了。 |

| 他 例 Other Examples | ↘ 我的衣服被雨（给）淋湿了。
↘ 我的车被朋友（给）借走了。 |

7 什么都……

| 解 释 Explanation | 没有例外，完全。
"什么都……" means "without exception" or "completely". |

| 剧 中 Example in Play | 雨：我在美国都待了7年了！
梅：对呀，人家7年，就得倒7年的时差！爸爸什么都不懂！ |

| 他 例 Other Examples | ↘ 有问题你问他，他什么都知道。
↘ 发生了什么事儿？他怎么什么都不愿意说？ |

8 少……

| 解 释 Explanation | "少"后边加动词或动词性短语，意思相当于"不要""别"，有强烈制止对方的语气。
"少" is added with a verb or verbal phrase, the meaning of which is similar to "不要" or "别" and the tone is rather intense. |

| 剧 中 Example in Play | 梅：你以后少在这儿good morning！ |

| 他 例 Other Examples | ↘ 你少胡说！事情不是你说的那样。
↘ 你少跟他在一起，我对他一点儿也不放心！ |

❾ 不许……

解释 Explanation

不允许，不可以，表示制止或限制。

"不许……"means "to not allow" "it's not ok", and indicates that there are restrictions.

剧中 Example in Play

梅：记住了，以后当着弟弟，**不许**老说英文，就得说纯正的中文，听见没有？

他例 Other Examples

↳ **不许**在病房里大声说话。
↳ 小孩子**不许**抽烟。

文化点滴 Culture Points

1 中国的家庭

中国是世界上人口最多的国家。现在的中国家庭很多都是三口或四口之家，即爸爸、妈妈和一两个孩子组成的家庭。

在汉语里，爸爸和妈妈也叫"双亲"。离婚（或丧偶）后，爸爸或妈妈单独带着孩子生活，这样的家庭叫作"单亲家庭"。离婚（或丧偶）后的父母带着自己的孩子再结婚，重新组成新的家庭就是"重组家庭"。

1 A Chinese Family

China has the world's largest population. Chinese families today consist mainly of three or four persons, namely father, mother and one or two children.

In Chinese Mandarin, both father and mother are referred to as the "双亲" (Parents). After the divorce (or the death of spouse), the father or mother will bring up the child. This is commonly known as a "单亲家庭" (Single Parent Family), then if the parent remarries and takes their child into their new marriage, which is known as "重组家庭" (Blended Family).

练习 Exercises

一、根据剧情内容判断对错
According to the plot, find whether the statements below are correct or not

1. 刘梅和夏东海结婚后，两个男孩子的关系很好。☐
2. 夏东海的家里有一头羊。☐
3. 对于小雪的到来，刘梅已经做好了心理准备。☐
4. 夏东海对妻子很有信心。☐
5. 小雨在美国待了180天。☐
6. 刘梅让刘星跟弟弟练习说英文。☐
7. 小雨非常怕螃蟹。☐

二、看剧照，找出对应的台词
Look at the pictures and match them with the corresponding actor's lines

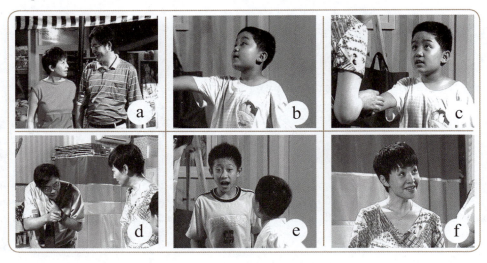

☐ 谁又在这儿瞎说八道啊？ ☐ 那你给我来点儿有想象力的，有诗意的。
☐ 为什么蚊子只咬我，不咬刘星？ ☐ 刚才我看见一个八条腿儿的家伙。
☐ 妈，我的手被虫子给咬了。 ☐ 你是说，让我当三个孩子的妈？

三、看视频，确定下列哪些台词是刘梅说的，请在前面画 ✓

Watch the video and confirm which of the following statements were spoken by Liu Mei. Mark a tick in front of the corresponding statements

剧中台词

☐ 咱俩结婚刚两个月，这俩孩子就好得跟亲兄弟似的，多好啊！

☐ 一头羊也是赶，三头羊也是轰。

☐ 你……你扶着我点儿，我有点儿走不动了。

☐ 不就是接个闺女嘛，至于这么正式吗？

☐ 心理准备没做好，我做好战斗准备了！

☐ 我对你有信心。

☐ 我觉得比我照顾重症病房的病人这任务都艰巨。

☐ 我的手被虫子给咬了。

☐ 你的血呀是甜的，刘星的血呀是臭的。

☐ 我时差还没倒过来呢。

☐ 记住了，以后当着弟弟，不许老说英文，就得说纯正的中文。

四、选词填空　Choose the most appropriate words to fill in the blanks

（一）
1. 她们俩是（　　）姐妹，可是长得一点儿都不像。
2. 他长得又高又（　　）。
3. 孔子是中国古代（　　）的思想家。
4. 参加婚礼的时候大家穿得都很（　　）。
5. 我的朋友（　　）了一位美丽善良的姑娘。
6. 别老在屋里（　　）着，出去走走吧。
7. 不用（　　）我，我自己能走。
8. 很多小孩儿都（　　）打针。
9. 母亲病了，我要好好儿（　　）她。
10. 街上有很多流浪猫，真（　　）。
11. 她的发音很（　　）。
12. 上大学的时候，我们四个人住在一起，（　　），像亲兄弟一样。

| 娶 | 扶 |
| 待 | 帅 | 亲 |
| 朝夕相处 |
照顾	正式
伟大	害怕
纯正	可怜

(二) 1. 这个活动很正式，你最好穿西装，打（　　　）。
2. 我最近压力太大，晚上总是睡不着觉，是不是应该看看（　　　）医生？
3. 从他的穿衣打扮可以看出，他是个（　　　）很高的人。
4. 最近一直生病，没有好好儿复习，对这次考试我完全没有（　　　）。
5. 最近工作（　　　）很重，我感觉非常累。
6. 这个任务很（　　　），一个人无法完成。
7. 写作的时候使用（　　　）可以使文章更生动。
8. 雨停了，（　　　）也出来了，我们出去呼吸呼吸新鲜空气吧。
9. 春天在雨中散步，很有（　　　）。
10. 孩子的（　　　）比大人丰富。
11. （　　　），中国已有14亿人口。
12. 从美国回来两天了，我的（　　　）还没倒过来。

比喻	心理	诗意
信心	太阳	任务
时差	品位	领带
艰巨	目前	想象力

五、用"多……啊"的格式完成以下各句

Use the "多……啊" pattern to complete the statements below

1. 今天的天气……
2. 这件衣服……
3. 这本书……
4. 这条领带……
5. 这个任务……
6. 这个比喻……

六、用提示词语完成对话，并设计一个新对话

Use the given words below to complete the dialogues, and then design a new dialogue

1. 跟……似的

(1) 梅：你瞧，咱俩结婚刚两个月，这俩孩子_____，多好啊！
  夏：好！如果是再多一个就更好了。
(2) 甲：他画的猫像不像？
  乙：_____

2. 干脆

(1) 梅：什么意思啊？你还想让我再生啊？
  夏：不是，我不是那意思。我是说啊，_____
(2) 甲：这些书一直放在书架上，好多年都没动过。
  乙：_____

3. 不就是……嘛，至于……吗
   (1) 梅：你打哪个领带？这个吧？
       夏：_____
   (2) 甲：明天要考试了，怎么办啊！
       乙：_____

4. 特
   (1) 夏：要当三个孩子的妈妈了，你觉得怎么样？
       梅：_____
   (2) 甲：你买的新电脑怎么样？
       乙：_____

5. A对B有信心
   (1) 梅：让我当三个孩子的妈，我特害怕！
       夏：_____
   (2) 甲：你觉得这次比赛的结果会怎样？
       乙：_____

6. A被B（给）……
   (1) 梅：小雨，你的手怎么了？
       雨：_____
   (2) 甲：你怎么不骑车来呢？
       乙：_____

7. 什么都……
   (1) 雨：我的时差还没倒过来呢。
       梅：对呀，人家7年，就得倒7年的时差！
       _____
   (2) 甲：你会做什么菜？
       乙：_____

8. 不许……
   (1) 星：老妈，老爸，老弟，good morning！
       梅：_____
   (2) 甲：你刚才为什么不接我电话？
       乙：_____

七、成段表达 Presentation

1. 夏东海的亲生女儿小雪就要来了，刘梅对夏东海说了哪些想法？
   The biological daughter of Xia Donghai, Xiaoxue, is about to arrive. What opinion does Liu Mei express towards Xia Donghai about this?

   参考词语 Refer to the words and expressions

   必须　娶　品位　而且　帅　朝夕相处
   心理准备　特　信心　艰巨

2. 如果你是刘梅，你会想些什么？
   If you were Liu Mei, what would you think?

第二课 Lesson Two
（共3分08秒）

❓ 热身问题 Warm-Up Questions

1. 夏东海要去接小雪了，刘梅的心情怎么样？
2. 对于母亲的表现，两个男孩子有什么想法？

（夏东海准备去接女儿小雪，刘梅追出来）

梅：哎，夏东海，你跟小雪说，就说我真心地欢迎她来。她来了，咱们这个新家才能算① 完整。

夏：没问题，一定会如实转达。

梅：哎哎，你还没告我呢，她爱喝什么汤？

夏：哦，我记得② 应该是西红柿鸡蛋汤。

梅：哎哎，你等会儿，我想想还有什么事儿来着③？还有……

夏：哈哈，我看看你是有点儿紧张了吗，紧张了！

梅：去你的④，我紧张什么呀我？我就是有点儿心跳过速。

夏：没事儿！

梅：真的，我就给秃小子当过妈，我从来没想过要给一大闺女当妈。

夏：我保证⑤啊这种感觉一定会特别的好。

梅：为什么？

夏：因为小雪是一个特文静、懂礼貌、有教养、典型的乖乖女*呀！

1. 真心　zhēnxīn / n. / wholehearted
2. 算　suàn / v. / consider; regard as
3. 完整　wánzhěng / adj. / complete; integrated
4. 如实　rúshí / adv. / factually
5. 转达　zhuǎndá / v. / convey (some words) to sb.

6. 紧张　jǐnzhāng / adj. / nervous
7. 心跳　xīn tiào / heartbeat
8. 过速　guò sù / too fast
9. 秃小子　tūxiǎozi / n. / boy; guy
10. 保证　bǎozhèng / v. / assure; guarantee
11. 文静　wénjìng / adj. / gentle and quiet
12. 礼貌　lǐmào / n. / politeness
13. 教养　jiàoyǎng / n. / breeding; upbringing
14. 典型　diǎnxíng / adj. / typical
15. 乖　guāi / adj. / well-behaved

---

* 乖乖女：听话、可爱、文静的女孩儿。A girl who is obedient, lovely, gentle and quiet.

梅：真的啊。你看她在学校是尖子生*，正好咱们在一块儿，她能在刘星的眼皮底下给刘星树立一个活榜样。你快走吧，怎么还不走啊？

夏：我真走了啊。

梅：我特高兴。

夏：那是*。21世纪的城市女性，一个人要有仨孩子的概率，跟中头奖差不多。

梅：我还真有点儿中头奖的感觉……

（两个孩子在刘梅为小雪准备的房间里）

雨：都没这么欢迎过我！

星：哎呀（āiya），她的床比我的舒服多了。

雨：对！太舒服啦！

梅：哎哎，干吗⑥呢你们俩？去去去④，你把姐姐的床都给⑦弄乱了。

星：哎呀，不会！

雨：我也不会的！

梅：什么不会的？我对你们两个人，我一点儿都不信任⑧。

16. 尖子生　jiānzishēng / n. / see the note
17. 眼皮　yǎnpí / n. / eyelid
18. 树立　shùlì / v. / set up
19. 榜样　bǎngyàng / n. / model

20. 世纪　shìjì / n. / century
21. 女性　nǚxìng / n. / female
22. 仨　sā / quan. / three
23. 概率　gàilǜ / n. / probability
24. 中头奖　zhòng tóujiǎng / win first prize

25. 干吗　gànmá / pron. / what to do
26. 弄　nòng / v. / make
27. 乱　luàn / adj. / in disorder; in a mess

28. 信任　xìnrèn / v. / trust

---

* 尖子生：学习成绩非常好的学生。The best student in a class. *See Culture Points* 2.
* 那是：那当然了。表示赞同对方的话。"Of course", expresses approval to somebody.

星：哎，荔枝呀！

梅：去去去去④，一边儿站着去。跟你们有什么关系呀？哎，刘星，你帮我看看姐姐这屋还缺点儿什么呀？

雨：一盒奶糖！

梅：你想吃奶糖了吧你？

星：老妈，我和小雨呢，为了⑨这次小雪来，编排了一个小节目，我们给你演演？

梅：行啊，来来来！

星、雨：来啊来啊，预备，开始！小雪小雪小雪，欢迎欢迎欢迎！噢（ō）！

梅：停！停！停！停！停！就你们俩这么闹，非得把姐姐吓着不可⑩。而且你们这节目，我告诉你啊，吃完饭不许演，啊，非得阑尾炎不行⑪。

星：妈，我饿了。

雨：妈，我也饿了。

梅：妈妈准备了一桌丰盛的晚餐，但是得等姐姐来了以后才能吃。现在不能吃！

星：哎呀小雪姐姐，我好想（你）啊！

雨：我也好想你啊，姐姐！（二人唱）你快回来，别让我肚子叫起来，你快回来，别让我肚子叫起来……

29. 荔枝　lìzhī / n. / lichee

30. 缺　quē / v. / be short of

31. 奶糖　nǎitáng / n. / toffee

32. 编排　biānpái / v. / arrange
33. 节目　jiémù / n. / programme

34. 闹　nào / adj. / noisy
35. 吓　xià / v. / scare
36. 阑尾炎　lánwěiyán / n. / appendicitis

37. 丰盛　fēngshèng / adj. / rich; sumptuous
38. 晚餐　wǎncān / n. / supper

语言点例释 Grammar Points

❶ 算 I

解释 Explanation

动词。意思是"可以认为""可以说""当作"。后边常常可以用"是"。

"算", a verb, shows the similar meaning as "可以认为""可以说""当作"。"是" can be placed after "算".

剧中 Example in Play

梅：你跟小雪说，就说我真心地欢迎她来。她来了，咱们这个新家才能算完整。

他例 Other Examples

↳ 什么样的学生算是好学生？
↳ 这里的冬天不算冷。

❷ 记得……

解释 Explanation

动词。想得起来，没有忘掉。

"记得……", a verb, indicates that the speaker remembers something, and has not forgotten.

剧中 Example in Play

梅：哎哎，你还没告我呢，她爱喝什么汤？
夏：哦，我记得应该是西红柿鸡蛋汤。

他例 Other Examples

↳ 你还记得他的手机号吗？
↳ 我记得他们家有一只小狗。

❸ ……来着

解释 Explanation

助词。用在疑问句句末时，表示曾经知道某情况而说话时却想不起来了。

"……来着", an auxiliary word, is used at the end of an interrogative sentence to indicate that someone once knew something and couldn't remember it.

剧中 Example in Play

梅：你等会儿，我想想还有什么事儿来着？

他 例 Other Examples
- 他叫什么名字来着？
- 你刚才跟我说什么来着？我没听清。

❹ 去你的

解 释 Explanation

对对方的言行表示不满或者嗔怪，有制止对方的意思。有时只简单地说一个"去"，不耐烦的时候可以说"去去去"，只用于口语。

"去你的" indicates the dissatisfaction, rebuke, or refrain. "去" expresses the same meaning, and when particularly impatient you can also use "去去去". Only to be used colloquially.

剧 中 Examples in Play
- 夏：我看看你是有点儿紧张了吗，紧张了！
  梅：**去你的**，我紧张什么呀我，我就是有点儿心跳过速。
- 梅：**去去去**，你把姐姐的床都给弄乱了。
- 星：哎，荔枝呀！
  梅：**去去去去**，一边儿站着去。

他 例 Other Examples
- 甲：你今天真漂亮，像新娘子一样。
  乙：**去你的**！
- 甲：什么时候吃饭啊？
  乙：**去你的**，刚吃过饭不到一小时，你就又饿了？

❺ 我保证……

解 释 Explanation

"保证"在这里是动词，表示担保或者担保做到。"我保证……"表示说话人对后边所说内容的自信或者承诺。

"保证" is used as a verb here to vouch for somebody or guarantee that something will be done. "我保证……", indicates that the speaker believes or promises that what he says after this pattern is true.

剧 中 Example in Play

梅：真的，我就给秃小子当过妈，我从来没想过要给一大闺女当妈。
夏：**我保证**啊这种感觉一定会特别的好。

他 例 Other Examples
- **我保证**，我说的都是真的。
- **我保证**每天按时到学校，一天也不迟到。

Unit 1（Lesson 2） A New Family

❻ 干吗 I

解释 Explanation

疑问代词，在这里是"干什么"的意思。只用于口语。

"干吗", an interrogative pronoun, in this context means "What are you doing". Only to be used colloquially.

剧中 Example in Play

梅：哎哎，干吗呢你们俩？

他例 Other Examples

↘ 你们在干吗呢？这么热闹？
↘ 甲：你看那个人在干吗呢？
　　乙：好像是在找东西。

❼ 把……（给）……

解释 Explanation

"把"字句的一种特殊格式。"把"后边的名词性成分是处置的对象，"给"后边的动词性成分是处置的结果。"给"的作用是引出结果，可以省略不说。

" 把……（给）……" is a very special construction. The noun after " 把 " is the object of the disposition. The verb behind "给" is the outcome of the disposition. The usage of "给" should derive from the result and can also be omitted.

剧中 Example in Play

梅：你把姐姐的床都给弄乱了。

他例 Other Examples

↘ 你把我的书（给）放到哪里去了？
↘ 风把我的头发都（给）吹乱了。

❽ 对……信任/不信任

解释 Explanation

"信任"是动词，意思是"相信而敢于托付"。常用结构是"A 对 B 信任/不信任"。

"信任" is a verb meaning to believe and dare to trust in something. A commonly used pattern is "A 对 B 信任/不信任".

剧中 Example in Play

梅：什么不会的？我对你们两个人，我一点儿都不信任。

| 他 例
Other Examples | ➪ 我父母对我很信任。
➪ 你怎么对我一点儿也不信任？ |

❾ 为了

| 解 释
Explanation | 介词。引出目的。
"为了" is a preposition that is to draw the intent. |

| 剧 中
Example in Play | 星：老妈，我和小雨呢，为了这次小雪来，编排了一个小节目，我们给你演演？ |

| 他 例
Other Examples | ➪ 为了做好这次演讲，我准备了一个星期。
➪ 为了让妈妈放心，我每天晚上给她打一个电话。 |

❿ 非得（děi）……不可

| 解 释
Explanation | "非……不"是一个固定结构，表示"一定要……"或"一定会……"。后一部分常用"不可、不行、不成"。"非"后加"得"，有进一步强调的作用。
"非……不" is a fixed structure which means that something ought to or would surely happen. Following this, "不可" "不行" "不成" are often used. "得" is added after "非" to further emphasize. |

| 剧 中
Example in Play | 梅：停！停！停！停！停！就你们俩这么闹，非得把姐姐吓着不可。 |

| 他 例
Other Examples | ➪ 她病得很重，非得去医院不可。
➪ 你不运动，非得长胖不可。 |

第一单元（第2课）新家庭
Unit 1 (Lesson 2) | A New Family

11 非……不行

解释 Explanation

"非……不"结构的一种，意思与"非……不可"相似，强调一定会发生的情况。

"非……不行" is one of the "非……不" structures, similar in meaning to "非……不可". This pattern emphasizes that the subject is going to happen.

剧中 Example in Play

梅：你们这节目，我告诉你啊，吃完饭不许演，啊，非得阑尾炎不行。

他例 Other Examples

➤ 你这么晚起床，非迟到不行。
➤ 你不说真话，爸爸非生气不行。

文化点滴 Culture Points

2 尖子生与三好生

中国实行九年制义务教育（小学6年，初中3年）。进入高中或大学学习时，学生须通过教育部门组织的"中考"或"高考"，学生按不同的考试成绩和自己的意愿进入不同的高中或大学。在"中考"或"高考"中取得好成绩、进入好学校是学生和家长们的普遍愿望。

"尖子生"是指学习成绩突出的学生。在学校中，每年会评选"三好生"，即德、智、体三方面都优秀的学生，他们是学生的榜样。作为奖励，这些尖子生和三好生在升学时会有更多机会和优待。

2 Outstanding Students

China has a policy of 9 years compulsory education (Elementary School, 6 years, and Middle School, 3 years). To enter further study at High School or University, students must pass the national "中考" (entrance examinations for senior secondary schools) or

"高考"(university entrance examinations) facilitated by the Ministry of Education. In accordance with their grades and own personal discretion, students then enter different high schools or universities. To achieve high grades in "中考"or "高考"and enter a high ranking school is the universal aspiration of every household.

"尖子生"are outstanding students as indicated by their grades. Every year in school, "三好生"are chosen by the 3 virtues of their ethics, wisdom and health. These aspects are indicative of outstanding model students. As a reward, these "尖子生"and "三好生"when entering a higher school get afforded more opportunities and special treatment.

练习 Exercises

一、根据剧情内容回答问题　Answer the questions according to the plot

1. 夏东海要去接小雪,刘梅让他对小雪说什么?
2. 小雪爱喝什么汤?
3. 刘梅为什么心跳过速?
4. 从夏东海和刘梅的对话中,可以知道小雪是怎样的女孩儿?
5. 夏东海为什么说刘梅跟中头奖差不多?
6. 刘梅为小雪准备了什么?
7. 小雨和刘星为小雪准备了什么?

二、看视频,用剧中的说法替换画线部分(可参考右栏中的提示)
Watch the video and substitute the underlined parts according to the plot (Use the hints in the column on the right)

1. 梅:你跟小雪说,就说我真心地欢迎她来。她来了,咱们这个新家才可以说是完整(的)。
2. 夏:没问题,一定会把你说的都告诉她。
3. 梅:去你的,我紧张什么呀我?我就是有点儿心跳得太快。
4. 梅:真的,我就给小男孩儿当过妈,我从来没想过要给一女孩儿当妈。
5. 梅:小雪在学校是优秀生,正好咱们在一块儿,她能在刘星的眼前给刘星树立一个活榜样。
6. 夏:21世纪的城市女性,一个人要有仨孩子的可能性,跟中头奖差不多。
7. 梅:刘星,你帮我看看姐姐这屋还少点儿什么呀?

a. 缺
b. 算
c. 概率
d. 大闺女
e. 秃小子
f. 尖子生
g. 如实转达
h. 眼皮底下
i. 心跳过速

第一单元（第2课）| 新家庭
Unit 1（Lesson 2）| A New Family

三、模拟表演：模仿第一段视频进行角色表演，着重体现刘梅在丈夫出发前的紧张表现
Role Play: Simulate a performance based on the first part of the video and emphasize Liu Mei's tension before her husband departs

四、选词填空　Choose the most appropriate words to fill in the blanks

（一）1. 刘梅（　　　）欢迎小雪的到来。
　　　2. 夏东海打算把刘梅的话（　　　）转告小雪。
　　　3. 刘梅想利用小雪给刘星（　　　）一个活榜样。
　　　4. 请把我的问候（　　　）给你的父母。
　　　5. 我买过很多彩票，可是从未（　　　）过奖。
　　　6. 我向你（　　　），我说的全是实话。
　　　7. 他总是说假话，我已经对他失去了（　　　）。
　　　8. 旅行用品都准备好了，什么也不（　　　）了。
　　　9. 是你啊，（　　　）了我一跳。

如实	真心
转达	树立
信任	保证
吓	缺
中(zhòng)	

（二）1. 我一考试就（　　　）。
　　　2. 姐妹俩性格相反，一个活泼，一个（　　　）。
　　　3. 他是（　　　）的四川人，特别爱吃辣的菜。
　　　4. 别的孩子都很淘气，这个孩子怎么那么（　　　）？
　　　5. 别（　　　）了，该上课了。
　　　6. 房间里太（　　　）了，得好好儿收拾一下儿。
　　　7. 星期天，妈妈为客人准备了（　　　）的晚餐。

典型	丰盛
文静	紧张
乱	闹	乖

（三）1. 对老人称呼"您"比较有（　　　）。
　　　2. 21（　　　）最需要什么样的人才？
　　　3. 这种样式很受年轻（　　　）的欢迎。
　　　4. 天气预报说，明天的降水（　　　）是40%。
　　　5. 这个电视（　　　）在手机上也能看。

概率	节目
女性	礼貌
世纪	

五、用提示词语完成对话，并设计一个新对话
Use the given words below to complete the dialogues, and then design a new dialogue

1. 记得……

(1) 梅：你还没告我呢，小雪爱喝什
　　　　么汤？
　　夏：_____

(2) 甲：你上次看见他时，他穿着什
　　　　么颜色的衣服？
　　乙：_____

2. ……来着

(1) 梅：你等会儿，我想想，_____
　　夏：哈哈，我看看你是有点儿紧张了
　　　　吗，紧张了！

(2) 甲：_____
　　乙：这个菜叫宫保鸡丁。

3. 我保证……

　(1) 梅：真的，我就给秃小子当过妈，我从来没想过要给一大闺女当妈。

　　　夏：_____

　(2) 甲：你这个方法真的有用吗？

　　　乙：_____

4. 干吗

　(1) 梅：_____

　　　星：我们在编排节目呢。

　(2) 甲：_____

　　　乙：我们去KTV了。

5. 把……（给）……

　(1) 梅：_____

　　　星：哎呀，不会弄乱的。

　(2) 甲：我想借一下儿你的电子词典。

　　　乙：_____

6. 对……信任/不信任

　(1) 雨：我不会把姐姐的床弄乱的！

　　　梅：什么不会的？_____

　(2) 甲：这件事让他去做，怎么样？

　　　乙：_____

7. 为了

　(1) 星：_____

　　　梅：行啊，那你们先表演给我看看。

　(2) 甲：你怎么买这么多鲜花？

　　　乙：_____

8. 非得……不可/不行

　(1) 星：吃完饭我们就给您表演节目。

　　　梅：_____

　(2) 甲：我忘了带手机，没有手机行吗？

　　　乙：_____

六、成段表达　Presentation

1. 以下边的句子作为开头，复述本节故事内容。
   Below is the sentence to start you off, rehearse this sketch.

   "夏东海准备去接小雪……"

2. 设想一下小雪进门后的情况。
   Imagine the situation after Xiaoxue enters.

Lesson Three 第三课

〈共3分04秒〉

❓ 热身问题 Warm-Up Questions

1. 小雪来之前，刘梅嘱咐刘星什么？
2. 刘梅让小雪去洗手，小雪是怎么做的？
3. 小雪向小雨问了些什么？

（刘梅在看窗外）

梅：哎，怎么还不回来呀？会不会出什么事儿呀？

星：他们下馆子去了吧？要不①咱们先吃吧！凉了都*！

梅：去去去，这不可能！

星：要是他们半道儿上饿得受不了②了呢？

雨：就像我们俩似的。

梅：你们俩谁饿得受不了了，谁去给我喝杯水。

星：饿了给水喝，那叫后妈！

梅：去，闭嘴*吧你。趁着③姐姐没来，我再嘱咐你两句，你给我④记住了！

星：记不住了，我已经脑供血不足了！

梅：闭嘴！你听清楚了啊，小雪姐姐可是一个文静的乖乖女，咱们生活在一块儿，你不许欺负人家，听见没有？

星：不欺负人家。

雨：我也不欺负她。

梅：嗯，真乖，你瞧小雨多乖呀。

雨：哎，可以奖励一片儿火腿肠！

1. 下馆子 xià guǎnzi / go to restaurant
2. 半道儿上 bàndàor shang / halfway; on the way
3. 后妈 hòumā / n. / stepmother
4. 趁 chèn / prep. / take advantage of
5. 嘱咐 zhǔfù / v. / enjoin; tell; exhort
6. 脑 nǎo / n. / brain; head
7. 供血 gōng xiě / supply blood
8. 不足 bùzú / adj. / not enough
9. 欺负 qīfu / v. / bully
10. 奖励 jiǎnglì / v. / reward
11. 火腿肠 huǒtuǐcháng / n. / ham

---

* 凉了都：就是"都凉了"。口语中常用这种倒装方式。
"凉了都" is equal to "都凉了". It is an inverted sentence often used in oral Chinese.

* 闭嘴 bì zuǐ：一般用于长辈制止小辈说出不合适的话。
Normally used by the elder to put down a child when he speak out of turn.

梅：哎，别介啊*。

（夏东海进门）

夏：回来了！

雨：爸！

梅：哟，回来了！小雪呢？

夏：来了。

梅：真的？

夏：小雪，来，快点儿。

梅：小雪……

雪：你们好。

雨、星：欢迎，欢迎，热烈欢迎！

梅：小雪，这个是你的房间。来，你进来看。

（夏东海对刘梅指手表）

梅：哦，哦，先该吃饭了。来来来，洗手吧，这是洗手间。啊，你在这儿洗。

雪：让他们先去吧。

梅：嗬（hē），瞧瞧，瞧瞧人（家）姐姐多懂事儿呀！

雪：我习惯⑤用这个——消毒湿纸巾。

梅：噢，（对刘星和小雨）那你们洗手去吧，洗手去！（对小雪）啊，那我帮你把行李拿房间。

夏：好，我来，我来，我来！

梅：来来来，咱俩一块儿！

夏：没事儿。

12. 懂事儿 dǒng shìr / sensible; intelligent
13. 习惯 xíguàn / v. / get used to
14. 消毒 xiāo dú / disinfect; sterilize
15. 湿纸巾 shīzhǐjīn / n. / wet tissue

（小雪等二人进房间后问小雨）

雪：小雨，你告诉我，你在这个家好吗？

* 别介啊：北京口语。即"别这样"。Beijing local dialect meaning "别这样" (Come on! Don't be that).

雨：还行*吧。

雪：咱爸娶了后妈以后，你过得好吗？

雨：嗯——还行！

雪：你告诉姐姐，咱们姓夏的孩子，在这个家里受尊重吗？有人身自由吗？

雨：自由嘛，反正⑥晚上不洗脚，绝对⑦绝对不能上床的！

雪：噢，对了，还有那个叫刘星的那孩子，他欺负过你吗？

星：乖乖女！你放心，我是不会欺负你的。这一点我可以向你保证。

雪：噢，原来我在这个家的定位，就是不受别人欺负呀！那这个生存起点也太低了吧。

（夏东海出来）

夏：猴孩子们*，开饭啦！猴孩子们，爸爸饿了！

梅：开饭啦！开饭啦！怎么还站着呀？来来来，小雪！你坐这儿！

星：我就在你旁边！

梅：去，起来！小雨坐这儿，你坐那儿！我坐这儿！

夏：来，妈妈坐！

16. 尊重　zūnzhòng / v. / respect
17. 人身自由　rénshēn zìyóu / freedom of person
18. 反正　fǎnzhèng / adv. / anyway
19. 绝对　juéduì / adv. / absolutely

20. 定位　dìngwèi / n. / location; position
21. 生存　shēngcún / v. / subsist; exist
22. 起点　qǐdiǎn / n. / starting point
23. 开饭　kāi fàn / begin to serve a meal

---

* 还行：还可以。Not bad.

* 猴孩子们：父母对孩子们亲昵的称呼。"猴孩子"意指淘气可爱的孩子。
This is a rather intimate address from a parent to their children. "猴孩子" (cheeky monkey) indicates that a child is mischievous and cute.

语言点例释 Grammar Points

❶ 要不

解释 Explanation

表示两种意愿的选择，带有商量的语气。"要不"后边是建议的内容。

"要不" indicates that there are two choices available and has a conferring tone. "要不" is then followed by the suggestion content.

剧中 Example in Play

梅：哎，怎么还不回来呀？会不会出什么事儿呀？
星：他们下馆子去了吧？要不咱们先吃吧！

他例 Other Examples

↘ 都过了半个小时了，要不咱们别等了。走吧！
↘ 这个题目太难了，要不咱们换一个题目吧？

❷ ……得受不了

解释 Explanation

程度补语，表示到了不能忍受的地步。前边常用表示消极意义的形容词。

"……得受不了" is a complement of degree, used when encountering a situation that is unbearable. The part before "得受不了" is often an adjective of negative significance.

剧中 Example in Play

星：要是他们半道儿上饿得受不了了呢？

他例 Other Examples

↘ 我的肚子疼得受不了了。
↘ 我才爬到半山腰，就已经累得受不了了。

❸ 趁（着）

解释 Explanation

"趁"为介词，表示"利用……机会"。如果后边是小句，可以用"趁着"，"着"可以省略。

"趁" acts as a preposition and stresses that one should fully take advantage of an opportunity. If used before a short sentence, the construction "趁着" can be used. "着" can also be omitted.

剧中 Example in Play

梅：趁着姐姐没来，我再嘱咐你两句，你给我记住了！

第一单元（第3课）| 新家庭
Unit 1 (Lesson 3) | A New Family

他 例
Other Examples

↘ 趁（着）雨还没有下大，咱们赶紧回家吧。
↘ 趁（着）老师在，快问问那道题怎么做。

④ 你给我……

解 释
Explanation

"你给我"后加动词，用于命令句，加强命令的语气，表示说话人的意志。语气较硬。

"你给我" is followed by a verb, used as a command, emphasizing the commanding tone and expressing the determination of the speaker. The tone is rather firm when used.

剧 中
Example in Play

梅：你给我记住了！

他 例
Other Examples

↘ 你给我闭嘴！
↘ 你给我听好了，下次再敢这样，我就不客气了！

⑤ 我习惯……

解 释
Explanation

"习惯"是动词，表示常常接触某种情况而逐渐适应，或者因长时间养成一种行为而不容易随意改变。

"习惯" is a verb which shows that one has often come into contact and is progressively adapting to a certain situation. It can also be used in describing one becomes acclimatized to a form of behavior and feels difficult to change.

剧 中
Example in Play

雪：我习惯用这个——消毒湿纸巾。

他 例
Other Examples

↘ 我习惯左手写字。
↘ 我不习惯和别人合住一个房间，我喜欢自己住。

❻ 反正

解释 Explanation

副词。表示情况虽然不同而结果并无差别。

"反正" is an adverb indicating that although a situation may be different, the result is the same.

剧中 Example in Play

雪：你告诉姐姐，咱们姓夏的孩子，在这个家里受尊重吗？有人身自由吗？

雨：自由嘛，反正晚上不洗脚，绝对绝对不能上床的！

他例 Other Examples

➥ 商店几点关门我不知道，反正8点是一定不会关门的。

➥ 你去不去我不管，反正我得去。

❼ 绝对

解释 Explanation

在这里是副词，表示"完全""一定"，有加强语气的作用。

In this context, "绝对" is an adverb meaning "completely" or "by all means", and it has a more intense tonal effect when used.

剧中 Example in Play

雨：自由嘛，反正晚上不洗脚，绝对绝对不能上床的！

他例 Other Examples

➥ 我绝对不知道这件事！

➥ 你绝对猜不出来发生了什么。

文化点滴 Culture Points

3 "嫁"与"娶"

结婚是人一生中的大事。结婚,在汉语中有不同的表达。结婚对女人来说是"嫁",意思是被接到男方家去;结婚对男人来说是"娶",意思是把一个女人接到家中。中国的传统习俗是女人结婚后住到丈夫家,和丈夫以及他的父母住在一起。但是现代社会中,越来越多的年轻人喜欢享受二人世界,单独生活。

3 Marriage

Marriage is a huge event in people's lives, and the Chinese language has different ways of expressing the significance of this event. For women, marriage is referred to as "嫁" expressing that the woman will be received into the man's family. For men, marriage is spoken as "娶" meaning that they will receive a woman into their family. It is a traditional Chinese custom after marriage for the woman to reside with her husband along with his parents. However in modern society, more and more young people prefer to enjoying life as a couple and lead a more independent life.

练习 Exercises

一、看视频，根据剧情填空 Watch the video and fill in the blanks according to the plot

1. 夏东海和小雪半天也没来，刘星认为他们 _____
2. 刘星说饿得受不了，刘梅让他去 _____
3. 刘梅嘱咐刘星，小雪来了之后不要 _____
4. 小雪进门后，刘梅想带她去洗手，可是小雪拿出了 _____
5. 小雪最关心的是父亲娶了新妻子以后 _____
6. 小雨认为不自由的事是 _____
7. 刘星向小雪保证 _____

二、看视频，给下边的台词填空 Watch the video and complete the scripts below

（一）梅：你们俩谁（　　　）得受不了了，谁去给我喝杯水。
　　　星：饿了给水喝，那叫（　　　）！
　　　梅：去，闭嘴吧你。（　　　）着姐姐没来，我再（　　　）你两句，你给我记住了！
　　　星：记不住了，我已经脑供血（　　　）了！
　　　梅：闭嘴！你听清楚了啊，小雪姐姐可是一个文静的（　　　），咱们生活在一块儿，你不许（　　　）人家，听见没有？

（二）雪：咱爸（　　　）了后妈以后，你过得好吗？
　　　雨：嗯——还行！
　　　雪：你告诉姐姐，咱们姓夏的孩子，在这个家里受（　　　）吗？有人身自由吗？
　　　雨：自由嘛，（　　　）晚上不洗脚，绝对绝对不能上床的！
　　　雪：噢，对了，还有那个叫刘星的那孩子，他（　　　）过你吗？
　　　星：乖乖女！你放心，我是不会欺负你的。这一点我可以向你（　　　）。
　　　雪：噢，原来我在这个家的（　　　），就是不受别人欺负呀！那这个生存（　　　）也太低了吧。

三、选词填空　Choose the most appropriate words to fill in the blanks

1. 出门之前，母亲（　　　）我快去快回。
2. 你是哥哥，怎么能（　　　）弟弟？
3. 我不（　　　）开着灯睡觉。
4. 我们（　　　）每个人的权利。
5. 全球变暖，人类的（　　　）环境越来越差。
6. 如果我答对了的话，有什么（　　　）吗？
7. 手术刀使用之前需要（　　　）。
8. 这个孩子年龄很小，可是很（　　　）。
9. 从（　　　）到终点一共4千米。

欺负	懂事儿
嘱咐	习惯
消毒	起点
奖励	尊重
生存	

四、用提示词语完成对话，并设计一个新对话
Use the given words below to complete the dialogues, and then design a new dialogue

1. 要不
   (1) 梅：哎，怎么还不回来呀？会不会出什么事儿呀？
       星：他们下馆子去了吧！＿＿＿＿＿＿
   (2) 甲：今天天气不错，咱们去爬山吧？
       乙：＿＿＿＿＿＿＿＿＿＿＿＿

2. ……得受不了
   (1) 梅：＿＿＿＿＿＿＿＿＿＿＿＿
       星：饿了给水喝，那叫后妈！
   (2) 甲：你为什么要关上窗户？
       乙：＿＿＿＿＿＿＿＿＿＿＿＿

3. 趁（着）
   (1) 梅：＿＿＿＿＿＿＿＿＿＿＿＿
       星：记不住了，我已经脑供血不足了！
   (2) 甲：作业下周才交，你这么着急写干什么？
       乙：＿＿＿＿＿＿＿＿＿＿＿＿

4. 我习惯……
   (1) 梅：来来来，洗手吧，这是洗手间。啊，小雪，你在这儿洗。
       雪：＿＿＿＿＿＿＿＿＿＿＿＿
   (2) 甲：别人都去旅行了，你怎么不去？
       乙：＿＿＿＿＿＿＿＿＿＿＿＿

5. 反正
   (1) 雪：你告诉姐姐，咱们姓夏的孩子，在这个家里受尊重吗？有人身自由吗？
       雨：＿＿＿＿＿＿＿＿＿＿＿＿
   (2) 甲：这里的冬天冷不冷？
       乙：＿＿＿＿＿＿＿＿＿＿＿＿

6. 绝对
   (1) 雪：你在这个家里自由吗？
       雨：＿＿＿＿＿＿＿＿＿＿＿＿
   (2) 甲：你说的是真的吗？
       乙：＿＿＿＿＿＿＿＿＿＿＿＿

五、成段表达　Presentation

1. 谈谈你对小雪的第一印象。
   Talk about your first impressions towards Xiaoxue.

2. 如果你是小雪，来到一个新家，你最担心什么？以小雪的口气说一说。
   Supposing that you were Xiaoxue and entered into a new family, what would be your biggest worry? Use the tone of Xiaoxue.

3. 想象一下，小雪进门以后，在饭桌上又会发生什么事儿？
   Imagine that after Xiaoxue enters, what would happen at the dinner table?

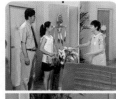

六、延伸练习　Extension exercise

假设你是这三个孩子的父母，你会给他们哪些规定？至少写出三个。
Supposing that you were the parent of the three kids, what kind of rules would you give to them? Write at least 3.

Lesson Four 第四课

(共2分58秒)

❓ 热身问题 Warm-Up Questions

1 猜一猜，饭桌上发生了什么事儿？
2 刘梅提议让小雪说祝酒词，她的祝酒词可能是什么？

（饭桌上）

梅：来来来，小雪！看，大虾，多吃点儿！

雪：但正确的健康观念是让人少吃点儿！

夏：哎，你这不是今天第一天来嘛，这可是妈妈为迎接你专门做的。

雪：是刘星的妈妈。

梅：（给小雪夹菜）来，尝尝我做的茄子！

雪：我不习惯在别人的帮助下吃饭！（刘梅无语）

夏：我习惯，来来来，梅梅给我。我特爱吃你做的茄子。

梅：小雪有很多习惯，以后咱们大家都互相慢慢儿习惯。

夏：对！

雪：那恐怕①得你们习惯我了！反正我是不会习惯别人的！

夏：吃菜吃菜！小雨，快吃，啊？

雨：妈，那个八条腿儿横着走那个熟了没？

梅：噢，螃蟹呀，一会儿就熟，啊，再等一会儿！

夏：对，妈妈一早去买的，都是活的！

雪：哪儿产的啊？能确定没被污染过吗？螃蟹壳上有没有防伪标志啊？

1. 虾 xiā / n. / shrimp
2. 正确 zhèngquè / adj. / correct
3. 健康 jiànkāng / adj. / healthy
4. 观念 guānniàn / n. / concept; ideology
5. 迎接 yíngjiē / v. / welcome
6. 专门 zhuānmén / adv. / specially
7. 茄子 qiézi / n. / eggplant

8. 恐怕 kǒngpà / adv. / be afraid of

9. 熟 shú (shóu) / adj. / cooked

10. 确定 quèdìng / v. / definite
11. 污染 wūrǎn / v. / pollute; contaminate
12. 壳 ké / n. / shell; hard surface
13. 防伪 fángwěi / v. / prevent false or fake
14. 标志 biāozhì / n. / symbol; mark

梅：啊，我、我一直以为，只有正宗的那种大闸蟹，壳上才有标志呢！

夏：我也这样认为的，是吧？

雪：当然，因为您已经没有主见了。

夏：哎，我建议②，为咱们家第一次团圆饭，干一杯③！

梅：好！

夏：来来来！

梅：哎哎哎，我还有一个建议，干脆咱们让小雪说几句祝酒词。

夏：可以啊，小雪！

雪：那我就说了，但不是一般的"祝酒词"。

梅：肯定④不一般⑤！（对刘星）就知道那儿吃，你看看人（家）小雪，人家作文特别棒，北京市的作文比赛都得过特等奖。

雪：（打开一张纸，读）第一，今后，在这个家里，我的独立人格必须得到尊重，我有权在衣食住行各方面保持自己的个性，不容置疑*；第二，不许随便动我的东西，进我

15. 正宗　zhèngzōng / adj. / genuine
16. 大闸蟹　dàxháxiè / n. / Chinese mitten crab
17. 主见　zhǔjiàn / n. / ideas of one's own
18. 建议　jiànyì / v. & n. / suggest; suggestion
19. 团圆　tuányuán / v. / have a reunion
20. 干杯　gān bēi / Cheers!
21. 祝酒词　zhùjiǔcí / n. / toast
22. 一般　yìbān / adj. / general; common
23. 肯定　kěndìng / adv. / undoubtedly
24. 得　dé / v. / get; gain
25. 特等奖　tèděngjiǎng / n. / special prize
26. 独立　dúlì / adj. / independent
27. 人格　réngé / n. / moral quality
28. 必须　bìxū / adv. / must
29. 权（利）　quán (lì) / n. / right; interest
30. 衣食住行　yī-shí-zhù-xíng / food, clothing, shelter and transportation; basic necessities of life
31. 方面　fāngmiàn / n. / aspect; field
32. 保持　bǎochí / v. / keep; maintain
33. 个性　gèxìng / n. / personality
34. 不容置疑　bùróng-zhìyí / see the note
35. 随便　suíbiàn / adv. / as one pleases
36. 动　dòng / v. / move; touch

---

* 不容置疑：不该有疑问，当然这样，必须如此。
"There is no need to doubt." Something ought to be the way it is, and of course it will be that way.

的房间必须先敲门。我不说请进，就不能进来……

星：（小声对刘梅说）妈，这就是您说的乖乖女啊！

梅：别说话！

雪：第三，我有权决定自己干什么，不干什么，有权不回答问题，在我保持沉默的时候，请勿打扰*！

（刘梅站了起来）

夏：刘梅，那个……

梅：我拿鸡蛋汤去……

夏：我帮帮你！

梅：不用！（刘梅去厨房）

夏：小雪，你到底⑥要干什么呀？

雪：我有权不回答问题！

梅：来来来，汤来啦！哎呀，小雪，我听你爸爸说，你从小就特别爱吃这个西红柿鸡蛋汤。

夏：对，哎呀，鸡蛋打得有点儿多，太偏心了啊！

雪：那是我小时候。噢，对了，爸爸，咱们好像有好长时间没住在一起了吧？

夏：对，长大以后的事儿我不太清楚了。

37. 敲门 qiāo mén / knock at the door

38. 沉默 chénmò / adj. / quiet; silent
39. 勿 wù / adv. / do not; never
40. 打扰 dǎrǎo / v. / disturb; trouble

41. 到底 dàodǐ / adv. / on earth; at last; in the end

42. 偏心 piānxīn / adj. / partial; biased

---

* 请勿打扰：请不要打扰我。常出现在客房门上的提示牌上。
"Please do not disturb me." This is often found on the door of a guest's room.

语言点例释 Grammar Points

❶ 恐怕……

解释 Explanation

副词，常表示估计和担心。本课中表示估计与可能。

This is an adverb that often indicates estimation and worry simultaneously. In this particular lesson, it indicates estimation and possibility.

剧中 Example in Play

梅：小雪有很多习惯，以后咱们大家都互相慢慢儿习惯。
雪：那恐怕得你们习惯我了！反正我是不会习惯别人的！

他例 Other Examples

↘ 已经过了20分钟了，他今天恐怕来不了了。
↘ 今天恐怕会下雨，你带上雨伞吧。

❷ 我建议，……

解释 Explanation

在这里，"建议"是动词，意思是向别人提出自己的主张。"我建议"用在句首，以引起听者的注意，后边是建议的具体内容。

Here "建议" is a verb meaning to put forward one's own opinion to another person. "我建议" is used at the beginning of a sentence to get the listener's attention. The specific suggestion follows this statement.

剧中 Example in Play

夏：我建议，为咱们家第一次团圆饭，干一杯！

他例 Other Examples

↘ 我建议，这个周末咱们一起去划船！
↘ 我建议，今天中午去吃饺子！

❸ 为……干（一）杯

解释 Explanation

饭桌或者宴会上的常用语，用于劝别人喝酒或庆祝的场合。"为"后边引出祝福的对象或祝福的内容。

This expression is often used around the dinner table or at a banquet to persuade someone to drink or to celebrate. The celebration follows this statement.

| 剧 中 Example in Play | 夏：我建议，为咱们家第一次团圆饭，干一杯！

| 他 例 Other Examples | ↘ 为我们的友谊干杯！
↘ 为健康干杯！

❹ 肯定

| 解 释 Explanation | 副词，表示必定，毫无疑问。

This adverb expresses "without fail" or "no doubt".

| 剧 中 Example in Play | 雪：那我就说了，但不是一般的"祝酒词"。
梅：肯定不一般！

| 他 例 Other Examples | ↘ 已经这么晚了，他肯定睡觉了。
↘ 看他高兴的样子，肯定是中奖了。

❺ 不一般

| 解 释 Explanation | "一般"是形容词，表示普通、平常。"不一般"意思是"特别好"，有夸奖的意思。

"一般" is an adjective meaning that something is common or nothing out of the ordinary. The meaning of "不一般" is "especially good", which is a positive form of compliment.

| 剧 中 Example in Play | 雪：那我就说了，但不是一般的"祝酒词"。
梅：肯定不一般！

| 他 例 Other Examples | ↘ 他的哥哥不一般，是个电脑高手。
↘ 唱歌、跳舞、弹吉他，他什么都会，真是不一般！

6 到底

解释 Explanation

副词，用在问句中，表示深究。

"到底" is an adverb which is used while asking a question, which purports to get to the bottom of something.

剧中 Example in Play

夏：你到底要干什么呀？

他例 Other Examples

➤ 他们两个，你到底爱哪一个？
➤ 明天就是报名的最后一天了，你到底想不想参加？

文化点滴 Culture Points

4 团 圆

　　亲人分别后又重新相聚叫"团圆"。中国人非常喜欢"团圆"。中国人的家庭观念很强，因而就特别重视团圆。不论是节日，还是周末，只要有可能，中国人都希望全家人能够热闹地聚在一起。亲人分开后，又聚在一起吃饭叫吃"团圆饭"，又聚在一起过年叫过"团圆年"。另外，中国人喜欢"团圆"，也体现了中国传统的价值观。在中国传统价值观里，人们喜欢聚合，不喜欢分开。

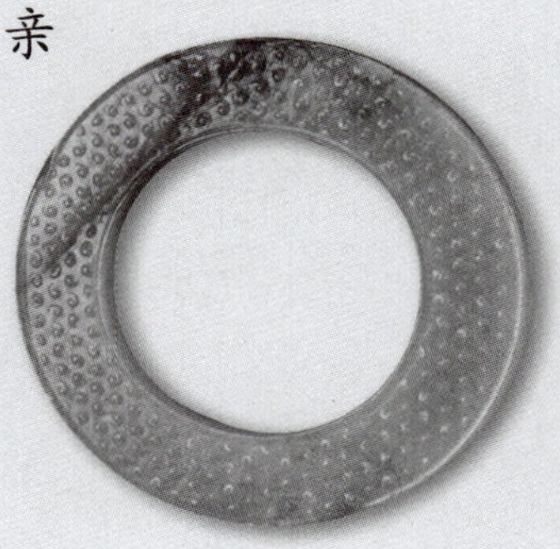

第一单元（第4课） | 新家庭
Unit 1 (Lesson 4) | A New Family

4　A Reunion

The relatives have been separated for a period of time and will be reunited, this is called a "团圆" and Chinese people love to have reunions. The feelings of the Chinese people towards family reunion are very strong and attach great importance to this concept. Whether it is a festival period or weekend, if there is a possibility to make this happen, there is the hope that all family members are able to unite together and have a lively celebration. Following the departure of family members, to have a reunion meal is called a "团圆饭", and if this happens to take place over the Chinese Spring Festival is defined as a "团圆年". Furthermore, this embodies the traditional Chinese values that people enjoy being together with each other and dislike being parted.

练习　Exercises

一、看视频，根据剧情完成下面的对照表
　　Watch the video and complete the table below according to the story

刘梅的态度　Liu Mei's manner	小雪的回应　Xiaoxue's response
让小雪多吃点儿大虾	
给小雪夹菜	
说大家以后互相慢慢儿习惯	
说起上午买的大闸蟹	
让小雪说几句祝酒词	
听说小雪喜欢喝西红柿鸡蛋汤	

二、在本段视频中，小雪有两处对父亲说了不恭敬的话，请在这两个句子前画✓
　　In this part of the video Xiaoxue made 2 disrespectful comments towards her father. Please mark a ✓ in front of the corresponding sentences

☐ 太偏心了！　　　　　　　　　☐ 您已经没有主见了。

☐ 不许随便动我的东西。　　　　☐ 长大以后的事儿我不太清楚了。

☐ 我有权不回答问题！　　　　　☐ 在我保持沉默的时候，请勿打扰！

47

三、模拟表演"干杯"之前的部分
Role Play: Simulate a performance marking the events before drinking a toast

要求：突出小雪与大家的对立态度。注意语气与语调。
Suggestion: Give prominence to the antagonistic mood between Xiaoxue and the others. Pay attention to the tone.

四、看视频，填台词　Watch the video and complete the scripts

1. 雪：但正确的健康（　　　）是让人少吃点儿！
   夏：哎，你这不是今天第一天来嘛，这可是妈妈为迎接你（　　　）做的。
2. 雪：那恐怕得你们习惯我了！（　　　）我是不会习惯别人的！
3. 雪：哪儿产的啊？能（　　　）没被污染过吗？螃蟹壳上有没有防伪标志啊？
   梅：啊，我、我一直以为，只有（　　　）的那种大闸蟹，壳上才有标志呢！
4. 夏：我建议，为咱们家第一次（　　　）饭，干一杯！
5. 梅：你看看人（家）小雪，人家作文特别棒，北京市的作文比赛都得过（　　　）奖。
6. 雪：第一，今后，在这个家里，我的（　　　）人格必须得到尊重，我有权在衣食住行各方面（　　　）自己的个性，不容置疑；第二，不许随便（　　　）我的东西，进我的房间必须先敲门，我不说请进，就不能进来；第三，我有权决定自己干什么，不干什么，有权不回答问题，在我保持（　　　）的时候，请勿打扰！

五、选择恰当的词语完成句子　Choose the appropriate words to complete the sentences

1. 一开始，他就表明了自己的（观念/观点）。
2. 我有一个好（主见/主意），周末去滑冰，怎么样？
3. 生活（方面/方向）我没有问题，可是在学习上有很多问题。
4. 老百姓的（权利/权力）应该得到尊重。
5. 她的（个性/性格）很温柔。
6. 请选择（正确/正宗）的答案。
7. 电视里有关（健康/健壮）的内容很多。
8. 为了（迎接/欢迎）客人，他们已经准备了一个上午。
9. 请（尝/试）一下儿我们的新食品。
10. 天这么阴，今天（确定/肯定）下雨。
11. 环境（污染/弄脏）是一个很严重的问题。
12. 中秋节那天，我们全家人在一起吃了一顿（团圆/团聚）饭。
13. 螃蟹（熟/生）了没有？
14. 来，为了我们的成功，（干杯/喝酒）！
15. 你有权（保持/坚持）沉默，可是如果有话要说，就请说出来。
16. 去别人家做客要先（敲门/开门）。
17. 不要随便（动/运）别人的东西。
18. 听了他的话，大家都（沉默/沉重）了。

19. 弟弟和哥哥都觉得妈妈（偏心/安心），其实妈妈很公平。
20. 我有一个（建议/建设），不知道你们想不想听。
21. 你今晚（必须/必定）准时来，不能迟到。
22. 我去书店买书的时候（随便/顺便）喝了一杯咖啡。
23. 这是我（专门/专心）为你准备的晚餐。
24. 他的想法太（恐怕/可怕）了。
25. 这件衣服样式很（一般/不一般），还是别买了。

六、词语填空　Fill in the blanks with the correct words

不（　　）置疑　　　请（　　）打扰　　　衣食住（　　）

防（　　）标志　　　独立人（　　）　　　（　　）酒词

七、用提示词语完成对话，并设计一个新对话

Use the given words below to complete the dialogues, and then design a new dialogue

1. 恐怕……
   (1) 梅：小雪有很多习惯，以后咱们大家都互相慢慢儿习惯。
       雪：_____
   (2) 甲：我想跟哥哥借5万块钱。
       乙：_____

2. 我建议，……
   (1) 夏：_____
       梅：我还有一个建议，干脆咱们让小雪说几句祝酒词。
   (2) 甲：_____
       乙：好，明天就去！

3. 肯定
   (1) 雪：那我就说了，但不是一般的"祝酒词"。
       梅：_____
   (2) 甲：我怎么全身没有力气，只想睡觉？
       乙：_____

4. 到底
   (1) 夏：小雪，_____
       雪：我有权不回答问题！
   (2) 甲：我想去北方旅行，可是听说冬天去南方比较好，不那么冷。
       乙：_____

八、成段表达：不一般的祝酒词　Presentation: Special toast

参考词语 Refer to the words and expressions

第一……　第二……　第三……

九、延伸练习：祝酒词　Extension exercises: Proposing a toast

提示场景：公司年会、新年聚会、同学毕业聚会……

Suggestion: A company's Annual General Meeting (AGM), New Year's celebration, Graduation ceremony...

参考词语或句式 Refer to the words and expressions or sentence structures

首先　感谢　而且　因为　所以　我建议　为……干杯

第五课 Lesson Five
(共3分07秒)

❓ 热身问题 Warm-Up Questions

1. 对于小雪的无礼行为，刘梅的感觉是怎样的？
2. 后来，刘梅为什么又高兴了？

（刘梅坐在卧室床上，夏东海进来）

夏：不高兴了吧？我一看就是好委屈！有什么委屈你趁早①都说出来，（唱）说出来，说出来，说出来……

梅：还有什么可说的呀！我想哭……

夏：那不行！要不然②我替她向你道歉，就不哭了吧！

梅：还想哭……

夏：小雪这孩子确实③太不像话④，抽时间我一定好好儿教育教育她！

梅：还特想哭……

夏：那我现在就去！

梅：哎哎哎哎，去你的！干吗去呀？我现在不能说，你现在更不能说了！跟你说，你现在要一批评她，她准⑤觉得是我出的主意！我就是那个狠毒的后妈，你呀，就是那没主见的爹！唉，咱们俩现在，只好忍着。

夏：哎呀，老婆，你说⑥你这么通情达理、善解人意，我就觉得特别难为你。

梅：还想哭！

夏：好吧，想哭就哭吧，趴在我肩膀上哭。

1. 委屈　wěiqu / adj. / feel wronged
2. 趁早　chènzǎo / adv. / as soon as possible
3. 要不然　yàobùrán / conj. / or (See Grammar Points 2)
4. 道歉　dào qiàn / apologize
5. 确实　quèshí / adv. / really; indeed
6. 不像话　búxiànghuà / adj. / unreasonable
7. 抽（时间）　chōu (shíjiān) / v. / take a part from a whole
8. 教育　jiàoyù / v. / teach; give sb. a talking
9. 批评　pīpíng / v. / criticize; comment
10. 准　zhǔn / adv. / definitely; certainly
11. 出主意　chū zhǔyi / give an idea
12. 狠毒　hěndú / adj. / vicious; venomous
13. 爹　diē / n. / father; dad
14. 忍　rěn / v. / bear; hold back
15. 通情达理　tōngqíng-dálǐ / reasonable
16. 善解人意　shànjiě-rényì / thoughtful
17. 难为　nánwei / v. / make things difficult for sb.
18. 趴　pā / v. / lean on
19. 肩膀　jiānbǎng / n. / shoulder

(刘星进来)

星：妈！

梅：啊？

星：小雪她谁都不告诉，一人出家门啦！

雨：连个头都⑦不回！

梅：啊，上哪儿去啦？

夏：上哪儿啦？

星：不知道。

雨：我更不知道。

夏：这孩子！

梅：这孩子！

(二人进小雪房间)

梅：夏东海，你看看！

夏：好！

梅：好？！

夏：没看见？箱子还在，这说明⑧啊，起码⑨她没跑回爷爷家去。

梅：跑回爷爷家去？凭什么⑩呀？我又没招她！

夏：这孩子是怕受委屈，给咱来个先发制人。这么多年来，我确实③也没怎么管她。孩子挺可怜的，又刚来，咱多给她点儿时间，啊？

梅：谁招她啦！

夏：我知道，你已经做得很好了。我是说，咱们肯定能做得更好！爱心、耐心、宽大为怀嘛！

梅：行行行，你先出去吧，我给她收拾收拾！

20. 箱子　xiāngzi / n. / chest; box; case
21. 说明　shuōmíng / v. / show
22. 起码　qǐmǎ / adv. / at least
23. 凭　píng / prep. / rely on; by; base on
24. 招　zhāo / v. / provoke; tease
25. 先发制人　xiānfā-zhìrén / gain the initiative by striking first
26. 管　guǎn / v. / be in charge of; look after
27. 爱心　àixīn / n. / compassion; sympathy
28. 耐心　nàixīn / adj. & n. / patient; patience
29. 宽大为怀　kuāndà-wéihuái / be magnanimous or lenient
30. 收拾　shōushi / v. / put in order; tidy

夏：我帮你呀！

梅：别假了你，快走吧！

夏：娶了你是我最大的福分*。

31. 假　jiǎ / adj. /
phoney; pretend to be

语言点例释 Grammar Points

❶ 趁早

解释 Explanation

副词。抓紧时机或提前（采取行动）。

"趁早" is an adverb which means to grasp an opportunity or to advance (to take the initiative).

剧中 Example in Play

夏：有什么委屈你趁早都说出来！

他例 Other Examples

▶ 你到底去还是不去，趁早决定吧。
▶ 你如果不爱他，就应该趁早让他明白。

❷ 要不然

解释 Explanation

连词，在这里意思同"要不"，在两种情况中做选择，带有商量的语气。

"要不然" is a conjunction and here its meaning is the same as "要不", which means to make a choice when facing with two possible situations. To be used with a conferring tone.

剧中 Example in Play

梅：我想哭……
夏：那不行！要不然我替她向你道歉，就不哭了吧！

他例 Other Examples

▶ 雨越来越大了，要不然咱们今天别去了。
▶ 我不想去爬山了，要不然我们去游泳吧。

---

* 福分 fúfen：福气，用于口语。Good fortune, good luck. To be used colloquially.

③ 确实

解释 Explanation

副词。意思与"真的""的确"相同，对客观情况的真实性表示肯定。

"确实" is an adverb which bears similarities in meaning to "真的" and "的确". Such authenticity in an objective situation shows certainty and affirmation.

剧中 Examples in Play

↘ 夏：小雪这孩子确实太不像话，抽时间我一定好好儿教育教育她！

↘ 夏：这么多年来，我确实也没怎么管她。

他例 Other Examples

↘ 我确实不知道这件事。

↘ 我确实看见他哭了。

④ 不像话

解释 Explanation

言语行动不合乎道理，很过分。有批评的口气。

"不像话" is used when speech or action is carried out without reason and is over excessive / over the top. It has a critical tone.

剧中 Example in Play

↘ 夏：小雪这孩子确实太不像话，抽时间我一定好好儿教育教育她！

他例 Other Examples

↘ 他总在病房里抽烟，真不像话！

↘ 他们在图书馆里唱歌，太不像话了！

⑤ 准

解释 Explanation

副词，意思是"一定""肯定"。用于口语。

"准" is an adverb meaning "一定" "肯定". To be used colloquially.

剧中 Example in Play

↘ 梅：跟你说，你现在要一批评她，她准觉得是我出的主意！

他例 Other Examples

↘ 天这么阴，一会儿准下雨。

↘ 你放心，到时候他准来。

⑥ 你说

解释 Explanation

"你说"的意思是"你看""你觉得""你认为",后边描述的是一种客观存在的事实或提出疑问,引出对方的看法。

The meaning of "你说" is "你看""你觉得""你认为", and the description that follows is a fact which exits impartially or a question which draws forth the other person's view.

剧中 Example in Play

夏:老婆,你说你这么通情达理、善解人意,我就觉得特别难为你。

他例 Other Examples

⤵ 你说你们这么闹,还不把姐姐给吓着了?
⤵ 你说我都道歉了,他怎么还不原谅我啊?

⑦ 连……都……

解释 Explanation

表示强调。"连"后的名词性成分可以是主语,也可以是前置宾语或其他成分。

"连……都……" places emphasis upon something. The noun that follows "连" can be the main subject and also accusative forms or other components.

剧中 Example in Play

星:妈!小雪她谁都不告诉,一人出家门啦!
雨:连个头都不回!

他例 Other Examples

⤵ 这个题太难了,连老师都不会。
⤵ 她连蜘蛛都害怕。

⑧ 这说明……

解释 Explanation

用一种确实存在的情况来表明一种判断。后边就是所作的判断。

By using a really existing situation, it makes known a judgment/decision. This is then followed by the said judgment/decision.

剧中 Example in Play

夏:箱子还在,这说明啊,起码她没跑回爷爷家去。

他例 Other Examples

⤵ 他每天都去中国餐馆儿吃午饭,这说明他喜欢中国菜。
⤵ 他能看中文小说,这说明他的汉语水平很高。

❾ 起码

解释 Explanation

至少。副词，表示最低限度。

"起码" is an adverb that directly means "at the very least/minimum", and shows that there is a minimum limit.

剧中 Example in Play

夏：箱子还在，这说明啊，起码她没跑回爷爷家去。

他例 Other Examples

↘ 一个二手笔记本电脑起码要2000块钱。
↘ 我们给她打个电话，起码能知道她到哪里了。

❿ 凭什么

解释 Explanation

"凭"是介词，表示"根据"。"凭什么"表示说话人认为前边提到的情况或者后边涉及的内容没有根据，带有不满的语气。

"凭" is a preposition that expresses "根据". "凭什么" shows that the speaker's tone is that of being unimpressed and dissatisfied and that the previous or future situation has no basis.

剧中 Example in Play

梅：跑回爷爷家去？凭什么呀？我又没招她！

他例 Other Examples

↘ 你凭什么打人？
↘ 我凭什么相信他说的话？

文化点滴 Culture Points

5 后妈与后爸

离婚或丧偶后的父母带着孩子再结婚，重新组成新的家庭就是"重组家庭"。对"重组家庭"中的孩子来说，爸爸的新妻子是后妈（也叫继母），妈妈的新丈夫是后爸（也叫继父），自己的亲生父母叫"亲爸""亲妈"。而对于再婚的男人、女人来说，过去的妻子就是前妻，过去的丈夫就是前夫。剧中夏东海是刘星的后爸，刘梅是小雪和小雨的后妈。

5 Step-parents

In the event of divorce or untimely death of a parent, parents will perhaps remarry and take their children into a new marriage and this reformed family is called a "重组家庭". As far as the children in this situation are concerned, the father's new wife is called the "后妈" (stepmother) and in the event of a mother remarrying, the new husband will take on the role of "后爸" (stepfather). Their natural parents will be known as "亲爸" and "亲妈". Furthermore, in the event of remarriage, former partners are referred to as an ex. In the play, Xia Donghai is Liu Xing's stepfather and Liu Mei is stepmother to both Xiaoxue and Xiaoyu.

练习 Exercises

一、看视频，根据剧情内容填空

Watch the video and fill in the blanks according to the plot

小雪的表现让刘梅觉得十分（　　　　），差点儿哭出来。夏东海替小雪向刘梅（　　　　），并且想去教育一下小雪，刘梅没让他去，决定（　　　　）着。夏东海夸妻子（　　　　）、（　　　　），让妻子（　　　　）在自己肩膀上哭。这时刘星进来说，小雪忽然出家门了。大家都很紧张。夏东海看见小雪的箱子还在，就放心了。他告诉刘梅，小雪是怕受（　　　　），所以（　　　　）。他准备和妻子一起用（　　　　）心和（　　　　）心来对待小雪，让小雪真正爱上这个新家。

二、根据剧情，将相关的台词连线
Match the two corresponding parts of the sentences together according to the plot

1. 小雪这孩子确实太不像话，
2. 我现在不能说，
3. 你现在要一批评她，
4. 想哭就哭吧，
5. 这孩子是怕受委屈，

她准觉得是我出的主意！
给咱来个先发制人。
抽时间我一定好好儿教育教育她！
趴在我肩膀上哭。
你现在更不能说了！

三、看视频，判断下列台词是谁说的
Watch the video and decide which character said the following sentences

说话人	台词
	1. 有什么委屈你趁早都说出来。
	2. 咱们俩现在，只好忍着。
	3. 连个头都不回！
	4. 跑回爷爷家去？凭什么呀？我又没招她！
	5. 你已经做得很好了。
	6. 爱心、耐心、宽大为怀嘛！
	7. 娶了你是我最大的福分。

四、根据意思找出对应的成语　Find the corresponding idiom according to the meaning

1. 先于对手采取行动以获得主动。
2. 待人接物胸怀宽广，态度宽容厚道。
3. 懂得道理，说话做事合情合理。
4. 容易理解别人的想法，体贴对方。

通情达理
先发制人
善解人意
宽大为怀

五、选词填空　Choose the most appropriate words to fill in the blanks

1. 那件事是我不对，我向你（　　　）。
2. 最近实在太忙了，（　　　）不出一点儿时间。
3. 他对客人态度不好，受到了经理的严厉（　　　）。
4. 公司最近的生意不大好，今天请大家来，就是想请你们给公司（　　　）。
5. 我的肚子很疼，可是不想吃药，我想再（　　　）一会儿看看。
6. 遇到这么马虎的老板，真是（　　　）你了。
7. 别（　　　）在桌子上看书，小心眼睛！
8. 你父亲能去学校看你，这（　　　）他还是爱你的。
9. 房主人多年不在，花园没人（　　　），又脏又乱。
10. 快把房间（　　　）一下儿，客人就要来了！
11. 弄坏电脑的不是我，可大家都以为是我，我觉得很（　　　）。
12. 他说的全是（　　　）话，别相信他。

忍	管
假	抽
趴	委屈
道歉	难为
批评	说明
收拾	出主意

六、用括号里的词语完成句子　Use the phrases in brackets to complete the sentences

1. 你有什么要求，（趁早）_____
2. 听说夏天去南方太热，（要不然）_____
3. _____（不像话）
4. 是他的错，（凭什么）_____

七、用提示词语完成对话，并设计一个新对话
Use the given words below to complete the dialogues, and then design a new dialogue

1. 确实
   (1) 梅：小雪怎么这么对我呢？我又没招她。
       夏：_____
   (2) 甲：你是他的好朋友，怎么会不知道他的电话号码？
       乙：_____

2. 准
   (1) 夏：小雪这孩子太不像话了，我现在就去教育教育她！
       梅：你别去，我跟你说，_____
   (2) 甲：你说他会答应我的要求吗？
       乙：_____

3. 出主意

(1) 夏：我现在就去跟小雪说！
   梅：我现在不能说，你现在更不能说了，_____。

(2) 甲：汉语大赛要求全班都参加，可是有的同学不愿意表演，怎么办？
   乙：_____

4. 连……都……

(1) 星：妈！小雪她谁都不告诉，一人出家门啦！
   雨：_____

(2) 甲：他能看懂中文吗？
   乙：_____

5. 这说明……

(1) 梅：好？你为什么说好？
   夏：箱子还在，_____

(2) 甲：他每天都跑步。
   乙：_____

6. 起码

(1) 梅：箱子还在，能说明什么？
   夏：_____

(2) 甲：考完了？你感觉怎么样？
   乙：_____

八、成段表达　Presentation

以刘梅的口气说说她的委屈。

In accordance with Liu Mei's tone, explain what her grievance is.

九、延伸练习　Extension exercise

说 / 写一件让你感到十分委屈的事情。

Either speak or write about a thing that causes you the most grievance.

第六课 Lesson Six
（共4分04秒）

❓ 热身问题 Warm-Up Questions

1. 小雪回来后，父母有什么反应？
2. 小雪把谁带回了家？

（客厅，夏东海和刘梅在看报纸，小雪回来）

雪：你们**难道**①不想问点儿什么吗？**比如说**②我刚才干吗去了？

梅：哦，你确实应该熟悉熟悉这新家的周边环境。

夏：对，回来得那么早，也没走多远啊！

梅：哎，对了，咱们那小区后头有一个花园，**回头**③让两个弟弟带你去啊。

雪：我现在不想去。

梅：那就不去。

夏：对，有时间再去。

（刘星和小雨过来）

星：我们以后也能享受这种待遇吗？

雨：我能吗？

梅：嘿（hēi）！你——

（小雪在房间里把音响声开得很大，夏东海过去想敲门，刘梅拉住他）

夏：耐心、爱心、宽大为怀！

星：我们也能把音响开得这么大吗？而且你们还不说我？

1. 难道 nándào / adv. / is it possible that ...
2. 熟悉 shúxi / v. / be familiar with
3. 周边 zhōubiān / n. / surrounding; circum
4. 环境 huánjìng / n. / circumstances
5. 小区 xiǎoqū / n. / residential district
6. 花园 huāyuán / n. / flower garden
7. 享受 xiǎngshòu / v. / enjoy
8. 待遇 dàiyù / n. / treatment
9. 音响 yīnxiǎng / n. / stereo; hi-fi

（小雪出来）

雪：我不喜欢你们给我准备的这条枕巾，我要拿它当擦脚布！

夏：没问题，只要你愿意，你把擦脚布当④枕巾都行！

梅：没错儿！

星：我能把枕巾当成④擦脚布吗？这样两个脚丫子可以一块儿擦！

雨：我能吗？

梅：嘿，你们俩老在这儿捣什么乱啊？

夏：对于你们俩来讲⑤，擦脚布就是擦脚布，枕巾就是枕巾！

梅：不能换！

星、雨：为什么？

（小雪带一个男孩儿来到家门口）

雪：快点儿！好了，我们家到了。把帽子摘下来。

男：现在就摘呀？

雪：第48页3到16行——

男：哎，在明天上学之前洗得掉吗？

雪：洗不掉，我再帮你染成黑色的嘛！

男：哎，非去不可啊？

雪：第48页3到16行！

（家里）

夏：梅梅，我发现你对小雪真有耐心！真佩服！

10. 枕巾　zhěnjīn / n. / a towel used to cover a pillow
11. 擦　cā / v. / wipe
12. 脚丫子　jiǎoyāzi（方）/ n. / foot
13. 捣乱　dǎo luàn / make trouble; create a disturbance
14. 摘　zhāi / v. / take off

15. 染　rǎn / v. / dye

16. 佩服　pèifú / v. / admire

梅：爱心、耐心、宽大为怀，你急，我都不急。

夏：我**怎么可能**⑥急呢！

（小雪和男孩儿进来）

雪：嗯，介绍一下儿，这位……（发现男孩儿没进来，回身去拉他）干什么呢你？（对夏东海和刘梅）这位是我的男朋友——狂野男孩儿！

17. 狂野	kuángyě / adj. / crazy and wild
18. 爱情	àiqíng / n. / love
19. 燃烧	ránshāo / v. / burn
20. 整个	zhěnggè / adj. / whole; entire
21. 沙漠	shāmò / n. / desert

男：（唱）"哈！我的爱情，哈！好像一把火，哈！燃烧了整个沙漠！哈！哈！哈！"

（刘星和小雨在一旁跟着唱）

雪：怎么都不说话啦？对我的男朋友不满意？

（刘梅和夏东海傻笑）

夏：那个，小雪，你说他是你什么、什么人？

（男孩儿拿出一枝玫瑰花给小雪）

雪：象征爱情的花朵是多么的芬芳啊！

22. 象征	xiàngzhēng / v. & n. / symbolize; symbol
23. 花朵	huāduǒ / n. / blossom; flower
24. 芬芳	fēnfāng / adj. / fragrant

男：I……I……

雪：快说！说呀！

男：I love you!

雪：走，去我房间！（男孩儿随小雪进房间）

星、雨：噢，男——朋——友——

夏：（生气）这也太……

梅：你**千万**⑦别着急，真的一定要有耐心。

夏：是，我不着急，我一点儿都不着急。

梅：就是！（夏东海摔倒，刘梅等连忙去扶）啊！夏东海！

| 25. 千万 | qiānwàn / adv. / must; make sure to |

语言点例释 Grammar Points

① 难道

解释 Explanation

副词。用于反问句，有加强语气的作用。

"难道" is an adverb that is used while making a rhetorical question and has the function of intensifying the tone.

剧中 Example in Play

雪：你们难道不想问点儿什么吗？比如说我刚才干吗去了？

他例 Other Examples

↘ 你难道不相信我说的话吗？
↘ 这么好吃的巧克力，难道你不喜欢？

② 比如说……

解释 Explanation

用于句首，后边是所举的例子。

This phrase is used at the beginning of a sentence and must be followed by examples.

剧中 Example in Play

雪：你们难道不想问点儿什么吗？比如说我刚才干吗去了？

他例 Other Examples

↘ 北京有很多名胜古迹，比如说故宫、天坛……
↘ 我喜欢小动物，比如说猫啊、狗啊什么的。

③ 回头

解释 Explanation

副词。过一会儿或者过一段时间以后。只用于口语。

"回头" is an adverb which means "after a while" or "later". Only to be used colloquially.

剧中 Example in Play

梅：咱们那小区后头有一个花园，回头让两个弟弟带你去。

他例 Other Examples

↘ 我先走了，回头见！
↘ 你没吃过饺子？回头我妈妈包饺子的时候，我请你去我家！

④ 把……当（成）……

解释 Explanation

"把……当（成）……"与"把……当作……"意思相似，表示主观的感觉。"当"的意思是"认为、作为"。

Both "把……当（成）……" and "把……当作……" carry the same meaning and show a biased and subjective opinion. The meaning of "当" is "认为、作为".

剧中 Examples in Play

⇨ 雪：我不喜欢你们给我准备的这条枕巾，我要拿它当擦脚布！
夏：没问题，只要你愿意，你把擦脚布当枕巾都行！
⇨ 星：我能把枕巾当成擦脚布吗？这样两个脚丫子可以一块儿擦！

他例 Other Examples

⇨ 我把她当成老师了，其实她是学生。
⇨ 他把我当成最好的朋友。

⑤ 对（于）……来讲

解释 Explanation

意思同"对……来说"，常用在句首，表示从某人、某事的角度看。

The meaning of this structure is the same as "对……来说" and is used at the beginning of a sentence. It shows the point of view from somebody or something.

剧中 Example in Play

夏：对于你们俩来讲，擦脚布就是擦脚布，枕巾就是枕巾！

他例 Other Examples

⇨ 对（于）我来讲，健康比什么都重要。
⇨ 对（于）日本人来讲，学习汉字并不难。

⑥ 怎么可能

解释 Explanation

反问句，表示不可能。

This is a rhetorical question that empresses that something is "out of the question".

剧中 Example in Play

梅：爱心、耐心、宽大为怀，你急，我都不急。
夏：我怎么可能急呢！

他例 Other Examples

⇨ 我怎么可能相信陌生人说的话呢？
⇨ 这么多作业，一个小时怎么可能做完呢？

7 千万

解释 Explanation

副词。表示"务必""一定要",带有强烈叮嘱的语气。

"千万" is an adverb used to express "be sure to do or not to do something". It carries a tone of urgency when used.

剧中 Example in Play

梅:你千万别着急,真的一定要有耐心。

他例 Other Examples

➥ 路上千万要小心。

➥ 千万别把我受伤的事告诉妈妈。

文化点滴 Culture Points

6 早恋问题

"早恋"主要是指男女中学生之间的恋爱。中学生谈恋爱往往是中国父母很难接受的。这有历史原因,也有现实原因。中国有几千年的"礼教"传统,以前的青年男女不能随意接触,更不可自由恋爱。一对男女可否结婚必须由他们的父母决定。这种状况直到20世纪四五十年代才逐步改变。

在现实中,中国的父母们都希望孩子在初中和高中学习期间,只学习,不恋爱。他们普遍认为恋爱会影响孩子的学习成绩,无法进入理想的高中和大学,进而影响孩子一生的幸福。所以他们认为中学生恋爱是不应该的,甚至是错误的。虽然现代社会已经越来越尊重孩子自然的心理发展,但中学生恋爱仍然是中国家长们比较敏感和紧张的话题。

6 Falling in Love Prematurely

"早恋" is mainly defined as the feelings of love that occur between middle school students and is very difficult for Chinese parents to accept. For reasons of history and practicality, it has been traditional Chinese etiquette that both young children should not make contact at free will especially regarding falling in love. Whether a couple can marry or not is a decision that must be made by their parents respectively. Since the 1940s and 1950s, there has been rapid change in relation to this condition.

It is the wish of Chinese parents that their children will, while attending middle and high school, concentrate solely on their studies but not relationships. The universal thinking is that having a relationship at such a young age will negatively affect their child's grades and consequently, the child will not be able to progress further into the high school and university of their aspiration, thus also affecting the fortunes of their child throughout later life. Therefore, they feel that children at middle and high school should not have relationships and that this is indeed a big mistake. Although modern society has already begun to respect the natural psychological development of children, this is still a rather sensitive and intense subject for Chinese families to contend with.

练习 Exercises

一、根据剧情选择答案 Choose the correct answers according to the plot

1. 小雪回来后，爸爸妈妈很：(　　)
   A. 高兴　　　　　　　B. 生气　　　　　　　C. 平静

2. 他们小区后边有一个：(　　)
   A. 医院　　　　　　　B. 花园　　　　　　　C. 游乐场

3. 小雪说不喜欢父母给她准备的：(　　)
   A. 擦脚布　　　　　　B. 枕巾　　　　　　　C. 毛巾

4. 小雪带回来一个：(　　)
   A. 染了发的男孩儿　　B. 戴帽子的男孩儿　　C. 很胖的男孩儿

5. 狂野男孩儿给了小雪：(　　)
   A. 一个玩具　　　　　B. 一顶帽子　　　　　C. 一枝花

二、台词填空　Complete the scripts

1. 雪：你们（　　　）不想问点儿什么吗？比如说我（　　　）干吗去了？

　　梅：哦，你确实应该熟悉熟悉这新家的（　　　）环境。

2. 星：我们以后也能（　　　）这种待遇吗？

3. 夏：只要你（　　　），你把擦脚布当枕巾都行！

　　星：我能把枕巾（　　　）擦脚布吗？

　　梅：你们俩老在这儿捣什么（　　　）啊？

　　夏：（　　　）你们俩来讲，擦脚布就是擦脚布，枕巾就是枕巾！

4. 雪：好了，我们家到了。把帽子（　　　）下来。

5. 雪：洗不掉，我再帮你（　　　）成黑色的嘛！

6. 夏：梅梅，我发现你对小雪真有耐心！真（　　　）！

7. 雪：（　　　）爱情的花朵是多么的芬芳啊！

8. 梅：你千万别着急，真的一定要有（　　　）。

三、读下列各句，注意加点词语的发音

Read the sentences below and pay attention to the correct pronunciation of the character marked with a dot

1. 只要你愿意，你把擦脚布当枕巾都行！

2. 我告诉你啊，吃完饭不许演，啊，非得阑尾炎不行。

3. 我帮你把行李拿房间。

4. 甲：你告诉我，你在这个家好吗？

　　乙：还行吧。

5. 第48页3到16行——

6. 我不愿意一个人旅行。

7. 我的自行车老坏，我干脆买了辆新的。

8. 银行五点关门。

9. 小心！路口有行人在过马路！

10. 请走人行横（héng）道。

四、选词填空 Choose the most appropriate words to fill in the blanks

1. 中国的（　　）国家是日本、韩国、泰国、菲律宾、新加坡等。
2. 人人都应该保护（　　）。
3. 他找到了一个（　　）不错的工作。
4. 小孩子喜欢看卡通片，年轻人喜欢看（　　）片。
5. （　　）地区十分缺水。
6. 在这里住了十年，我对这里的一切都非常（　　）。
7. 春节我想去南方旅游，好好儿（　　）一下那里的阳光。
8. 我做作业的时候，我的弟弟总是给我（　　）。
9. 他做事总是有计划，而且说到做到，我很（　　）他。
10. （　　）了眼镜，她完全变成了另一个人。
11. 我想把头发（　　）成红色，可是大家都反对。
12. 皮鞋脏了，得好好儿（　　）一下儿。
13. 快看，那辆汽车在（　　），快打119！
14. 玫瑰（　　）爱情。
15. 我今年（　　）暑假都是在大连过的。

摘	染	擦
整个	周边
象征	环境
熟悉	沙漠
享受	佩服
待遇	燃烧
爱情	捣乱

五、用提示的词语完成句子 Use the given words below to complete the sentences

1. 都8点了，他们还不来，（难道）_____
2. 我这么说你还不信，（难道）_____
3. 我很喜欢吃中餐，（比如说）_____
4. 提高口语水平的办法有很多，（比如说）_____
5. 这件事非常重要，（千万）_____
6. 那里很危险，（千万）_____
7. 我现在有客人，不方便接电话，（回头）_____
8. 你什么时候到北京？（回头）_____

六、用提示词语完成对话，并设计一个新对话

Use the given words below to complete the dialogues, and then design a new dialogue

1. 把……当（成）……

    (1) 雪：我不喜欢你们给我准备的这条枕巾，我要拿它当擦脚布！

    夏：没问题，_____

    (2) 甲：他对你那么重要吗？

    乙：_____

2. 对（于）……来讲

    (1) 星：我能把枕巾当成擦脚布吗？

    夏：_____

    (2) 甲：这次比赛重要吗？

    乙：_____

3. 怎么可能

    (1) 梅：爱心、耐心、宽大为怀，你急，我都不急。

    夏：_____

    (2) 甲：你是不是生气了？

    乙：_____

4. 千万

    (1) 梅：_____，
    真的一定要有耐心。

    夏：是，我不着急，我一点儿都不着急。

    (2) 甲：_____

    乙：好，我一定小心。

七、成段表达　Presentation

1. 用夏东海的口气叙述一下本集发生的故事。

    Use Xia Donghai's tone to give a narrative of what is happening in the story.

2. 谈谈你对狂野男孩儿的第一印象。

    Speak about your first impression of "狂野男孩儿".

八、延伸练习　Extension exercise

短剧表演：初次登门

Perform a short sketch: the First Visit

人物 (Characters)：女儿、男友/儿子、女友　父母

道具 (Props)：礼物

佳句集锦 A Collection of Key Sentences

（一）

1. 咱俩结婚刚两个月，这俩孩子就好得跟亲兄弟似的，多好啊！
2. 干脆把小雪从她爷爷家也接过来一块儿住。
3. 不就是接个闺女嘛，至于这么正式吗？
4. 我必须得让你闺女看看，自打你娶了我以后，你的品位就增高了，而且越来越帅！
5. 来了以后，你们娘儿俩可就天天朝夕相处了。怎么样，做好心理准备没有？
6. 心理准备没做好，我做好战斗准备了！
7. 真的，让我当三个孩子的妈，我特害怕！
8. 我对你有信心。
9. 我觉得比我照顾重症病房的病人这任务都艰巨。
10. 这个比喻可一点儿想象力都没有啊。
11. 我的手被虫子给咬了。
12. 我时差还没倒过来呢。
13. 爸爸什么都不懂！
14. 记住了，以后当着弟弟，不许老说英文，就得说纯正的中文，听见没有？

（二）

15. 我记得应该是西红柿鸡蛋汤。
16. 你等会儿，我想想还有什么事儿来着？
17. 我保证啊这种感觉一定会特别的好。
18. 21世纪的城市女性，一个人要有仨孩子的概率，跟中头奖差不多。
19. 她的床比我的舒服多了。
20. 你把姐姐的床都给弄乱了。
21. 我对你们两个人，我一点儿都不信任。
22. 我和小雨呢，为了这次小雪来，编排了一个小节目。
23. 就你们俩这么闹，非得把姐姐吓着不可。
24. 妈妈准备了一桌丰盛的晚餐，但是得等姐姐来了以后才能吃。

（三）

25. 怎么还不回来呀？会不会出什么事儿呀？

26. 要不咱们先吃吧！凉了都！

27. 趁着姐姐没来，我再嘱咐你两句。

28. 小雪姐姐可是一个文静的乖乖女，咱们生活在一块儿，你不许欺负人家，听见没有？

29. 我习惯用这个——消毒湿纸巾。

30. 自由嘛，反正晚上不洗脚，绝对绝对不能上床的！

31. 乖乖女！你放心，我是不会欺负你的。这一点我可以向你保证。

32. 原来我在这个家的定位，就是不受别人欺负呀！那这个生存起点也太低了吧。

（四）

33. 正确的健康观念是让人少吃点儿！

34. 这可是妈妈为迎接你专门做的。

35. 我不习惯在别人的帮助下吃饭！

36. 恐怕得你们习惯我了！反正我是不会习惯别人的！

37. 您已经没有主见了。

38. 我建议，为咱们家第一次团圆饭，干一杯！

39. 我还有一个建议，干脆咱们让小雪说几句祝酒词。

40. 肯定不一般！

41. 第一，今后，在这个家里，我的独立人格必须得到尊重，我有权在衣食住行各方面保持自己的个性，不容置疑；第二，不许随便动我的东西，进我的房间必须先敲门，我不说请进，就不能进来；第三，我有权决定自己干什么，不干什么，有权不回答问题，在我保持沉默的时候，请勿打扰！

42. 你到底要干什么呀？

43. 我听你爸爸说，你从小就特别爱吃这个西红柿鸡蛋汤。

（五）

44. 有什么委屈你趁早都说出来。

45. 要不然我替她向你道歉。

46. 这孩子确实太不像话，抽时间我一定好好儿教育教育她！

47. 你现在要一批评她，她准觉得是我出的主意！

48. 我就是那个狠毒的后妈，你就是那没主见的爹！

49. 咱们俩现在，只好忍着。

50. 老婆，你说你这么通情达理、善解人意，我就觉得特别难为你。

51. 连个头都不回！

52. 箱子还在，这说明啊，起码她没跑回爷爷家去。

53. 跑回爷爷家去？凭什么呀？我又没招她！

54. 这孩子是怕受委屈，给咱来个先发制人。

55. 这么多年来，我确实也没怎么管她。孩子挺可怜的，又刚来，咱多给她点儿时间。

56. 咱们肯定能做得更好！爱心、耐心、宽大为怀嘛！

57. 娶了你是我最大的福分。

（六）

58. 你们难道不想问点儿什么吗？比如说我刚才干吗去了？

59. 你确实应该熟悉熟悉这新家的周边环境。

60. 对了，咱们那小区后头有一个花园，回头让两个弟弟带你去。

61. 我们以后也能享受这种待遇吗？

62. 只要你愿意，你把擦脚布当枕巾都行！

63. 你们俩老在这儿捣什么乱啊？

64. 对于你们俩来讲，擦脚布就是擦脚布，枕巾就是枕巾！

65. 把帽子摘下来。

66. 非去不可啊？

67. 我发现你对小雪真有耐心！真佩服！

68. 我怎么可能急呢！

69. 象征爱情的花朵是多么的芬芳啊！

70. 你千万别着急，真的一定要有耐心。

第二单元 Unit 2

下马威
Making a Show of Strength at First Contact

源自《家有儿女》第一部第二集《下马威》（下）

Extracted from *Making a Show of Strength at First Contact* 2 of "Home with Kids" Series 1 Episode 2

第一课 Lesson One
(共5分10秒)

❓ 热身问题 Warm-Up Questions

1. 夏东海想和小雪单独谈谈，小雪是什么态度？
2. 夏东海为什么要摔杯子？
3. 听了刘梅的劝说，夏东海有了什么新主意？

（夏东海把小雪从屋里拉出来）

夏：你给我出来！走！咱们俩必须要单独谈谈了。

雪：可我想跟他单独谈谈。

男：我还是走了……

雪：第48页3到16行！

男：我在这儿等你，我在这儿等你。

夏：你还在这儿等她？！我看看你等……

梅：夏东海，爱心，耐心……

夏：我先要尽到一个做父亲的责任！走开，走，给我走！

雪：第48页3到16行！

男：哎！别怕！我会保护你的！

梅：哎……你……

星：哎哎哎，狂野男孩儿，你会为了小雪和她的爸爸决斗吗？

雨：第48页几行几行……什么来的？那是什么东东*啊？

星：是爱情誓言吧？

男：不是不是，我还是到外面待会儿吧①……（男孩儿出门）

雨：别怕，我会保护你的！（做飞吻动作）

---

* 东东：网络语言，意思是"东西"。年轻人爱使用。
Internet language that young people like to use, means "stuff" or "thing".

1. 下马威 xiàmǎwēi / n. / make a show of strength at first contact. *See Culture Points* 12
2. 单独 dāndú / adv. / alone

3. 尽 jìn / v. / try one's best
4. 责任 zérèn / n. / duty; obligation
5. 保护 bǎohù / v. / protect
6. 决斗 juédòu / v. / duel
7. 誓言 shìyán / n. / oath; promise

星：别怕，我们会保护你的！（也做飞吻动作……）

梅：哎哎哎，干吗呢这是？

星：咳（hāi），反正这句话，我们以后也会对女孩子说的。

雨：我们长大了也会狂野！

星：狂野！

梅：嘿！我揍你们！回屋去！

（书房内）

夏：小雪，你怎么**居然**②交上男朋友？你还还还找一个什么狂野的新新新人类！啊？你**居然**②还把他带回家里来！我对你太失望了！

雪：你凭什么干涉我的社交？

夏：社交？哼（hng），你这么小的年纪，你懂什么叫社交？**我是怕**③你犯错误。

雪：您懂，您不犯错误，那你还离婚。

夏：你！怎么说话呢？！爸爸可真生气了，我告诉你！这孩子……

雪：你**干吗**④那么凶啊？你从来都没有关心过我！我七岁，你就把我扔在爷爷家不管！出趟国还把我妈给看丢了！我还没从你的离婚阴影中清醒过来，你又给我找了一个后妈！这对我的幼小心灵是多么大的伤害呀，你懂不懂啊？！

夏：好好好……这不是不说我嘛，我是说你，你不应该交男朋友。

雪：我不用你管！就许你结婚离婚再结婚，我交个男朋友都不行啊？哼！

8. 揍 zòu / v. / beat; hit

9. 居然 jūrán / adv. / unexpectedly; go so far as to

10. 新新人类 xīnxīnrénlèi / modern thinking young people; doing in a non-traditional way

11. 失望 shīwàng / adj. / disappointed

12. 干涉 gānshè / v. / interfere

13. 社交 shèjiāo / n. / social contact

14. 犯 fàn / v. / commit (a mistake, crime, etc.)

15. 错误 cuòwù / n. / mistake; error; fault

16. 离婚 lí hūn / divorce

17. 凶 xiōng / adj. / fierce; ferocious

18. 扔 rēng / v. / throw; throw away

19. 阴影 yīnyǐng / n. / shadow

20. 清醒 qīngxǐng / adj. / wide awake; clear-headed

21. 幼小 yòuxiǎo / adj. / young and small

22. 心灵 xīnlíng / n. / soul; heart

23. 伤害 shānghài / v. / injure; harm; hurt

(小雪开门，刘梅在门外)

梅：小雪……

夏：哎，小雪，小雪！

梅：行了行了⑤，干吗呀，干吗呀？

夏：她说我结婚离婚又结婚，你说这孩子。

梅：你可不是结婚离婚又结婚吗。我还结婚离婚又结婚呢，那孩子说的也没错儿呀。

(夏东海在屋内走来走去)

梅：给，喝口冰水败败火。

夏：喝冰水，我摔了它我。

梅：哎哎，别，摔吧，塑料的。预备的让你摔的。

夏：没玻璃的摔得过瘾。

梅：我告诉你啊夏东海，真的，这种事儿呀，父母越反对孩子越⑥跟你拧着来。我自己就是一个惨痛的教训呀。当初⑦胡一统拼命追我，就因为我爸爸妈妈反对，我光顾着对抗家长了，稀里糊涂地就闪电式跟他结婚了，傻了吧，嫁错人了吧？虽然我现在及时地改正了错误，可是我跟他现在毕竟⑧有了一个共同的孩子啊。他什么时候心血来潮想来看孩子，我也不能把他轰出去呀。

夏：你什么意思？你的意思是说不用我管了，随她的便，对吧？啊？

梅：不是。我是说你别非得跟她发生正面冲突啊。

24. 败火　bài huǒ / relieve inflammation or internal heat. *See Culture Points* 7
25. 摔　shuāi / v. / throw to the ground
26. 塑料　sùliào / n. / plastic
27. 预备　yùbèi / v. / make ready; prepare
28. 玻璃　bōli / n. / glass
29. 过瘾　guò yǐn / enjoy oneself to the full
30. 拧　nìng / v. / twist
31. 惨痛　cǎntòng / adj. / agonizing; painful
32. 教训　jiàoxùn / n. / lesson
33. 拼命　pīn mìng / exerte the utmost strength
34. 稀里糊涂　xīlihútú / adj. / muddleheaded
35. 闪电式　shǎndiànshì / fast like lightning
36. 傻　shǎ / adj. / stupid; foolish
37. 嫁　jià / v. / marrying of a woman
38. 毕竟　bìjìng / adv. / after all; all in all
39. 心血来潮　xīnxuè-láicháo / on a sudden impulse
40. 正面　zhèngmiàn / adj. / direct
41. 冲突　chōngtū / v. / conflict

第二单元（第1课） | 下马威
Unit 2 (Lesson 1) | Making a Show of Strength at First Contact

夏：那，那怎么办？

梅：你不是挺聪明的吗？挺有创意的吗？挺有想象力的吗？你不是我的智囊团吗？小哥*！

夏：我现在就从狂野男孩儿那儿下手。

梅：哎哎，干吗呀？你要打人家？

夏：哼！他还用我亲自⑨动手？

梅：你要雇人打他？

夏：我准备使用最锐利的武器……

梅：咱们家新磨的切菜刀！

夏：拿菜刀干吗？我准备舌战狂野男孩儿，哈哈哈！哼，谁不会呀！

42. 创意　chuàngyì / n. / creativity
43. 智囊团　zhìnángtuán / brain trust
44. 下手　xià shǒu / start doing sth.
45. 亲自　qīnzì / adv. / personally; do sth. by oneself
46. 动手　dòng shǒu / raise a hand to strike
47. 雇　gù / v. / hire; employ
48. 锐利　ruìlì / adj. / sharp; keen
49. 武器　wǔqì / n. / weapon; arms
50. 磨　mó / v. / grind; polish; sharpen
51. 切　qiē / v. / cut up
52. 舌战　shézhàn / v. / have a verbal battle with

语言点例释 Grammar Points

1 还是……吧

解释 Explanation

表示经过比较、考虑，有所选择。用"还是"引出所选择的一项。

"还是……吧" indicates that after comparison and consideration, a choice has been made. Use "还是" to seek out the chosen item.

剧中 Example in Play

男：我还是到外面待会儿吧……

他例 Other Examples

↘ 你还是自己去吧，我恐怕去不了。
↘ 你们还是找别人吧，我觉得我不行。

---

* 小哥：刘梅对丈夫的亲昵称呼。
An intimate address from Liu Mei to her husband Xia Donghai.

❷ 居然

解释 Explanation

副词，表示出乎意料。指本来不应该发生或者不可能发生的事情竟然发生，或者本来不容易做到的事情竟然做到了。

"居然" is an adverb that expresses something happened unexpectedly. Originally, it should not have occurred, it was an impossible occurrence, or it was a difficult task to complete.

剧中 Example in Play

夏：小雪，你怎么居然交上男朋友？你还还还找一个什么狂野的新新新人类！啊？你居然还把他带回家里来！我对你太失望了！

他例 Other Examples

↳ 他居然不知道自己母亲的生日。
↳ 连数学老师都头疼的题，他居然轻松地做了出来。

❸ 我是怕……

解释 Explanation

意思是"我怕的是……"，后边是所担心的具体情况。

"我是怕……" has the same meaning as "我怕的是……", and what follows is what the speaker is worried about.

剧中 Example in Play

雪：你凭什么干涉我的社交？
夏：社交？哼，你这么小的年纪，你懂什么叫社交？我是怕你犯错误。

他例 Other Examples

↳ 甲：你为什么不敢发言？
　乙：我是怕说错了让大家笑话。
↳ 我没有多说，我是怕说多了事情变得更复杂。

❹ 干吗 II

解释 Explanation

疑问代词，在这里是"为什么"的意思。只用于口语。

"干吗" is a question pronoun, and means "为什么" here. Only to be used colloquially.

剧中 Example in Play

夏：你！怎么说话呢？！爸爸可真生气了，我告诉你！这孩子……
雪：你干吗那么凶啊？你从来都没有关心过我！

Unit 2 (Lesson 1) | 下马威
Making a Show of Strength at First Contact

他例 Other Examples
- 大家都知道了，你干吗不告诉我？
- 你干吗欺负他？

❺ 行了

解释 Explanation
制止对方的行为或者打断对方的说话时用。语气比较随便。

"行了" is used to put down or interrupt another person when they are speaking. The tone is rather relaxed.

剧中 Example in Play
夏：哎，小雪，小雪！
梅：行了行了，干吗呀，干吗呀？

他例 Other Examples
- 行了，你们都少说两句吧！
- 甲：这件衣服是不是不如那件好？
  乙：行了，这件是最漂亮的，买下来吧。

❻ A越……B越……

解释 Explanation
表示在程度上B随A的变化而变化。

B changes according to A's changes.

剧中 Example in Play
梅：这种事儿呀，父母越反对孩子越跟你拧着来。

他例 Other Examples
- 他越说我越生气。
- 数学题越难他越喜欢做。

7 当初

解释 Explanation

时间词。指从前,特指过去发生某件事情的时候。

"当初" is a time word, which indicates relatively distant past, specifically the time that the situation took place.

剧中 Example in Play

梅:当初胡一统拼命追我,就因为我爸爸妈妈反对,我光顾着对抗家长了,稀里糊涂地就闪电式跟他结婚了。

他例 Other Examples

▶ 当初,我想拍电影,有人说:"笑话!"可是现在,我成功了。

▶ 当初我以为他是一个宽容的人,可是并不是这样。

8 毕竟

解释 Explanation

副词。表示追根究底所得的结论,强调事实或原因。

"毕竟" is an adverb which expresses the conclusion arrived at after examining the root of it all, emphasizing the facts and reasons.

剧中 Example in Play

梅:虽然我现在及时地改正了错误,可是我跟他现在毕竟有了一个共同的孩子啊。

他例 Other Examples

▶ 他毕竟是孩子,你应该原谅他。

▶ 我们毕竟是多年的老朋友,彼此十分了解。

9 亲自

解释 Explanation

副词。自己直接做。

"亲自" is an adverb which means to do the task by oneself.

剧中 Example in Play

梅:干吗呀?你要打人家?
夏:哼!他还用我亲自动手?

他例 Other Examples

▶ 听说我病了,老师亲自来家里看我。

▶ 您不用亲自来,我自己去您那里取就行了。

文化点滴 Culture Points

7 上火与败火

中国的传统文化认为，世界万物都是由金、木、水、火、土五种物质以相互均衡的状态组成的。人的身体也一样，肺是金，肝是木，肾是水，心是火，脾是土。如果它们是均衡的，人就健康；它们不均衡了，人就会生病。心和情绪密切相关，如果一个人心情不好，心"火"就会过旺，也就是"上火"，长时间火大还会引起"肝"生病，因为肝是"木"，"火"可以点燃"木"。所以，中国人往往在心情不好而"上火"时，会选择用"水"灭火，也叫"去火"或"败火"。

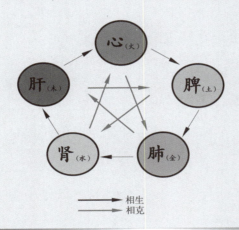

7 Suffering from and Relieving Internal Heat

According to Chinese traditional culture, everything in the world is composed of five elements: metal, wood, water, fire, and earth. These five elements work together in perfect harmony to compose the whole. The human body is the same, where the lung is metal, the liver is wood, the kidney is water, the heart is fire, and the spleen is earth. If these organs are in equilibrium, the person is healthy; if these organs are out of balance, the person will become ill. Since the heart and one's sentiments are closely related, if a person's state of mind is not well, the heart's "fire" ("internal

heat") will be strong. If this continues for a long period of time, it will cause liver problems because the liver is "wood" and fire kindles wood. Therefore, when Chinese frequently have a bad disposition or have internal heat, they choose "water" to put out the fire, which is also known as "去火" or "败火".

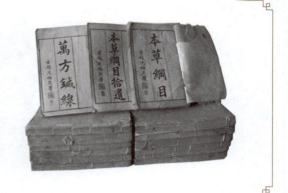

练习 Exercises

一、看视频，根据剧情填空 Watch the video and fill in the blanks according to the plot

1. 夏东海要跟小雪单独谈谈，可小雪却要_____
2. 夏东海看见男孩儿在等小雪，很生气，刘梅提醒他_____
3. 面对发火的夏东海，男孩儿对小雪说：别怕，_____
4. 夏东海对小雪很失望，因为_____
5. 夏东海说怕小雪犯错误，小雪却说_____
6. 刘梅给夏东海准备了一个塑料杯子，让他生气的时候摔，夏东海觉得_____
   _____
7. 刘梅让夏东海不要和孩子拧着来，因为她自己就是一个_____
8. 夏东海以为刘梅不让他管了，但是刘梅的意思是_____
9. 听了刘梅的话，夏东海准备_____

二、根据剧情选择答案 Choose the correct answers according to the plot

1. 刘星和小雨学狂野男孩儿的那句话是：(　　　)
   A. 第48页3到16行　　B. 别怕，我会保护你的　　C. 我不用你管
2. 夏东海对小雪失望的原因不包括：(　　　)
   A. 她的男朋友年龄太小
   B. 她居然交了男朋友
   C. 她把男朋友带到家里

3. 刘梅和胡一统的结婚是：（　　　）

　　A. 很过瘾的　　　　　　B. 闪电式的　　　　　C. 心血来潮的

4. 刘梅对自己和胡一统的结婚的评价是：（　　　）

　　A. 浪漫　　　　　　　　B. 稀里糊涂　　　　　C. 惨痛

5. 刘梅建议夏东海：（　　　）

　　A. 不要和小雪发生正面冲突
　　B. 揍狂野男孩儿一顿
　　C. 雇人打狂野男孩儿

6. 刘梅夸夏东海的话不包括：（　　　）

　　A. 挺有想象力的　　　　B. 挺有创意的　　　　C. 挺狂野的

7. 夏东海准备使用的锐利武器是：（　　　）

　　A. 切菜刀　　　　　　　B. 舌头　　　　　　　C. 拳头

三、将台词与主人公连线　Match each line with its correct speaker

1. 咱们俩必须要单独谈谈了。
2. 狂野男孩儿，你会为了小雪和她的爸爸决斗吗？
3. 你凭什么干涉我的社交？
4. 您懂，您不犯错误，那你还离婚。
5. 你从来都没有关心过我！
6. 就许你结婚离婚再结婚，我交个男朋友都不行啊？
7. 喝口冰水败败火。
8. 没玻璃的摔得过瘾。
9. 这种事儿呀，父母越反对孩子越跟你拧着来。
10. 我自己就是一个惨痛的教训呀。
11. 你不是我的智囊团吗？
12. 我现在就从狂野男孩儿那儿下手。

四、选择合适的搭配　Match the phrases appropriately

尽　　　　　　创意
犯　　　　　　责任
发生　　　　　菜刀
磨　　　　　　火
雇　　　　　　冲突
有　　　　　　错误
败　　　　　　人

五、填写中心词　Fill in the missing head words

惨痛的（　　　）　　　锐利的（　　　）　　　幼小的（　　　）

闪电式地（　　　）　　拼命地（　　　）　　　塑料（　　　）

六、选词填空　Choose the most appropriate words to fill in the blanks

（一）1. 这件事我不想让别人知道，只想（　　　）和你谈谈。

2. 他生起气来可（　　　）了，我们都怕他。

3. 每次喝酒他都会喝醉，（　　　）之后总是说以后再也不喝酒了。

4. 看到大家都在买彩票，他也（　　　）地跟着买了很多，可是买了之后就后悔了。

5. 他们两个人才认识三个月，就（　　　）地结婚了。

6. 大家都说他（　　　），可是我觉得他很聪明。

7. 你不想同意的话就（　　　）告诉他，他不会生气的。

8. 我不了解比赛场地的情况，总是不放心，还是（　　　）去看看比较好。

9. 我不是（　　　）要参加比赛，我是认真考虑过的。

傻
凶
正面
亲自
清醒
单独
闪电式
心血来潮
稀里糊涂

（二）1. 保护孩子是父母的（　　　）。

2. （　　　）总是很好听，但是行动更重要。

3. 我是个内向的人，不喜欢（　　　）。

4. 同样的（　　　）不应该犯两次。

5. 父母的离婚，给她的童年留下了（　　　）。

6. 这是一个深刻的（　　　），我永远不会忘记。

7. 孩子到了十几岁，常常和父母发生（　　　）。

8. 这个设计很有（　　　），一定会受年轻人欢迎。

9. （　　　），我想报考中文系，可是现在我想考历史系。

错误　冲突
誓言　责任
创意　社交
当初　教训
阴影

（三）1. 他是动物（　　　）主义者。
2. 都说那儿风景如画，可是我去了以后感到很（　　　）。
3. 任何国家都不应该（　　　）别国的内政。
4. 人人都可能（　　　）错误，有什么不好意思的？
5. 他们刚结婚一年就（　　　）了。
6. 请把香蕉皮（　　　）到垃圾箱里去。
7. 他的话深深（　　　）了她，她忍不住哭了起来。
8. 有人一生气就（　　　）东西。
9. 明天要开运动会，妈妈为我（　　　）好了运动衣。
10. 看电视里的比赛不（　　　），我喜欢去现场看。
11. 考试题太多了，我（　　　）写，时间还是不够。
12. 你愿意（　　　）给他吗？
13. 常言道：君子动口不（　　　）。
14. 我想（　　　）一个小时工帮我做家务。
15. 小心，别（　　　）着手！

雇	切
摔	扔
嫁	犯
动手	保护
离婚	预备
失望	干涉
拼命	过瘾
伤害	

七、用提示词语完成对话，并设计一个新对话

Use the given words below to complete the dialogues, and then design a new dialogue

1. 还是
   (1) 夏：你还敢在这儿等她？
       男：那我_____
   (2) 甲：我已经知道答案了，你想知道吗？
       乙：_____

2. 居然
   (1) 夏：_____，
       我对你太失望了！
       雪：你凭什么干涉我的社交？
   (2) 甲：6个包子都被我吃掉了。
       乙：_____

3. 我是怕……
   (1) 雪：你凭什么干涉我的社交？
       夏：你这么小的年纪，你懂什么叫社交？
       _____
   (2) 甲：你为什么不愿意跟大家去旅游？
       乙：_____

4. A越……B越……
   (1) 梅：真的，这种事儿呀，_____
       夏：那你的意思是我们不管她了？
   (2) 甲：数学题那么难，你怎么还那么喜欢做？
       乙：_____

5. 毕竟
   (1) 梅：虽然我们已经离婚了，可是_____，他什么时候想来看孩子，我也不能轰他呀。
       夏：我没有让你轰他呀。
   (2) 甲：他这次比赛又紧张了，所以结果不太好。
       乙：_____

八、成段表达　Presentation

1. 小雪的心里话：Xiaoxue's innermost thoughts and feelings

参考词语 Refer to the words and expressions

凶　　从来　　把　　看丢了　　阴影
还没……过来　　又……　　伤害

2. 刘梅的教训：Liu Mei's lesson

参考词语 Refer to the words and expressions

越……越……　　惨痛　　教训　　当初　　拼命
光顾着　　稀里糊涂　　虽然……可是……
毕竟　　什么时候……也……

Lesson Two 第二课

(共3分06秒)

❓ 热身问题 Warm-Up Questions

1. 夏东海和刘梅见到了狂野男孩儿，夏东海的态度怎么样？刘梅的态度怎么样？
2. 狂野男孩儿说出了什么秘密？
3. 夏东海为什么又高兴起来了？

（小区内）

夏：站住。

梅：很高兴认识你。

男：是……

夏：48页3到16行什么意思啊？

梅：是哪本书的48页呀？是《大众情人》，还是《恋爱绝句》？

男：不是……

夏：回来！听好了，作为①夏雪的父亲，我是绝不会允许你们这个年龄谈恋爱的，绝不！

梅：（对男孩儿）你先等一会儿啊，（对夏东海）你先消消气儿。（对男孩儿）呵呵（hēhē），她爸脾气不好。

夏：非常不好！

梅：平常啊就喜欢打孩子，啪（pā）啪啪……小雪那弟弟小雨，那脸就是扇肿的。呵呵。

夏：有点儿过了。

梅：（对夏东海）明白。（对男孩儿）哎呀，看你长得这么文质彬彬的，应该是个好学生啊？你怎么能叫狂野男孩儿呀？我看你应该叫文弱小书生才对呀！

男：这是夏雪给我取的。

夏：你必须停止和小雪的一切交往！在滑向错误的深渊之前，你给我悬崖勒马，勒住，勒住！

1. 情人　qíngrén / n. / lover; sweetheart
2. 恋爱　liàn'ài / v. & n. / be in love; love
3. 绝句　juéjù / n. / a poem with four lines with strict rules
4. 允许　yǔnxǔ / v. / permit; allow
5. 消气　xiāo qì / cool down
6. 脾气　píqi / n. / temperament; mood
7. 扇　shān / v. / hit with the palm of a hand
8. 肿　zhǒng / adj. / swollen
9. 文质彬彬　wénzhì-bīnbīn / urbane; gentle
10. 文弱书生　wénruò shūshēng / a frail scholar
11. 滑　huá / v. / slip; slide
12. 深渊　shēnyuān / n. / depth; danger; metaphor of the adverse circumstance
13. 悬崖勒马　xuányá-lèmǎ / wake up and escape disaster at the last moment

87

梅：挺成功。（对男孩儿）其实呀，我们呀，都是**为**②你们着急，**为**②你们负责。高中正是人生很重要的一个积累知识的阶段，你们应该把精力放在学习上啊！谈恋爱那都是大人的事儿，你们不应该预支未来呀！是不是？

男：我……

夏：我什么我？！如果你不肯放弃这种不负责任的、幼稚的、**所谓**③的感情，**作为**①小雪的父亲，我就会马上联络你的父亲，连同校方处理这个问题！**将**④反对早恋进行到底，到底，到底！

梅：她爸爸脾气一上来我**根本**⑤就管不了了！

男：哎，请千万别告诉我爸爸好不好？！

梅：那你是不是就能够立刻从小雪的身边消失？

男：其实，其实，哎呀，其实我不是小雪男朋友，是她雇来的一个托儿。

夏：什么？！

男：我都说了吧，小雪要我假冒她男朋友，是为了演给你们俩看。她说爸爸娶了后妈，她怕受后妈的气，失去自由和快乐，所以拿这事儿跟你们叫板，**好**⑥让自己拔份儿，不让你们随便欺负她。

梅：哦，她是想表明，她不是一个任人宰割的小绵羊，而是长满了刺的小刺猬？

男：是这意思。

梅：那，那她花了多少钱雇你呀？

男：别那么庸俗好不好？这不是金钱交易。是第48页3到16行……

14. 积累	jīlěi / v. / gather; accumulate
15. 阶段	jiēduàn / n. / stage; period
16. 精力	jīnglì / n. / energy; vigour
17. 预支	yùzhī / v. / to get in advance
18. 未来	wèilái / n. / future; coming
19. 放弃	fàngqì / v. / abandon; give up
20. 负责任	fù zérèn / be responsible
21. 幼稚	yòuzhì / adj. / infantile
22. 所谓	suǒwèi / adj. / so-called
23. 联络	liánluò / v. / keep in contact
24. 处理	chǔlǐ / v. / arrange; solve
25. 早恋	zǎoliàn / v. / fall in love too early

26. 消失 xiāoshī / v. / disappear; vanish
27. 托儿 tuōr / n. / the person who helps to cheat others
28. 假冒 jiǎmào / v. / pass oneself off as
29. 受气 shòu qì / be bullied
30. 叫板 jiào bǎn / provoke; challenge to battle
31. 拔份儿 bá fènr（方）/ show one's power
32. 表明 biǎomíng / v. / make known
33. 任人宰割 rènrénzǎigē / allow oneself to be trampled upon
34. 绵羊 miányáng / n. / sheep
35. 刺 cì / n. / thorn; splinter
36. 刺猬 cìwei / n. / hedgehog
37. 庸俗 yōngsú / adj. / vulgar; of low tastes
38. 金钱 jīnqián / n. / money
39. 交易 jiāoyì / n. & v. / deal; trade

夏：那是什么东西呀？

男：一道3＋X*经典理科试题，我们班只有夏雪会。

梅：哦！她是让你帮助她，然后她再来帮助你？

男：对。但是她没有帮助我，她说除非我演得特别像，她才⑦肯⑧给我讲题。哎，叔叔，阿姨我演得像吗？

夏、梅：不——像。

夏：我们早就⑨看出来了，小雪怎么可能早恋呢？

梅：而且长那么高的个儿。

夏：头发还是红的。

梅：一点儿不像红高粱。

男：哎，叔叔阿姨呀，千万别把我招了的事儿告诉夏雪啊！不然她该不给我讲题了。

夏、梅：呵呵，行！

男：谢谢了。我先走了。

梅：好。

男：拜拜（báibái，bye）。

夏、梅：哎，拜拜。

夏：哎呀，我就说嘛⑩，小雪怎么可能早恋，我早就⑨知道了，不可能的。

梅：你什么时候早就⑨知道的？

夏：我……

梅：哼。

夏：我是早就⑨知道了。我还说过你没听见……

40.	经典	jīngdiǎn / adj. / classical; typical
41.	理科	lǐkē / n. science (as a school subject)
42.	除非	chúfēi / conj. / only if
43.	肯	kěn / aux. / be willing to; be ready to

44.	高粱	gāoliang / n. / broomcorn
45.	招	zhāo / v. / confess

*3＋X：See Culture Points 8.

语言点例释 Grammar Points

❶ 作为

解释 Explanation

介词。就人的某种身份或事物的某种性质来说。

"作为" is a preposition that means "as seen from a person's certain identity or the characteristic of something".

剧中 Examples in Play

↘ 夏：作为夏雪的父亲，我是绝不会允许你们这个年龄谈恋爱的，绝不！
↘ 夏：如果你不肯放弃这种不负责任的、幼稚的、所谓的感情，作为小雪的父亲，我就会马上联络你的父亲，连同校方处理这个问题！

他例 Other Examples

↘ 作为老师，至少要把课讲好。
↘ 作为一个公民，应该遵守法律。

❷ 为

解释 Explanation

介词。在这里表示行为的对象。

"为" is a preposition that shows the object of the behavior.

剧中 Example in Play

梅：其实呀，我们呀，都是为你们着急，为你们负责。

他例 Other Examples

↘ 母亲常常为孩子担心。
↘ 请你为我想一想，如果你是我，你会怎么做？

❸ 所谓

解释 Explanation

一种是正常的语气，即"所说的"；一种是"（某些人）所说的"，含有不承认的语气。

"所谓" has two meanings, one of which is "所说的" (what is called), and another is "（某些人）所说的" (some people may say that...; so-called) implying disagreement or disapproval.

剧中 Example in Play

夏：如果你不肯放弃这种不负责任的、幼稚的、所谓的感情……

第二单元（第2课）｜下马威
Unit 2（Lesson 2）｜Making a Show of Strength at First Contact

他 例 Other Examples
↘ 所谓尖子生，就是班里学习最好的学生。
↘ 这就是所谓的乖乖女？

❹ 将

解 释 Explanation
介词。意思同"把"，语气比较正式。

"将" is a preposition with the same meaning as "把". However, the tone of "将" is comparatively formal.

剧 中 Example in Play
夏：将反对早恋进行到底，到底，到底！

他 例 Other Examples
↘ 父母将爱给了我们，却把痛苦藏在心里。
↘ 请将这封信转交给赵先生。

❺ 根本

解 释 Explanation
副词。从头到尾；始终；全然（多用于否定式）。

"根本", an adverb, means "from beginning to end" "all along" or "completely" (used mostly in negative forms).

剧 中 Example in Play
梅：她爸爸脾气一上来我根本就管不了了！

他 例 Other Examples
↘ 我根本不知道他还有别的名字。
↘ 我根本不相信他们会离婚。

❻ 好……

解 释 Explanation
意思相当于"以便""便于"，表示目的。

"好……" has the similar meaning with "以便" "便于" and expresses the intent.

剧 中 Example in Play
男：她怕受后妈的气，失去自由和快乐，所以拿这事儿跟你们叫板，好让自己拔份儿，不让你们随便欺负她。

| 他 例 Other Examples | ⇨ 你先说吧,好让我多准备一会儿。
⇨ 早点儿睡,明天好早点儿起。 |

❼ 除非……才……

| 解 释 Explanation | 表示唯一的条件。"除非"相当于"只有",常跟"才、否则、不然"等合用。
This pattern is used to show exclusive condition. "除非" has the same meaning with "只有" and is often used together with "才""否则""不然". |

| 剧 中 Example in Play | 男：她说除非我演得特别像,她才肯给我讲题。 |

| 他 例 Other Examples | ⇨ 除非你答应我不告诉别人,我才告诉你。
⇨ 除非没有其他可吃的,我才会吃方便面。 |

❽ 肯

| 解 释 Explanation | 助动词。表示主观上乐意或者接受要求。
"肯" is an auxiliary verb which expresses subjective willingness or acceptance to a request. |

| 剧 中 Example in Play | 男：她说除非我演得特别像,她才肯给我讲题。 |

| 他 例 Other Examples | ⇨ 我想请她看电影,可是她不肯去。
⇨ 我让他戒烟,他不肯。 |

❾ 早就

| 解 释 Explanation | 意思是"很早以前就……"。表示事先知道、很早以前就有过某种行为,或者出现过某种情况。
"早就" means "很早以前就……" and shows that someone had prior knowledge of something or that this kind of situation has already happened before. |

第二单元（第2课） | 下马威
Unit 2 (Lesson 2) | Making a Show of Strength at First Contact

剧 中 Examples in Play

➘ 夏：我们**早就**看出来了，小雪怎么可能早恋呢？
➘ 夏：我**就说嘛**，小雪怎么可能早恋，我**早就**知道了，不可能的。
   梅：你什么时候**早就**知道的？
➘ 夏：我是**早就**知道了。我还说过你没听见……

他 例 Other Examples

➘ 我**早就**听说过他的名字，可是从来没有见过他。
➘ 他的手机号码**早就**换了。

⑩ 我就说嘛

解 释 Explanation

意思是"我以前说过这个情况，（而你们不信），现在印证了我的说法了吧"。对自己说中某情况而得意，有时有埋怨对方不相信自己的预言的意思。

The meaning is basically "I have already said this before (but you didn't believe me), now I wish to confirm what I said". Sometimes this statement contains the meaning of blaming the other person who doubted the predict.

剧 中 Example in Play

夏：**我就说嘛**，小雪怎么可能早恋？

他 例 Other Examples

➘ 甲：小方刚才来电话，说他有事儿不能来了。
   乙：**我就说嘛**，他不会来的。
➘ 甲：哟，下雨了！
   乙：**我就说嘛**，今天一定会下雨。

文化点滴 Culture Points

⑧ 高考与"3+X"

中国的高考（高等院校入学考试）分为文科和理科两大类。为进一步测试考生综合解决问题的能力，1999年国家开始引入3+X考试模式。这种模式将考试题目分为规定科目和选择科目。规定科目有语文、数学和外语3个；选择科目有政治、历史、地理、物理、化学和生物等6个。3个规定科目，每个学生都必须参加；6个选择科目，则根据文理科的不同要求进行综合命题。文科在6个选择科目中，侧重政治、历史和地理3个科目，形成文科综合考试；理科在6个选择科目中，侧重物理、化学和生物3个科目，形成理科综合考试。于是就有了"3＋X文科试题"和"3＋X理科试题"。这里的"3"代表语文、数学、外语3个规定科目；"X"，则分别代表"文科综合考试"或"理科综合考试"。

此后，中国的高考模式又发生过很多变化。除全国统一试卷外，不同城市和地区也有不同模式的不同试卷。但所有这些考试，其测评考生综合素质的思路，都是由"3+X"这种考试模式发展演化而来的。

8 The College Entrance Examination and "3 + X"

The Chinese College Entrance Examination (a series of exams that allow students to successfully enter a recognized school of higher education) is divided up into two main subject areas, Liberal Art Subjects, and Science. In order to further test students' comprehensive ability to solve problems, the college entrance examination system began to incorporate the "3 + X" type of exams in 1999. This model splits the curriculum of the examination into both compulsory and optional subject choices. The three compulsory subjects are Chinese Language, Math, and a Foreign Language, and optional choices are from the six subjects of Politics, History, Geography, Physics, Chemistry, and Biology. Everyone must take the three compulsory subjects. Regarding the six optional subject choices, exams will be made based on the different requirements of the liberal arts subjects and sciences subjects. Among the six subject choices, liberal art focuses on Politics, History, and Geography and thus forms the Liberal Arts Comprehensive Test. Similarly, science concentrates on Physics, Chemistry, and Biology and form the Sciences Comprehensive Test. Therefore, "3 + X Liberal Arts Test" and "3 + X Sciences Test" appear. Here the "3" represents the three compulsory subjects, namely Chinese Language, Math, and a Foreign Language; "X" denotes "Liberal Arts Comprehensive Test" or "Sciences Comprehensive Test".

Hereafter, the College Entrance Examination changed its format a number of times. Besides the nationwide uniform tests, different cities and regions also developed different formats of exams. However, the logic of testing students' comprehensive skills and abilities of solving problems behind all these exams was derived from the model of "3 + X".

练习 Exercises

一、根据剧情内容判断对错 According to the plot, decide whether statements are true or false

1. 第48页3到16行是《大众情人》中的一组诗句。☐
2. 夏东海平时爱打孩子，他曾经把小雨的脸打肿了。☐
3. 刘梅觉得小雪的男同学叫"文弱书生"一点儿也不合适。☐
4. "狂野男孩儿"是夏雪给他取的名字。☐
5. 刘梅认为高中生应该把精力放在学习上。☐
6. 夏东海说如果男孩儿不停止和夏雪的来往，他就要和学校联系，不让他上学。☐
7. 男孩儿说自己是小雪雇来的托儿。☐
8. 让狂野男孩儿假冒男友，小雪没有花多少钱。☐
9. 狂野男孩儿怕小雪不给自己讲题。☐
10. 狂野男孩儿的头发被染成了红色。☐

二、看视频，根据剧情将台词连线

Watch the video and match the scripts to their corresponding actor's lines

1. 作为夏雪的父亲
2. 看你长得这么文质彬彬的，
3. 谈恋爱那都是大人的事儿，
4. 其实我不是小雪男朋友，
5. 别那么庸俗好不好？
6. 我们早就看出来了，

你们不应该预支未来呀！
这不是金钱交易。
我是绝不会允许你们这个年龄谈恋爱的。
小雪怎么可能早恋呢？
应该是个好学生啊？
是她雇来的一个托儿。

三、看视频，对比刘梅和夏东海对狂野男孩儿说的话，然后进行台词填空
Watch the video and then contrast Liu Mei's and Xia Donghai's views on the wild guy, then fill the actor's lines in the blanks

1. 哎呀，看你长得这么（   ）彬彬的，应该是个好学生啊？你怎么能叫（   ）男孩儿呀？我看你应该叫文弱小（   ）才对呀！
2. 其实呀，我们呀，都是（   ）你们着急，为你们（   ）。高中正是（   ）很重要的一个积累知识的阶段，你们应该把精力（   ）在学习上啊！谈恋爱那都是大人的事儿，你们不应该预支（   ）呀！是不是？

1. 听好了,作为夏雪的父亲,我是绝不会（   ）你们这个年龄谈恋爱的，绝不！
2. 你必须（   ）和小雪的一切交往！在滑向错误的深渊（   ），你给我悬崖勒（   ），勒住，勒住！
3. 我什么我？！如果你（   ）放弃这种不负责任的、幼稚的、（   ）感情，作为小雪的父亲，我就会（   ）联络你的父亲，（   ）校方处理这个问题！（   ）反对早恋进行到底，到底，到底！

四、选词填空　Choose the most appropriate words to fill in the blanks
（一）1. 听说孩子在谈（   ），父母很紧张。
2. 这次比赛虽然失败了，但是我们（   ）了很多经验。
3. 他出国后，没有给我新的地址，所以我们失去了（   ）。
4. 这个问题比较麻烦，需要找经理来（   ）一下。
5. 那个人出现了一下儿，就（   ）在人群中了。
6. 这是（   ）的名牌，千万别买。
7. 他能把捡到的电脑还给失主，（   ）他是个诚实的人。
8. 是他先（   ）我的，所以我才动了手。
9. 请（   ）我代表大家向你表示感谢。
10. 刚到冰场，他就（   ）倒了。
11. 我的工资不够花了，可以（   ）1000元吗？
12. 别（   ），你会成功的。
13. 他是个非常（   ）责任的人。
14. 听了他的话，我的气全（   ）了。
15. 我再也不想（   ）老板的（   ）了，我要辞职。
16. 我牙疼得厉害，脸也（   ）了。
17. （   ）我们班最小的学生，我受到了大家特别的照顾。
18. 我们请她上台表演节目，她就是不（   ）。

消	肿
负	肯
招	滑
受气	积累
联络	作为
假冒	表明
恋爱	消失
预支	处理
允许	放弃

（二）1. 他的（　　　）特别好，从来没有见他跟谁生过气。

2. 山路很危险，往旁边看下去，是无底的（　　　）。

3. 进入大学，就进入了人生的一个新（　　　）。

4. 最近他把（　　　）都用在了赛前的准备上。

5. 在（　　　）几天里，将有冷空气进入本市。

6. 这种鱼（　　　）太多，吃起来真麻烦。

7. 毒品（　　　）在各个国家都是被禁止的。

8. 进入了高中，我想学（　　　），可是我的物理成绩不稳定，我有些担心。

9. 孩子的想法常常很（　　　），但是很可爱。

10. 别这么（　　　），我们是朋友关系，不是金钱关系。

11. 这些都是（　　　）歌曲，非常好听。

12. 教育孩子是每个家长的（　　　）。

责任	交易
脾气	阶段
深渊	理科
庸俗	幼稚
精力	未来
经典	刺

五、词语联想：从下列词语你可以想到什么

Word association: From the list of expressions below, what do they lead you to think of

1. 文质彬彬：_____

2. 文弱书生：_____

3. 悬崖勒马：_____

4. 任人宰割：_____

六、完成句子，注意加点词语的用法

Complete the sentences paying attention to the usage of the words with a dot below

1. 作为世界上最好的汽车，_____

2. 作为一名中学生，_____

3. 母亲觉得自己是为_____，可是孩子不这么想。

4. 你已经不是小孩子了，你应该为_____

5. 所谓三好生，_____

6. 所谓新新人类，_____

7. _____，我绝不同意。

8. _____，我绝不相信。

9. 请将手机_____

10. 请将垃圾_____

11. _____，好早点儿起床。

12. _____，好让父母放心。

七、用提示词语完成对话，并设计一个新对话

Use the given words below to complete the dialogues, and then design a new dialogue

1. 根本

   (1) 梅：她爸爸脾气一上来_____

   　　男：哎，请千万别告诉我爸爸好不好？！

   (2) 甲：他已经向你道歉了，你怎么还生气呢？

   　　乙：_____

2. 除非……才……

   (1) 梅：她是让你帮助她，然后她再来帮助你？

   　　男：对。但是她没有帮助我，_____

   (2) 甲：空气污染的问题怎样才能解决？

   　　乙：_____

3. 早就

   (1) 夏：我就说嘛，_____

   　　梅：你什么时候_____

   (2) 甲：他们俩分手了。

   　　乙：_____

4. 我就说嘛

   (1) 夏：_____，我早就知道了，不可能的。

   　　梅：你什么时候早就知道的？

   (2) 甲：哎哟，下雨了！

   　　乙：_____

八、模仿视频进行成段表达　Imitate and present

模仿内容：夏东海对狂野男孩儿说的话。

Impersonate: What Xia Donghai says to the wild guy.

参考词语 Refer to the words and expressions

作为	绝不会允许……	必须停止……	在……之前
你给我……	如果你不肯……	所谓……	我就会……
连同……	将……进行到底		

九、延伸练习　Extension exercises

1. 谈谈你对"早恋"的看法。

   Your opinion about"早恋".

2. 假设你有一个孩子，而且你发现你的孩子早恋的话，你可能对孩子说些什么？

   Supposing that you had a child and discovered that she/he had prematurely found a boyfriend/girlfriend, what would you say to her/him?

第三课 Lesson Three
（共3分04秒）

❓ 热身问题 Warm-Up Questions

1. 小雪被叫到屋里谈话，两个弟弟在外边议论着什么？
2. 和小雪谈话的时候，夏东海和刘梅是什么态度？小雪的感觉怎么样？
3. 刘星为什么说"天理何在"？

（客厅）

星：老弟你等着吧，一会儿惨叫声就出来。

雨：嗯（ńg）？谁的惨叫声？

星：你姐的呀。她今天呀，绝对得受到严厉的惩罚。

雨：是吗？

星：那当然了①！你想想啊，从她第一天进家门就捣乱，还把自己的男朋友带回家，哼，太猖狂了，不打她不②正常！

雨：在美国打孩子是犯法的。

星：在中国也一样犯法。

雨：在美国挨打的孩子就要打911。

星：在中国挨打的孩子就要打110。不过也没人打过。

雨：嗯？为什么？

星：你想想啊，警察要是一走，孩子又要落到家长的手掌里了。

雨：刘星，你说的惨叫声没有。

星：把嘴给堵上了。就像这样……

（书房）

梅：小雪你不要紧张。我们找你来就是想彼此③地沟通一下儿。

1. 惨叫 cǎn jiào / cry with miserable voice
2. 严厉 yánlì / adj. / severe; strict
3. 惩罚 chéngfá / v. / punish
4. 猖狂 chāngkuáng / adj. / furious
5. 犯法 fàn fǎ / break the law
6. 挨打 ái dǎ / take a beating
7. 落 luò / v. / fall; drop
8. 手掌 shǒuzhǎng / n. / palm
9. 堵 dǔ / v. / cover
10. 彼此 bǐcǐ / pron. / each other
11. 沟通 gōutōng / v. / communicate

夏：对。

雪：如果要是为了狂野男孩儿的事儿，那就算了④，因为我不想和别人讨论我的男朋友。

梅：关于你的男朋友……

夏：我们认为这是你自己的事情，我们不再⑤干涉。

雪：啊？！

梅：因为我们认为你的综合素质，完全可以应付这方面的问题。

夏：对，我代表你的妈妈明确表一下态，你在这个家里有完全的自由，只要是你认为正确的事情、对的事情，想怎么做就怎么⑥做。我们准备对你实行零限制。

梅：零。

雪：想干什么就干什么？

夏：当然！

梅：对呀，你在这个家就是一个自由的小小小小鸟，想要飞多高就可以飞多高。

雪：那我走了啊。

夏、梅：可——以！

雪：我想去爷爷家住几天。

夏、梅：可——以！

雪：我还会把狂野男孩儿带到家里来的。

夏、梅：可——以！

雪：你们不怕我变得很坏？

夏、梅：可……

梅：你怎么会变得很坏呢？

12. 综合　zōnghé / v. / synthesize
13. 素质　sùzhì / n. / quality; diathesis
14. 应付　yìngfu / v. / deal with; handle
15. 明确　míngquè / adj. & v. / clear and definite
16. 表态　biǎo tài / make known one's position
17. 实行　shíxíng / v. / carry out
18. 零　líng / num. / zero
19. 限制　xiànzhì / v. & n. / limit

夏：根本不可能！

梅：对呀，不可能！

（小雪生气地出去）

夏：我们配合得挺好。

梅：就是有点儿累。

夏：你说小雪会明白我们的苦心吗？

梅：没准儿⑦可——以。

（刘星进来）

星：小雪自个儿跑阳台上去了。

夏、梅：可以。

星：她逃跑了！

夏、梅：可……

梅：哎？凭什么呀？

星：你们不是惩罚她了吗？

夏：我们干吗惩罚她呀？

梅：啊？

星：你们凭什么不惩罚她呀？

夏：我们凭什么惩罚她呀？

梅：是呀。

星：那你们凭什么惩罚我呀？

梅：哎？我们凭什么不惩罚你呀？

星：哎呀！天理何在呀？！你们凭什么惩罚我呀？！

夏：我们凭什么这么累呀？！

20. 配合　pèihé / v. / coordinate

21. 没准儿　méizhǔnr / v. / maybe

22. 自个儿　zìgěr（方）/ pron. / =自己 oneself; by oneself
23. 阳台　yángtái / n. / balcony
24. 逃跑　táopǎo / v. / run away; escape

25. 天理　tiānlǐ / n. / justice
26. 何在　hézài / v. / where

第二单元（第3课） | 下马威
Unit 2 (Lesson 3) | Making a Show of Strength at First Contact

语言点例释 Grammar Points

① 那当然了

解释 Explanation

用在对话的下句，表示前边所提及的内容合于事理或者情理，没有疑问。

"那当然了", used in the second sentence of the dialogue, means that all previous content is logical and makes sense.

剧中 Example in Play

星：她今天呀，绝对得受到严厉的惩罚。
雨：是吗？
星：那当然了！你想想啊，从她第一天进家门就捣乱，还把自己的男朋友带回家……

他例 Other Examples

➥ 甲：你不怕热吗？
　乙：那当然了，我是泰国人。
➥ 甲：抽烟没有一点儿好处？
　乙：那当然了，赶紧戒了吧。

② 不……不……

解释 Explanation

双重否定句，加强肯定的语气。

"不……不……" is a double negative expression used to reinforce an affirmative state.

剧中 Example in Play

星：太猖狂了，不打她不正常！

他例 Other Examples

➥ 人们常说：不吃烤鸭不算真到过北京。
➥ 学习口语一定要多练，不开口说不行。

③ 彼此

解释 Explanation

人称代词，"这个和那个""互相"，表示说话的双方或者被谈论的两方。

"彼此", a personal pronoun, means "this and that" "each other", and expresses the two chatting or discussed parties.

剧中 Example in Play

梅：小雪你不要紧张。我们找你来就是想彼此地沟通一下儿。

| 他 例
Other Examples | ⬇ 从今以后咱们**彼此**多帮助。
⬇ 你们到了美国，要多联系，**彼此**可以有个照应。 |

❹ 如果……那就算了

| 解 释
Explanation | 假设出现某种情况，就放弃原来的打算或者进一步的努力，表示不勉强、不坚持。
Supposing a situation emerged whereby you gave up an original intention or further hard work, this structure would be applicable. It expresses that the speaker is not persistent and will concede on this particular point. |

| 剧 中
Example in Play | 雪：**如果**要是为了狂野男孩儿的事儿，**那就算了**，因为我不想和别人讨论我的男朋友。 |

| 他 例
Other Examples | ⬇ **如果**你不愿去酒吧，**那就算了**，咱们散散步吧。
⬇ **如果**你觉得买这件衣服不值得，**那就算了**，咱们再看看别的。 |

❺ 不再……

| 解 释
Explanation | 不继续某种行为，没有下一次。
There will be no next time; the speaker does not wish the current state to continue as it is. |

| 剧 中
Example in Play | 梅：关于你的男朋友……
夏：我们认为这是你自己的事情，我们**不再**干涉。 |

| 他 例
Other Examples | ⬇ 他总是说谎，我**不再**相信他了。
⬇ 这件事已经说了N遍了，我**不再**说了。 |

❻ 想怎么……就怎么……

| 解 释
Explanation | 随自己的意愿而做某事。表示轻松、无拘束。
To go along with one's own inclination and do something. "想怎么……就怎么……" shows a relaxed state and indicates that there are no restraints. |

第二单元（第3课）｜下马威
Unit 2 (Lesson 3) | Making a Show of Strength at First Contact

| 剧 中 Example in Play | 夏：只要是你认为正确的事情、对的事情，想怎么做就怎么做。 |

| 他 例 Other Examples | ⇨ 今天是你的生日，你想怎么过就怎么过。
⇨ 狂欢节的时候，人们想怎么玩儿就怎么玩儿。 |

7 没准儿

| 解 释 Explanation | 意思与"可能""也许""说不定"相似。可以单独使用。用于口语。
The meaning is similar to "可能""也许""说不定". It can be used alone and colloquially. |

| 剧 中 Example in Play | 夏：你说小雪会明白我们的苦心吗？
梅：没准儿可——以。 |

| 他 例 Other Examples | ⇨ 今天没准儿会下雨。
⇨ 甲：你说今年房子还会降价吗？
　　乙：没准儿。 |

文化点滴 Culture Points

9 特殊电话号码

　　"911"是美国的报警电话，"110"是中国的报警电话。在中国，如果有紧急状况都可以拨打"110"。在城市的大街上，还可以看到写着"110"的警车。另外，中国还有一些特殊电话应该记住：如果遇到失火可以拨打电话119；如果有人受伤、生病，情况紧急可以拨打电话120；如果要询问你不知道的电话号码可以拨打114；如果发生交通事故你可以拨打122。当然，如果记不住这么多电话，你有紧急的事情需要帮助，都可以拨打110。

9 Emergency Telephone Numbers

To call the police in the USA, people dial "911", while in China, 110. In the event of any emergency situation in China, people dial "110". On the streets in the cities, you can see many police vehicles with "110" marked on them. In addition, there are some other emergency telephone numbers that you ought to remember. In the event of a fire breaking out, you can call the fire department on "119" and if you see an injured person or someone who has fallen ill, dial an ambulance at "120". If you need to make an enquiry for a number, call directory enquiries on "114" and if you witness a traffic accident, you can call "122". It may be difficult to remember all of these numbers, if you find yourself in an emergent situation and require assistance, you can simply call "110".

练习 Exercises

一、根据剧情内容判断对错

According to the plot, make a decision on whether statements are true or false

1. 刘星和小雨听见了惨叫声。 ☐
2. 在美国打孩子是犯法的,在中国不是。 ☐
3. 小雪很想和父母谈谈男朋友的问题。 ☐
4. 父母决定不再干涉小雪的自由。 ☐
5. 小雪非常高兴父母态度的改变。 ☐
6. 刘梅决定不再惩罚刘星。 ☐
7. 刘星觉得父母对自己不公平。 ☐

二、看刘梅夫妇与小雪谈话的那部分视频,先将台词填空,然后模拟表演

Watch the part of the video when the Liu Mei couple and Xiaoxue are chatting, first fill in the blanks within the scripts and then simulate a performance

梅:小雪你不要紧张。我们找你来就是想(　　　)地沟通一下儿。

雪:如果要是为了狂野男孩儿的事儿,那就(　　　),因为我不想和别人(　　　)我的男朋友。

梅:关于你的男朋友……

夏:我们认为这是你自己的事情,我们(　　　)干涉。

雪:啊?!

梅:因为我们认为你的(　　　)素质,完全可以(　　　)这方面的问题。

夏:对,我(　　　)你的妈妈明确表一下态,你在这个家里有(　　　)的自由,

第二单元（第3课）｜下马威
Unit 2（Lesson 3）｜Making a Show of Strength at First Contact

只要是你认为（　　　）的事情、对的事情，想怎么做就怎么做。我们准备对你实行（　　　）。

梅：零。

……

梅：对呀，你在这个家就是一个（　　　）的小小小小鸟，想要飞多高就可以飞多高。

……

雪：你们不怕我变得很（　　　）？

梅：你怎么会变得很坏呢？

夏：（　　　）不可能。

……

夏：我们（　　　）得挺好。

梅：就是有点儿（　　　）。

夏：你说小雪会明白我们的（　　　）吗？

梅：（　　　）可——以。

三、看视频，将下列台词排序　Watch the video and place the list of sentences below into the correct order

（一）

序号	台词
1	雨：在美国打孩子是犯法的。
☐	雨：嗯？为什么？
☐	雨：在美国挨打的孩子就要打911。
☐	星：在中国挨打的孩子就要打110。不过也没人打过。
☐	星：你想想啊，警察要是一走，孩子又要落到家长的手掌里了。
☐	星：在中国也一样犯法。

（二）

序号	台词
1	星：你们不是惩罚她了吗？
☐	星：那你们凭什么惩罚我呀？
☐	星：哎呀！天理何在呀？！你们凭什么惩罚我呀？！
☐	星：你们凭什么不惩罚她呀？
☐	夏：我们凭什么这么累呀？！
☐	夏：我们干吗惩罚她呀？
☐	夏：我们凭什么惩罚她呀？
☐	梅：哎？我们凭什么不惩罚你呀？

四、选词填空 Choose the most appropriate words to fill in the blanks

1. 他跑得快，跳得高，身体（　　　）很好。
2. 在电视节目中，双方进行了（　　　）距离的对话。
3. 他的父母很（　　　），所以他常常不敢跟父母谈自己的学习情况。
4. 这些小偷儿太（　　　）了，一天就偷了7部手机、3台电脑。
5. 北京大学是一所（　　　）性大学。
6. 老板的态度很（　　　）：不能随便增加工资。
7. 孩子做错了事，应该受到（　　　）吗？
8. 我没有（　　　）的经历。
9. 这封信很重要，不能（　　　）在别人手里。
10. 社会交往中，人的（　　　）能力很重要。
11. 最近公司麻烦太多，我们快（　　　）不过来了。
12. 同意还是不同意，请大家（　　　）。
13. 很多国家都（　　　）五天工作制。
14. 我们俩的双人舞（　　　）得非常好。
15. 小偷儿见同伙被抓住，连忙（　　　）了。
16. 朋友们（　　　）帮助，互相爱护，所以我在这里生活得很开心。
17. 使用这个卡有什么（　　　）吗？是一年内随便用吗？

彼此	限制	应付
素质	明确	实行
严厉	猖狂	综合
逃跑	惩罚	沟通
挨打	表态	零
落	配合	

五、用提示词语完成对话，并设计一个新对话

Use the given words below to complete the dialogues, and then design a new dialogue

1. 那当然了
    (1) 星：小雪今天呀绝对得受到严厉的惩罚。
        雨：是吗？
        星：＿＿＿＿＿＿＿＿＿＿＿＿
    (2) 甲：在南方生活比在北方舒服吗？
        乙：＿＿＿＿＿＿＿＿＿＿＿＿

2. 不……不……
    (1) 雨：为什么你觉得小雪会挨打？
        星：从她第一天进家门就捣乱，还把自己的男朋友带回家……
        ＿＿＿＿＿＿＿＿＿＿＿＿

    (2) 甲：明晚6点咱们在电影院门口见面。
        乙：＿＿＿＿＿＿＿＿＿＿＿＿

3. 如果……那就算了
    (1) 梅：小雪你不要紧张。我们找你来就是想彼此地沟通一下儿。
        雪：＿＿＿＿＿＿＿＿＿＿＿＿，
        因为我不想和别人讨论我的男朋友。
    (2) 甲：这件衣服样子不错，可惜只有深蓝色的，我喜欢浅蓝色。
        乙：＿＿＿＿＿＿＿＿＿＿＿＿

4. 不再……

(1) 梅：关于你的男朋友……
　　夏：我们认为这是你自己的事情，_____

(2) 甲：抽烟对身体一点儿好处也没有。
　　乙：_____

5. 想怎么……就怎么……

(1) 夏：只要是你认为正确的事情、对的事情，_____
　　雪：想干什么就干什么？

(2) 甲：你为什么最喜欢星期六？
　　乙：_____

6. 没准儿

(1) 夏：你说小雪会明白我们的苦心吗？
　　梅：_____

(2) 甲：这个音乐会很受欢迎，票肯定已经卖完了。
　　乙：_____

六、成段表达　Presentation

看剧照，说说两位主人公的心理活动。

Look at the picture and talk about the psyche of these two characters.

七、延伸练习　Extension exercise

辩论（Debate）：孩子是可以／不可以打的。

第四课 Lesson Four
(共3分04秒)

❓ 热身问题 Warm-Up Questions

1. 狂野男孩儿来到家里，刘梅和夏东海很热情，为什么小雪不高兴？
2. 狂野男孩儿对小雪说了什么？
3. 刘梅为什么要揍刘星？

（客厅，门铃响）

星：我去开去。

雨：我去，我去。

星：我去，我去。

（狂野男孩儿站在门口）

雨：爸，妈，狂野男孩儿来了！

星：哎呀，小雪的男朋友来了！

夏：哦，狂野男孩儿来了呀，欢迎，欢迎！

梅：哟，欢迎。

男：叔叔阿姨好。

梅：你好。

夏：是来学习48页3到16行？

梅：是啊？那快去吧，去学去吧。我给你们弄点儿水果，待会儿①给你们送进去。

男：谢谢阿姨啊。

梅：真乖这孩子。

男：哎，小雪……（对夏东海）我去了啊？

夏：哎，去去去。

男：哎，小雪，小雪，小雪！

星：第3页，第27行，我想有个女朋友！

雨：第4页，第2行，送给你一朵玫瑰花！

1. 待会儿 dāi huǐr /
   in a moment; after a while

2. 朵 duǒ / mw. /
   used for flowers, clouds, etc.
3. 玫瑰 méiguī / n. / rose

（小雪房内）

男：夏雪呀，你现在就该告诉我怎么做那道题了吧。

雪：现在还不行。

男：为什么呀？

雪：我的目标还没达到。

男：夏雪，我觉得你父母人挺好的，你担心的事情根本不会发生。

4. 目标　mùbiāo / n. / objective; target; goal
5. 达到　dá dào / achieve; reach
6. 担心　dān xīn / worry

（卧室）

梅：小哥，你发现了没有……

夏：什么呀？

梅：这几天②小雪开始往乖乖女的方向发展了？

夏：这就是呀，宽容和理解的神奇力量！这说明我们的决策多么英明，我们终于③实现了理智和情感的完美结合。

梅：这要让世界教科文组织知道了④，肯定发咱俩一人一个大奖状。

7. 方向　fāngxiàng / n. / direction
8. 发展　fāzhǎn / v. / develop
9. 理解　lǐjiě / v. / understand; comprehend
10. 神奇　shénqí / adj. / magical; mystical
11. 力量　lìliàng / n. / physical strength; power
12. 决策　juécè / v. & n. / make policy; policy decision
13. 英明　yīngmíng / adj. / wise; brilliant
14. 理智　lǐzhì / n. & adj. / intellect; reason; sensible
15. 情感　qínggǎn / n. / emotion; feeling
16. 完美　wánměi / adj. / perfect; flawless
17. 结合　jiéhé / v. / combine, unite
18. 教科文组织　Jiào-Kē-Wén Zǔzhī / United Nations Educational, Scientific and Cultural Organization
19. 奖状　jiǎngzhuàng / n. / certificate of merit

夏：睡吧。

梅：睡觉。

星、雨：（唱）我的爱情，哈，好像一把火，哈，燃烧了整个沙漠，哈……

梅：这女儿刚安静下来，这俩儿子又闹上了。

星、雨：（唱）我的热情就像一把火，哈，燃烧了整个沙漠，哈，哈，哈……

梅：停！干什么呢你们？大半夜的[5]。

星：干自己想干的事儿呗（bei）。

雨：把鸡毛变成玫瑰，"I love you!"

星：妈，我跟您商量件事儿。您给点儿资金成吗[6]？我想把这玩意儿染成绿的。

梅：什么？！

夏：梅梅，梅梅，冷静，冷静，宽容，让刘星把话说完嘛啊。你还想要干什么呀？

梅：说完。

星：交女朋友。

夏：这事儿可[7]有点儿尖锐。

梅：刘星！

星：干、干吗呀？小雪都能和自己的狂野男孩儿约会，我怎么就不能见见自己的野蛮女友啊！？

梅：我告诉你，你要是敢有野蛮女友，你就会突然发现，你有一个野蛮又狂野的母亲！

星：不公平，不公平！

夏：梅梅，梅梅，小雨，快，开门！

梅：干吗？我要跟他拼了！

20. 鸡毛　jīmáo / n. / chicken feather
21. 资金　zījīn / n. / fund; capital; funding
22. 玩意儿　wányìr / n. / thing

23. 冷静　lěngjìng / adj. / sober; calm

24. 尖锐　jiānruì / adj. / penetrating; incisive; sharp

25. 野蛮　yěmán / adj. / barbarous; cruel

26. 拼　pīn / v. / risk one's life

Unit 2 (Lesson 4) | 第二单元（第4课）下马威
Making a Show of Strength at First Contact

语言点例释 Grammar Points

① 待会儿

解释 Explanation

表示"过一会儿（再做某事）"或"等一会儿"。

It indicates that an action will be completed soon or takes on the same meaning as "等一会儿".

剧中 Example in Play

梅：我给你们弄点儿水果，待会儿给你们送进去。

他例 Other Examples

↘ 你们先去，我待会儿就来。
↘ 你先待会儿，让弟弟先说。

② 这几天

解释 Explanation

最近几天。"这几"后边跟时间名词时，表示最近的时间。

This is used to express "recent days". Behind "这几" is the noun which is in accordance with the time.

剧中 Example in Play

梅：你发现了没有？这几天小雪开始往乖乖女的方向发展了？

他例 Other Examples

↘ 这几天我觉得身体不舒服。
↘ 这几年这里变化很大。

③ 终于

解释 Explanation

副词。表示经过了等待或种种变化之后出现某种情况。

"终于" is an adverb which expresses that something has eventually happened after a wait or a variety of changes.

| 剧 中 Example in Play | 夏：我们终于实现了理智和情感的完美结合。 |

| 他 例 Other Examples | ↘ 等了半天，他终于来了。
↘ 我终于拿到了HSK6级证书。 |

④ 这要让……（知道）了，……

解释 Explanation

"要"是"如果""要是"的意思。"这"是已经发生的情况，后文是设想情况出现后可能或必定出现的结果。

"要" takes on the same meaning here as "如果" or "要是". "这" shows a situation that has happened. The transcript afterwards shows possibly or definitely the results of an imaginary situation which has occurred.

| 剧 中 Example in Play | 梅：这要让世界教科文组织知道了，肯定发咱俩一人一个大奖状。 |

| 他 例 Other Examples | ↘ 他考了0分？这要让他爸爸知道了，非得修理他不可。
↘ 你在语文课上看小说？这要让老师发现了，肯定得批评你。 |

⑤ 大……的

解释 Explanation

"大"后多是表示时间的词语，强调某一时间特征，表示对方的行为不适合这一时间特征，或者强调说话人打算选用适合这一时间特征的行为。

Behind "大" is often the words expressing time. It emphasizes an environmental characteristic and expresses that the other person is unsuitable to these. It could also emphasize that the speaker plans to use this environment to their advantage.

| 剧 中 Example in Play | 梅：干什么呢你们？大半夜的。 |

| 他 例 Other Examples | ↘ 大早上的，你来这里干什么？
↘ 大中午的，天这么热，你还是待在家里吧。 |

第二单元（第4课）｜下马威
Unit 2 (Lesson 4) | Making a Show of Strength at First Contact

6 ……成吗

解释 Explanation

在这里的意思是"行吗"。希望对方答应自己的请求。口语。

Here the meaning is "行吗" and there is a hope that the other person will answer/comply with the speaker's request. An oral expression.

剧中 Example in Play

星：妈，我跟您商量件事儿，您给点儿资金成吗？

他例 Other Examples

↘ 你让我一个人待会儿，成吗？
↘ 你借我一万块钱，我一个月后一定还给你，成吗？

7 可

解释 Explanation

副词，表示强调。用于口语。

"可", is an adverb showing emphasis. To be used colloquially.

剧中 Example in Play

夏：这事儿可有点儿尖锐。

他例 Other Examples

↘ 我可不敢向他借钱。
↘ 你这样说可就不对了。

文化点滴 Culture Points

10 三从四德

"野蛮女友"是来自外国电影的新词语。"野蛮"是和"霸道""粗暴""凶恶"意思相近的形容词。用"野蛮"形容女友是反传统的。中国古代对女人的要求是"三从四德"。"三从"是三个服从：女人结婚前要服从父亲，结婚后要服从丈夫，丈夫死了要服从儿子。"四德"是德（品德）、言（说话）、功（做活儿）、容（仪容）四个方面都优秀。现在中国男女平等，但是生活中人们还是比较喜欢温柔、贤淑的女性。

10 Women's Three Obediences and Four Virtues

"野蛮女友" is a new expression that has been born out of foreign movie. "野蛮" carries the same meaning as these similar adjectives such as "霸道""粗暴" and "凶恶". "野蛮" is used to describe a woman as being unconventional. In pre-modern era, the old Chinese society requires women to follow the rules of "三从四德". "三从" are the three terms of obedience and submission. A woman before marriage must obey her father, after marriage should obey her husband and on the death of her husband, is accountable to her son. "四德" are the four virtues of good moral character, speech, labour and external appearance and it is these four virtues that denote an excellent woman. Today, Chinese men and women are afforded equal opportunities, although most people today would still prefer to a woman who is kind, gentle and feminine.

第二单元（第 4 课） | 下马威
Unit 2（Lesson 4） | Making a Show of Strength at First Contact

练习 Exercises

一、根据剧情选择答案　Choose the correct answers according to the plot

1. 狂野男孩儿到来之后，刘梅的态度是：（　　　）
   A. 生气　　　　　　B. 热情　　　　　　C. 无所谓

2. 小雪不告诉男孩儿做题方法的原因是：（　　　）
   A. 她认为男孩儿说出了秘密，很生气
   B. 其实她也不会做那道题
   C. 她的目标还没有达到

3. 狂野男孩儿觉得小雪的父母：（　　　）
   A. 太宽容　　　　　B. 太严格　　　　　C. 是好人

4. 刘梅要揍刘星的原因不包括：（　　　）
   A. 刘星要染发
   B. 刘星要交女朋友
   C. 刘星要当狂野男孩儿

5. 刘星觉得不公平，是因为：（　　　）
   A. 小雪的男朋友可以染头发，可是刘梅不让刘星染头发
   B. 刘梅只允许小雪交男朋友，不允许刘星交女朋友
   C. 狂野男孩儿可以唱爱情歌曲，可是刘梅不让刘星唱

二、视频中有一处表现了刘梅对狂野男孩儿的热情态度，也反映了中国人的待客习惯。请把那句话找出来

In the video there is one part where Liu Mei has a very passionate attitude towards the wild guy, also reflecting Chinese people's customs when it comes to taking care of guests. Please pick out this sentence and write it down below

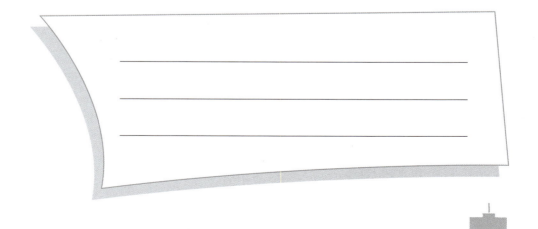

三、看视频，用剧中的说法替换画线部分（可参考右栏中的提示）
Watch the video and substitute the underlined parts according to the plot (Use the hints in the column on the right)

1. 雪：(现在我还不能告诉你怎么做那道题，) 我的目标还没达到。
   男：夏雪，我觉得你父母人挺好的，你担心的事情 __(1)__ 。
2. 梅：你发现了没有？这几天小雪开始往乖乖女的方向发展了？
   夏：这就是呀，__(2)__！这说明我们的决策多么英明，我们终于实现了 __(3)__ 。
   梅：这要让世界 __(4)__ 知道了，肯定发咱俩一人一个大奖状。
3. 梅：停！干什么呢你们？大半夜的。
   星：__(5)__ 呗。
4. 星：妈，我 __(6)__ 。您给点儿资金成吗？我想把这玩意儿染成绿的。
   梅：什么？！
   夏：梅梅，梅梅，__(7)__，让刘星把话说完嘛啊。
5. 星：小雪都能和自己的狂野男孩儿约会，我怎么就不能见见自己的野蛮女友啊！？
   梅：我告诉你，你要是敢有野蛮女友，你就会突然发现，你有一个 __(8)__ 的母亲！

a. 野蛮又狂野
b. 冷静，冷静，宽容
c. 教科文组织
d. 跟您商量件事儿
e. 根本不会发生
f. 干自己想干的事儿
g. 理智和情感的完美结合
h. 宽容和理解的神奇力量

四、选择恰当的词语完成句子   Choose the most appropriate words to complete the sentences
1. (达到/到达) 北京以后，别忘了给我发个微信。
2. 听说孩子病了，母亲很（担心/安心）。
3. 这件事是什么时候（发展/发生）的？
4. 我对他不够（理解/了解），你还是问问别人吧。
5. 我喜欢理智与情感的完美（结合/结婚）。
6. 别着急，再（待会儿/一会儿）他就来了。
7. 这个孩子很（乖/乘），人见人爱。
8. 听了他的话，我很（神奇/惊奇）。
9. 这个决定太（英明/英雄）了。
10. 他常常失去（理智/理解），十分可怕。
11. 世上没有（完美/完整）的人。
12. 请（冷静/安静），病人需要休息。

13. 这个问题很（尖锐/尖利），我们需要好好儿讨论一下。
14. 我这样做的（目标/目的）是为你好。
15. （方向/向）前走，不要往两边看。
16. 爱情的（力量/力气）是很神奇的。
17. 我（决策/决定）夏天去东北旅行。
18. 他们俩的（情感/感情）很深。

五、用提示词语完成对话，并设计一个新对话

Use the given words below to complete the dialogues, and then design a new dialogue

1. 终于

（1）梅：你发现了没有？这几天小雪开始往乖乖女的方向发展了？

夏：_____

（2）甲：今天是最后一门考试。

乙：_____

2. 这要让……（知道）了，……

（1）夏：我们终于实现了理智和情感的完美结合。

梅：_____

（2）甲：哎呀，我把爸爸心爱的杯子打破了。

乙：_____

3. 可

（1）星：我想交女朋友。

夏：这事儿_____

（2）甲：你敢告诉父母你有女朋友了吗？

乙：_____

六、成段表达　Presentation

1. 在剧中，夏东海说："我们终于实现了理智和情感的完美结合。"你怎么理解这句话？请结合剧情谈谈你的看法。

In the play Xia Donghai says "我们终于实现了理智和情感的完美结合". How do you interpret this statement? Please discuss your opinion referring to the plot.

2. 谈谈你对狂野男孩儿的看法。

Talk about your views on "狂野男孩儿".

第五课 Lesson Five

(共3分04秒)

❓ 热身问题 Warm-Up Questions

1. 刘星对小雨说的成语是什么？
2. 刘梅家来了一个客人，他是谁？
3. 客人为什么一定要和男主人对话？
4. 夏东海是怎么解释小雨的行为的？

（小区内）

星：唉（ài）！

雨：唉！

星：你干什么呢？起开！"只许州官放火，不许百姓点灯"*哪！

雨：放火？点灯？什么意思？

星：记住这个成语吧！以后在咱们家只能够说：只许姐姐放火，不许弟弟点灯！

雨：那可怎么办？

星：反抗！干自己想干的事情，反正小雪也没受过惩罚。

雨：嗯，不受惩罚还怕什么呀？

星、雨：耶！走！

（家里）

雨：我的热情，哈，好像一把火，哈！

夏：小雨，什么事儿这么开心呀？

雨：我有权保持沉默！

1. 起开　qǐkai（方）/ v. / =走开；让开
stand aside; make way

2. 成语　chéngyǔ / n. / idiom; proverb

3. 反抗　fǎnkàng / v. / revolt; resist

---

* 只许州官放火，不许百姓点灯 zhǐ xǔ zhōuguān fàng huǒ, bù xǔ bǎixìng diǎn dēng：
The magistrates are free to burn down houses, while the common people are forbidden even to light lamps; one may steal a horse while another may not look over the hedge.
[典故Allusion]
　　宋朝有个州官名叫田登（dēng），他不许别人使用和他的名字发音一样的字。元宵节(Yuánxiāo Jié, Lantern Festival) 时，贴出的告示(gàoshì, official notice) 上本来应该写"放灯三日"，可是因为"灯"和"登"同音，所以就改成了"放火三日"。后来，人们就用"只许州官放火，不许百姓点灯"讽刺(fěngcì, satirize) 人人能做的事，却只允许少数人做，很不公平。
　　剧中刘星借用这个成语，表示对父母只允许小雪胡来(húlái, make trouble)，自己却不能做自己想做的事的不满。

第二单元（第5课） 下马威
Unit 2 (Lesson 5) Making a Show of Strength at First Contact

梅：哎，刘星怎么还不回来呀？都几点了！

（敲门声响）

夏：来了嘛，肯定忘拿钥匙了。

梅：（开门）咳，你怎么回……哟！（门外站着的不是刘星）

客：我，就住在你家楼上。我的儿子，不不不，糊涂了，我的女儿和你家的小儿子是同一个班的。

4. 糊涂　hútu / adj. / muddled; silly

梅：哦，对对对，您的女儿，啊，我想起……有什么事儿吗？

客：由于①事关重大，我要和你家的男主人对话。

5. 事关重大　shìguānzhòngdà / the affair is very critical

梅：哦，男主人，人（家）要跟你对话。

夏：对，男主人，男主人在，男主人在。怎么着②，要不然坐下叙话？

客：不客气！我看由于①事情非常严重，所以还是事先确认一下为好③。请问你家夏雨在吗？

6. 严重　yánzhòng / adj. / serious

7. 确认　quèrèn / v. / confirm; affirm

夏：小雨？

雨：哎，我在这儿呢。

夏：来来来。

梅：叫你呢。

客：等一下。（对身后）是他吧？（对夏东海和刘梅）对不起啊。（对女孩儿）喂（wèi），进来。是他吗？

雨：朵朵，I love you！（做飞吻动作）

客：Stop！！听到了吧？你们都听到了吧？！他说"I……"，他这是对我女儿进行——性骚扰！

梅：其实没那么严重④，其实我们家小雨呀，才七岁。

8. 性骚扰　xìngsāorǎo / v. / sexual harassment

121

客：七岁！哦，看看这个啊！朵朵，你再重复一遍，他**当时**⑤是如何对你讲的。

朵：夏雨说，他让我长大以后，用这鸡毛换钻石戒指。

客：你们都听到了吧？

梅：小孩子的话您不能**当真**⑥。

雨：我是**当真**⑥喜欢朵朵的。

客：不要再继续下去了！我跟你讲，这个小花花公子，你们到底是管还是不管？

夏：您听我解释，听我解释啊。这个事情有可能不是您想象的那样。

梅：对……

客：什么？！这个事情难道是我自己想象出来……

夏：不是，不是这个意思。我不是说您想象的……我是说呀，我们家小雨刚从美国回来半年多……

梅：对！……

夏：可能这个思想还有点儿西方化。

梅：对，对！

夏：但是绝无恶意。

梅：他**所**⑦说的那个喜欢哪，其实就是……有点儿喜欢。

客：还是喜欢啊！

夏：不是，她的意思是说，他的喜欢绝无半点儿骚扰的意思。

9. 重复　chóngfù / v. / do once again

10. 钻石　zuànshí / n. / diamond

11. 戒指　jièzhi / n. / (finger) ring

12. 当真　dàngzhēn / v. & adv. / take seriously; really

13. 花花公子　huāhuā-gōngzǐ / playboy

14. 解释　jiěshì / v. / explain

15. 想象　xiǎngxiàng / v. / imagine

16. 思想　sīxiǎng / n. / thought; thinking

17. 西方化　xīfānghuà / westernize

18. 恶意　èyì / n. / malice; evil intentions

Unit 2 (Lesson 5) | 第二单元（第5课）下马威
Making a Show of Strength at First Contact

梅：对！
夏：当然，我会尽快⑧让他回归中国国情的。
梅：对对对！！
雨：朵朵，I love you!
客：这太不像话了！

19. 尽快　jǐnkuài / adv. / as quickly as possible
20. 回归　huíguī / v. / return; go back to (the original place)
21. 国情　guóqíng / n. / national conditions

语言点例释 Grammar Points

❶ 由于

解释 Explanation

介词，表示原因或理由。

"由于" is a preposition showing reasons or excuses for.

剧中 Examples in Play

↘ 客：由于事关重大，我要和你家的男主人对话。
↘ 客：我看由于事情非常严重，所以还是事先确认一下为好。

他例 Other Examples

↘ 由于准备不够，他这次没有考好。
↘ 由于大雾，高速公路暂时封闭。

❷ 怎么着 I

解释 Explanation

口语，用在询问对方的想法或者提出一个建议之前。

"怎么着" is a colloquialism that is used when asking other side for their thoughts or to first put forward a suggestion.

剧中 Example in Play

夏：怎么着，要不然坐下叙话？

他例 Other Examples

↘ 怎么着，咱们边吃边谈？
↘ 怎么着，我们在外边等还是在屋里等？

③ 还是……为好

解释 Explanation

用于第一人称时，表示经过比较后选择的行为。用于第二人称时，是对对方的建议，而这个建议也是经过比较后确定的。

When used from a first person perspective, this means an action that can be taken after comparison. When used from the second person perspective, it means a suggestion to another person, which is made after comparison.

剧中 Example in Play

客：我看由于事情非常严重，所以还是事先确认一下为好。

他例 Other Examples

➧ 你还是给他打个电话预约一下为好，不要直接去找他。
➧ 这事儿还是让孩子自己决定为好，咱们不要干涉。

④ 没那么严重

解释 Explanation

情况没有到非常严重的程度。有往轻里说的意思。

Its meaning is "The degree of a situation's seriousness is not so bad". It has a rather easy-going meaning.

剧中 Example in Play

梅：其实没那么严重，其实我们家小雨呀，才七岁。

他例 Other Examples

➧ 我的病没那么严重，您别担心。
➧ 情况没那么严重，很快会得到解决。

⑤ 当时

解释 Explanation

时间词。指过去发生某件事情的时候。

"当时" is a time word which refers to the time when a situation occurred in the past.

剧中 Example in Play

客：朵朵，你再重复一遍，他当时是如何对你讲的。
朵：夏雨说，他让我长大以后，用这鸡毛换钻石戒指。

他例 Other Examples

➧ 请说一下儿当时的情况。
➧ 当时你是怎么想的？

Unit 2 (Lesson 5) | Making a Show of Strength at First Contact

⑥ 当真

解释 Explanation

有两个意思。作动词时，表示信以为真。作副词时，表示确实，果然。

This expression has two meanings. When taking the form of a verb, it shows that something may have been taken out of context or misunderstood by the listener. When used as an adverb, it means that something is "indeed" as expected.

剧中 Examples in Play

▷ 梅：小孩子的话您不能当真。
▷ 雨：我是当真喜欢朵朵的。

他例 Other Examples

▷ 他在开玩笑，您不能当真。
▷ 你当真要一个人去旅行？

⑦ 所……

解释 Explanation

"所"是助词，用在作定语的主谓结构的动词前面，强调中心词。

"所" is an auxiliary word that is used in front of the verb of the subject-predicate structure which is an attributive, with the function of emphasizing the central word.

剧中 Example in Play

▷ 梅：他所说的那个喜欢哪，其实就是……有点儿喜欢。

他例 Other Examples

▷ 你所知道的情况，并不一定是真实的。
▷ 你们所提的意见我一定会认真考虑的。

⑧ 尽快

解释 Explanation

副词，尽量加快，越快越好。

"尽快" is an adverb that shows clearly to speed/hurry up or "the faster, the better".

剧中 Example in Play

▷ 夏：我会尽快让他回归中国国情的。

他例 Other Examples

▷ 请放心，我会尽快把书还给你。
▷ 余票不多，请尽快购买。

文化点滴 Culture Points

11 成语

汉语中有很多成语。成语简单明了，意义丰富，形象生动，意味深长，所以被称为汉语中的"盐"。剧情中的"只许州官放火，不许百姓点灯"就是一个成语，它出自一个历史故事。现在的意思是，人人都能做的事，只允许少数人做，很不公平。成语一般多是由四个字组成的固定词组，不能随意改变，像剧情里出现的这样的多于四个字的成语在汉语中比较少。

11 Idioms

In Chinese Mandarin, there are many idioms. These are simple to understand, carry great significance, are rich in meaning, provide a likeness to a situation and are known as the "salt" of the Chinese language. In the play, the phrase "只许州官放火，不许百姓点灯" is one such expression and like most idiomatic expressions stems from a historical tale. The meaning now is that although a specified thing can be done by anyone, only a minority of people are allowed to do so and that this is very unfair. Idioms are usually fixed expressions that are made up of four characters and can not be adapted at will. In the play, the kind of idiomatic expressions with over four characters that are used are rather few.

第二单元（第5课） 下马威
Unit 2 (Lesson 5) Making a Show of Strength at First Contact

练习 Exercises

一、看视频，根据剧情，将空白处填写完整
Watch the video and fill in the blanks completely according to the plot

1. 刘星告诉小雨的那句成语是：_____
2. 刘梅以为敲门的是没有带钥匙的刘星，但是开门后发现来人是_____
3. 客人说小雨对他的女儿_____
4. 刘梅说小孩子的话不能当真，但是小雨说_____
5. 客人把小雨称为_____
6. 夏东海认为事情不是像_____

二、剧情中，有一处小雨模仿小雪的话，请把它找出来
In the play, there is a part where Xiaoyu imitates what Xiaoxue has said. Find this and write down the sentenced below
_____

三、台词填空　Complete the scripts

1. 梅：有什么事儿吗？
   客：（　　　）事关重大，我要和你家的男主人对话。

2. 梅：男主人，人（家）要跟你（　　　　）。
   夏：对，男主人，男主人在，男主人在。怎么着，要不然坐下叙话？
   客：不客气！我看由于事情非常（　　　　），所以还是事先（　　　　）一下为好。请问你家夏雨在吗？

3. 客：听到了吧？你们都听到了吧？！他说"I……"，他这是对我女儿进行——性骚扰！
   梅：其实没那么（　　　　），其实我们家小雨呀，才七岁。
   客：七岁！哦，看看这个啊！朵朵，你再（　　　　）一遍，他（　　　　）是如何对你讲的。
   朵：夏雨说，他让我长大以后，用这鸡毛（　　　　）钻石戒指。

4. 夏：您听我（　　　　）啊。这个事情有可能不是您（　　　　）的那样。……我是说呀，我们家小雨刚从美国回来半年多，可能这个思想还有点儿西方（　　　　），但是绝无（　　　　）。
   梅：他（　　　　）说的那个喜欢哪，其实就是……有点儿喜欢。
   客：还是喜欢啊！
   夏：不是，她的意思是说，他的喜欢（　　　　）半点儿骚扰的意思。当然，我会（　　　　）让他回归中国国情的。

四、选词填空 Choose the most appropriate words to fill in the blanks

1. "文质彬彬"是一个（　　　　）。
2. 孔子是中国古代伟大的（　　　　）家、教育家。
3. 他是东方人，可是思想行为都很（　　　　）。
4. 我只是跟你开个玩笑，没有（　　　　）。
5. 要想研究中国的（　　　　），不来中国怎么行？
6. 父亲因为生气打了孩子，孩子用不吃饭表示（　　　　）。
7. 请输入您的密码，然后按（　　　　）键。
8. 你刚才的话我没有听清楚，请（　　　　）一遍。
9. 这个电影比我（　　　　）的好。
10. 空瓶子到处乱扔，真（　　　　）！
11. 事情不是您想的那样，请听我（　　　　）。

解释	恶意
成语	反抗
思想	想象
国情	确认
重复	西方化
不像话	

五、选择恰当的词语完成句子 Choose the appropriate words to complete the sentences

1. 情况很（严重/严格），我们需要认真想办法。
2. 我老了，脑子也有些（糊涂/笨）了，许多事都记不清了。
3. 我在跟你开玩笑，你千万别（当真/真的）。
4. 接到电话，他（尽快/赶快）放下筷子，穿好外衣，出了门。
5. 今天太累，我想早点儿（回归/回到）家里睡一大觉。
6. 哥哥总是欺负弟弟，弟弟终于（反对/反抗）了。
7. 请（确认/确定）一下您的机票。

六、用下列结构造句 Use the structures listed below to make sentences

1. 所说的……
2. 所见到的……
3. 所想到的……
4. 所知道的……
5. 所了解的……
6. 所谓的……
7. 所……

七、用提示词语完成对话，并设计一个新对话

Use the given words below to complete the dialogues, and then design a new dialogue

1. 由于
   (1) 梅：有什么事儿吗？
       客：＿＿＿＿＿＿＿＿＿＿，我要和你家的男主人对话。
   (2) 甲：最近气候怎么这么反常？
       乙：＿＿＿＿＿＿＿＿＿＿＿＿

2. 还是……为好
   (1) 夏：男主人在。怎么着，要不然坐下叙话？
       客：不客气！我看由于事情非常严重，＿＿＿＿＿＿＿＿＿＿＿
   (2) 甲：医生说他的病很严重，咱们能把真实情况告诉他吗？
       乙：＿＿＿＿＿＿＿＿＿＿＿＿

3. 没那么严重
   (1) 客：他这是对我女儿进行——性骚扰！
       梅：＿＿＿＿＿＿＿＿＿＿＿＿
   (2) 甲：我这次比赛得了最后一名，真是没脸见人了。
       乙：＿＿＿＿＿＿＿＿＿＿＿＿

4. 当时
   (1) 客：朵朵，你再重复一遍，＿＿＿＿
       朵：夏雨说，他让我长大以后，用这鸡毛换钻石戒指。
   (2) 甲：你看见他的时候，觉得他的心情怎么样？
       乙：＿＿＿＿＿＿＿＿＿＿＿＿

八、成段表达　Presentation

1. 说说"只许州官放火，不许百姓点灯"的故事。
   Tell the story of "只许州官放火，不许百姓点灯".

2. 谈谈你对朵朵父亲的印象。
   Talk about your impression of Duoduo's father.

九、延伸练习　Extension exercise

成语比赛：说说你知道的汉语成语有哪些，越多越好。
Idioms competition: Speak about the idioms that you know; the more, the better.

第六课 Lesson Six
（共3分04秒）

❓ 热身问题 Warm-Up Questions

1　三个孩子为什么吵起来了？
2　在这一部分中，夏东海只说了两句话，分别是哪两句？
3　最后是谁说出了小雪的秘密？

（续前）

客：（这太不像话了！）好，对不起，我和我的女儿不得不马上逃离这里！走了，朵朵。希望你对你们家的小孩子严加管教！还给你！！走了！！

梅：哎哎，您听我给您解释呀！

雨：朵朵，I love you!

（小雨关门）

雪：小雨！

雨：怎么了？

雪：你做得太过分了①。

雨：哎？我就是做我喜欢的事儿，跟你一样啊！

雪：你能跟我比吗你？

雨：哎呀，那你等刘星晚回来，你去管他。

（刘星回来，把鞋一扔）

雪：咳咳咳咳咳！！你把你的臭鞋往哪儿甩呢你？！

星：哎呀，人是自由的，鞋也是自由的。

雪：不是我说你②，你也太过分了①吧你？出去玩儿也不跟家长说一声，你看看表，现在都几点了！？

星：你说谁呢？

1. 逃离　táolí / v. / flee
2. 严加　yánjiā / be strict with
3. 管教　guǎnjiào / v. / control and teach

4. 过分　guòfèn / adj. / cross the limit; break the limit

5. 甩　shuǎi / v. / throw; fling

雪：我说你，还有你！！你们俩的所作所为都**太过分了**①。

星：你**才**过分呢③！！

雨：你过分！！

星：你根本没资格这么说我们。

雨：因为我们是向你学的。

雪：胡说！！

星：对对对！！

雪：胡说！胡说！胡说！

（刘梅进屋）

梅：停！！干吗呢你们？

雪：我先说，我先说，我先说……

星：我先说，我先说，我先说……

雨：我先说，我先说，我先说……

梅：停！小雪先说。

雪：我只是行使一下儿当姐姐的责任，他们呢，却跟我捣蛋。

星：是她太霸道！

雨：只许姐姐放火，不能弟弟点灯！！

夏：不许篡改成语。"只许州官放火，不许百姓点灯"。

雨：可是咱们家没有州官，只有姐姐。

星：你凭什么这么说我呀？你**比谁都**④过分！

雪：你……

雨：不听爸爸妈妈的话！

星：你一进门就给我们来下马威。

雨：而且还、还交男朋友！

6. 所作所为 suǒzuò suǒwéi / what has been done

7. 资格 zīgé / n. / qualification

8. 行使 xíngshǐ / v. / exercise (a right, etc.)
9. 捣蛋 dǎo dàn / make trouble
10. 霸道 bàdào / adj. / domineering; overbearing
11. 篡改 cuàngǎi / v. / distort; falsify

星：还把男朋友带家来！

雨：还两次！！

星：对！！

夏：好了好了，说完了吗？能不能留个频道也给我们说两句呀？

星：成！跟把男朋友带回家相比呀，小雨送小美眉*一根鸡毛，算得了什么⑤呀！？

雨：对！！刘星贪⑥玩儿算得了什么⑤呀！

星：真是的！小雨，（飞吻）嗯，算得了什么⑤呀！

雨：对，刘星得二分又算得了什么⑤呀！

星：我们才是好孩子。

雪：我要跟你们两个小坏蛋决斗！！

梅：千万别打！！听着！小雪根本就没有男朋友，那个狂野少年是她的一个托儿！

（刘星、小雨倒地）

12. 频道　píndào / n. / (of radio or television) channel

13. 贪玩儿　tān wánr / be too fond of playing

14. 坏蛋　huàidàn / n. / bad person

* 美眉 měiméi：新词语，意思是漂亮的女孩儿。New word which means beautiful girl.

第二单元（第6课）｜下马威
Unit 2 (Lesson 6) | Making a Show of Strength at First Contact

语言点例释 Grammar Points

❶ 太过分了

解释 Explanation

（说话、做事）超过一定的程度或限度。有强烈指责的语气。

It means to exceed a definite degree or limit in speech or action. It has a tone of intense accusation.

剧中 Examples in Play

↘ 雪：小雨！你做得太过分了。
↘ 雪：不是我说你，你也太过分了吧你？
↘ 雪：我说你，还有你！！你们俩的所作所为都太过分了。

他例 Other Examples

↘ 你这样对老人说话，实在太过分了。
↘ 太过分了，怎么能随便打人呢？

❷ 不是我说你

解释 Explanation

插入语，用于批评、提醒的话语之前，表示不是自己有意责难对方，而是对方的言行确实不妥。

A parenthesis, used prior to being critical or remindful, shows that the speaker doesn't wish to intentionally censure the other person, but that the other person's actions are really improper.

剧中 Example in Play

雪：不是我说你，你也太过分了吧你？出去玩儿也不跟家长说一声，你看看表，现在都几点了！？

他例 Other Examples

↘ 不是我说你，怎么这么不爱护自己的身体？
↘ 不是我说你，老喝冰镇饮料，会弄坏肠胃的。

❸ 才……呢

解释 Explanation

表示对某种情况的确认，有加强语气的作用。

"才……呢" shows certainty towards a particular situation and has a strong tone.

剧中 Example in Play

雪：我说你，还有你！！你们俩的所作所为都太过分了。
星：你才过分呢！！

| 他 例
Other Examples | ▶ 我才不相信他的话呢！
▶ 她才是乖乖女呢。 |

④ 比+疑问代词+都……

| 解 释
Explanation | 表示程度最高。
It expresses that the degree is of the highest level. |

| 剧 中
Example in Play | 星：你凭什么这么说我呀？你比谁都过分！ |

| 他 例
Other Examples | ▶ 这儿的风景比哪儿都漂亮。
▶ 她比谁都爱我。 |

⑤ 算得了什么

| 解 释
Explanation | 意思是"不算什么""没什么"。用反问加强语气。
The meaning is the same as "不算什么" "没什么". A rhetorical question to emphasize the tone. |

| 剧 中
Examples in Play | 星：跟把男朋友带回家相比呀，小雨送小美眉一根鸡毛，算得了什么呀！？
雨：对！！刘星贪玩儿算得了什么呀！
星：真是的！小雨，(飞吻)嗯，算得了什么呀！
雨：刘星得二分又算得了什么呀！ |

| 他 例
Other Examples | ▶ 我这点儿伤算得了什么呀，没事儿。
▶ 这些帮助算得了什么？如果是你，你也会帮助她的。 |

❻ 贪

解释 Explanation

动词，对某种事物的愿望总是不满足。

"贪" is a verb which shows constant dissatisfaction to the matter.

剧中 Example in Play

雨：刘星贪玩儿算得了什么呀！

他例 Other Examples

↘ 我是一个很贪睡的人。

↘ 贪吃的人不一定胖，胖的人不一定贪吃。

文化点滴 Culture Points

12 惯用语

汉语中还有一种多由三个字组成的惯用语，比如"开绿灯""走后门""马大哈"等。剧中的"下马威"也是一个惯用语，意思是：为了使对手害怕，和对手一见面就显示自己的威力。惯用语都有特定的含义，不能随意改动。因为惯用语多出自日常口语，在普通词典里不易查到相应的解释，所以学习惯用语最好有一本专门的惯用语辞典，并注意在日常学习中不断积累。

12 Locutions

In Chinese, there is a kind of three character locution, such as "开绿灯"(to give the green light), "走后门"(through the back door), "马大哈"(a careless person)amongst many others. In the play, "下马威" is also an example of such an expression and its meaning is that if you want your opponent to fear, you might display your true might at the first meeting. These expressions also have specific significance and can not be altered at the user's discretion. Because many such expressions have come out of everyday language, it is difficult to look up their corresponding meanings in a normal dictionary, therefore when studying these, it is better to combine getting your hands on a specialist glossary along with daily study to continuously accumulate.

练习 Exercises

一、看视频，根据提示选择相应的台词
Watch the video and choose the corresponding sentences from the script according to the clues

情景提示	台词
1. 小雪批评刘星乱扔鞋，刘星的回答：	希望你对你们家的小孩子严加管教。
2. 夏东海希望孩子们给父母说话的机会：	人是自由的，鞋也是自由的。
3. 小雪批评弟弟们，刘星的回答：	你根本没资格这么说我们。
4. 客人离开夏东海家前说的话：	我只是行使一下儿当姐姐的责任。
5. 刘梅说出了小雪的秘密：	不许篡改成语。
6. 两个弟弟批评小雪，小雪的反应：	能不能留个频道也给我们说两句呀？
7. 小雨说"只许姐姐放火，不能弟弟点灯"，夏东海的回答：	我要跟你们两个小坏蛋决斗！！
8. 小雪对父母说自己是姐姐，应该管弟弟：	小雪根本就没有男朋友，那个狂野少年是她的一个托儿！

二、在最后一部分视频中，两个弟弟对小雪非常不满，在他们眼里，小雪有很多错误，下边哪一项不是他们提到的小雪的错？请把它找出来
Right at the last part of the video, the two brothers are often critical of Xiaoxue. In their eyes, Xiaoxue has many shortcomings, which one but of the below list do they particularly mention? Pick it out from the text

只许姐姐放火，不能弟弟点灯。 ☐
比谁都过分。 ☐
不听爸爸妈妈的话。 ☐
一进门就来下马威。 ☐
交男朋友。 ☐
贪玩儿。 ☐
把男朋友带家来。 ☐
两次把男朋友带家来。 ☐

第二单元（第6课）下马威
Unit 2 (Lesson 6) | Making a Show of Strength at First Contact

三、选词填空 Choose the most appropriate words to fill in the blanks

1. 太（　　　）了！怎么能对老人这么没礼貌！
2. 看到刘星把脱下来的鞋乱（　　　），小雪十分生气。
3. 这些孩子的（　　　）让大人们很头疼。
4. 通过考试，她取得了律师（　　　）证。
5. 警察必须严格（　　　）权力，管理违法的车辆。
6. 这个人太（　　　），所以没人喜欢和他合作。
7. 这个文件的原件不是这样的，有人（　　　）了里边的内容。
8. 电视（　　　）很多，但总是找不到喜欢的节目。
9. 小孩子（　　　）是很正常的事。
10. 我的孩子不听话，请老师严加（　　　）。

甩	行使
管教	过分
贪玩儿	霸道
资格	频道
篡改	所作所为

四、词语扩展 Vocabulary development

理解下边词语的含义，然后分别用它们说一句话。
Understand the significance of the words below and then use them to speak a sentence.

1. 贪吃_____
2. 贪玩儿_____
3. 贪睡_____
4. 贪心_____
5. 贪财_____

五、用提示词语完成对话，并设计一个新对话

Use the given words below to complete the dialogues, and then design a new dialogue

1. 不是我说你
   (1) 雪：_____，出去玩儿也不跟家长说一声……
       星：你说谁呢？
   (2) 甲：我今天抽最后一根，明天再戒烟。
       乙：_____

2. 才……呢
   (1) 雪：你们俩的所作所为都太过分了。
       星：_____
   (2) 甲：今天路上怎么这么多车？
       乙：_____

3. 比+疑问代词+都……
   (1) 星：你凭什么这么说我呀？
       ＿＿＿＿＿＿＿＿＿＿＿＿
       雨：不听爸爸妈妈的话！
   (2) 甲：你觉得哪儿的风景最美？
       乙：＿＿＿＿＿＿＿＿＿＿＿

4. 算得了什么
   (1) 星：跟把男朋友带回家相比呀，小雨送小美眉一根鸡毛，算得了什么呀？！
       雨：对！！刘星＿＿＿＿＿＿＿
   (2) 甲：你的书法真棒！
       乙：＿＿＿＿＿＿＿＿＿＿＿＿

六、短剧表演：下马威　　Performance: Making a Show of Strength at Frist Contact

要求：

从第一和第二单元中选取几个代表性的场景，分组进行模仿表演。注意使用学过的主人公的特定语言。

Suggestion:

We have now completed the first two chapters. Choose some parts that are the most important/interesting and perform these in small groups. Please use the dramatis personas' special words what we have learnt.

七、延伸练习　　Extension exercise

写出5个惯用语，与同学分享。

Write down 5 locutions to share with your classmates.

1. ＿＿＿＿＿＿＿＿＿＿＿＿＿＿＿　　2. ＿＿＿＿＿＿＿＿＿＿＿＿＿＿＿

3. ＿＿＿＿＿＿＿＿＿＿＿＿＿＿＿　　4. ＿＿＿＿＿＿＿＿＿＿＿＿＿＿＿

5. ＿＿＿＿＿＿＿＿＿＿＿＿＿＿＿

第二单元 | 下马威
Unit 2 | Making a Show of Strength at First Contact

佳句集锦　A Collection of Key Sentences

（一）

1. 你给我出来！
2. 咱们俩必须要单独谈谈了。
3. 我先要尽到一个做父亲的责任！
4. 第48页3到16行！
5. 别怕！我会保护你的！
6. 你会为了小雪和她的爸爸决斗吗？
7. 我还是到外面待会儿吧。
8. 你怎么居然交上男朋友？你居然还把他带回家里来！
9. 我对你太失望了！
10. 你凭什么干涉我的社交？
11. 你这么小的年纪，你懂什么叫社交？
12. 我是怕你犯错误。
13. 你干吗那么凶啊？
14. 你从来都没有关心过我！
15. 我还没从你的离婚阴影中清醒过来，你又给我找了一个后妈！
16. 我不用你管！
17. 就许你结婚离婚再结婚，我交个男朋友都不行啊？
18. 给，喝口冰水败败火。
19. 这种事儿呀，父母越反对孩子越跟你拧着来。
20. 我自己就是一个惨痛的教训呀。
21. 虽然我现在及时地改正了错误，可是我跟他现在毕竟有了一个共同的孩子啊。他什么时候心血来潮想来看孩子，我也不能把他轰出去呀。
22. 我是说你别非得跟她发生正面冲突啊。
23. 我现在就从狂野男孩儿那儿下手。
24. 我准备使用最锐利的武器……
25. 我准备舌战狂野男孩儿。

(二)

26. 很高兴认识你。
27. 作为夏雪的父亲,我是绝不会允许你们这个年龄谈恋爱的,绝不!
28. 你先消消气儿。
29. 看你长得这么文质彬彬的,应该是个好学生啊?
30. 你必须停止和小雪的一切交往!
31. 在滑向错误的深渊之前,你给我悬崖勒马,勒住,勒住!
32. 其实呀,我们呀,都是为你们着急,为你们负责。
33. 高中正是人生很重要的一个积累知识的阶段,你们应该把精力放在学习上啊!
34. 谈恋爱那都是大人的事儿,你们不应该预支未来呀!
35. 如果你不肯放弃这种不负责任的、幼稚的、所谓的感情,作为小雪的父亲,我就会马上联络你的父亲,连同校方处理这个问题!
36. 请千万别告诉我爸爸好不好?!
37. 其实我不是小雪男朋友,是她雇来的一个托儿。
38. 小雪要我假冒她男朋友,是为了演给你们俩看。
39. 她是想表明,她不是一个任人宰割的小绵羊,而是长满了刺的小刺猬?
40. 我们早就看出来了,小雪怎么可能早恋呢?
41. 千万别把我招了的事儿告诉夏雪啊!不然她该不给我讲题了。
42. 我就说嘛,小雪怎么可能早恋,我早就知道了,不可能的。

(三)

43. 她今天呀,绝对得受到严厉的惩罚。
44. 你想想啊,从她第一天进家门就捣乱,还把自己的男朋友带回家,哼,太猖狂了,不打她不正常!
45. 在美国打孩子是犯法的。
46. 小雪你不要紧张。我们找你来就是想彼此地沟通一下儿。
47. 如果要是为了狂野男孩儿的事儿,那就算了,因为我不想和别人讨论我的男朋友。
48. 我们认为这是你自己的事情,我们不再干涉。
49. 我代表你的妈妈明确表一下态,你在这个家里有完全的自由,只要是你认为正确的事情、对的事情,想怎么做就怎么做。

50. 我们准备对你实行零限制。

51. 你在这个家就是一个自由的小小小小鸟，想要飞多高就可以飞多高。

52. 我们配合得挺好。

53. 你说小雪会明白我们的苦心吗？

54. 你们凭什么不惩罚她呀？

55. 天理何在呀？！

(四)

56. 我给你们弄点儿水果，待会儿给你们送进去。

57. 我觉得你父母人挺好的，你担心的事情根本不会发生。

58. 这几天小雪开始往乖乖女的方向发展了？

59. 这就是呀，宽容和理解的神奇力量！

60. 这说明我们的决策多么英明，我们终于实现了理智和情感的完美结合。

61. 这要让世界教科文组织知道了，肯定发咱俩一人一个大奖状。

62. 这女儿刚安静下来，这俩儿子又闹上了。

63. 干什么呢你们？大半夜的。

64. 小雪都能和自己的狂野男孩儿约会，我怎么就不能见见自己的野蛮女友啊！？

65. 我告诉你，你要是敢有野蛮女友，你就会突然发现，你有一个野蛮又狂野的母亲！

(五)

66. "只许州官放火，不许百姓点灯"！

67. 记住这个成语吧！以后在咱们家只能够说：只许姐姐放火，不许弟弟点灯！

68. 由于事关重大，我要和你家的男主人对话。

69. 我看由于事情非常严重，所以还是事先确认一下为好。

70. 其实没那么严重。

71. 你再重复一遍，他当时是如何对你讲的。

72. 小孩子的话您不能当真。

73. 我是当真喜欢朵朵的。

74. 这个事情有可能不是您想象的那样。

75. 我是说呀，我们家小雨刚从美国回来半年多，可能这个思想还有点儿西方化。

76. 我会尽快让他回归中国国情的。

(六)

77. 这太不像话了!
78. 希望你对你们家的小孩子严加管教!
79. 您听我给您解释呀!
80. 你做得太过分了。
81. 你把你的臭鞋往哪儿甩呢你?!
82. 人是自由的,鞋也是自由的。
83. 你们俩的所作所为都太过分了。
84. 你才过分呢!
85. 你根本没资格这么说我们。
86. 我只是行使一下儿当姐姐的责任,他们呢,却跟我捣蛋。
87. 不许篡改成语。
88. 你凭什么这么说我呀?你比谁都过分!
89. 你一进门就给我们来下马威。
90. 说完了吗?能不能留个频道也给我们说两句呀?
91. 跟把男朋友带回家相比呀,小雨送小美眉一根鸡毛,算得了什么呀!?
92. 刘星贪玩儿算得了什么呀!
93. 我们才是好孩子。
94. 我要跟你们两个小坏蛋决斗!!
95. 小雪根本就没有男朋友,那个狂野少年是她的一个托儿!

第三单元 Unit 3

全家福 Family Shot

源自《家有儿女》第一部第三集《全家福》

Extracted from *Family Shot* of "Home with Kids" Series 1 Episode 3

第一课 Lesson One
(共2分38秒)

❓ 热身问题 Warm-Up Questions

1. 小雪对刘梅的称呼是什么？
2. 刘星他们在看什么照片儿？
3. 小雪为什么生气？
4. 小雪拿来了什么？

（家里）

雪：哎，我爸呢？哎，我爸呢？！

梅：啊？哦，叫我呢！我叫"哎"，我还真有点儿不大习惯。那个，你爸带刘星去取照片儿去了，就是上次春游照那照片儿。哦，对了，那会儿①你还没来呢。

（刘星和夏东海进门）

星：哎……快看，快看，照片儿，照片儿，照片儿！

梅：取回来了？

星：对对对。

夏：上次照那照片儿。

梅：真好，我看，我看，我看……

星：小雨呢？小雨，赶紧！赶紧②来看照片儿！

梅：小雨！快点儿，快点儿，照片儿取回来了……

雨：这好玩儿。给我一半儿。

夏：我觉得洗得还不错啊！

星：对对对。

梅：哎哟喂，这谁呀！谁把你这鼻子上抹这么多果酱啊？

雨：我忘了。

夏：肯定是刘星，还有谁呀，啊？

梅：多讨厌呀，你把弟弟鼻子上抹那么多果酱……

1. 全家福　quánjiāfú / n. / family shot. *See Culture Points* 14
2. 春游　chūnyóu / v. / spring outing

3. 赶紧　gǎnjǐn / adv. / hurriedly; hurry up

4. 抹　mǒ / v. / smear; put on
5. 果酱　guǒjiàng / n. / jam
6. 讨厌　tǎo yàn / disgusting

（客厅）

梅：瞧瞧，笑得这傻样儿……

星：这滚在草地上……

雨：哎哎哎，你看，刘星吃鸡蛋噎住了。

梅：嗯？你说夏东海，他噎着了你给他拍下来干吗？

夏：多好玩儿呀，等着他长大以后，看看自己那会儿①多傻……

梅：真是的③……哎哟，那天天儿真好啊！

星：阳光明媚。

梅：哎，这是咱们搬到这儿来的第二天吧？

夏：对呀，咱当时就是为了庆祝乔迁之喜*，咱一块儿出去郊游的嘛。

梅：哦，对对对。

夏：哎，以后我觉得咱们还经常没事儿应该出去玩儿玩儿。

梅：没错儿没错儿，起码每年……

（小雪摔门出去）小雪怎么了？生气了？

夏：肯定生气了。咱们去玩儿的时候她还不在呢，这儿没她。

星：哦，没事儿没事儿，赶明儿我用电脑把她给加里边不就完了吗④？

雨：加哪儿啊？

星：加哪儿我看看……加、加、加树上？

雨：那是猫头鹰待的地方。

7. 傻样儿 shǎyàngr / n. / stupidity
8. 滚 gǔn / v. / roll
9. 草地 cǎodì / n. / lawn; meadow
10. 噎 yē / v. / choke
11. 拍 pāi / v. / take pictures

12. 明媚 míngmèi / adj. / bright and beautiful
13. 庆祝 qìngzhù / v. / celebrate
14. 郊游 jiāoyóu / v. / go outing

15. 赶明儿 gǎnmíngr（方）/ adv. / =以后；将来 another day

16. 猫头鹰 māotóuyīng / n. / owl

---

*乔迁之喜 qiáoqiān zhī xǐ：祝贺用语，祝贺别人搬家或是升官的用语。
Happiness of moving to a new place or a promotion. *See Culture Points* 13.

梅：去！把你加树上你乐意呀？净⑤胡说八道！这孩子想把人加树上。

（小雪从自己屋里出来）

雪：我也有美好的瞬间。这是我和爸爸妈妈在一起的时候。你们看，我笑得多灿烂呀。我要把它摆在客厅最显眼的地方。我摆……我就摆在这儿了！

雨：哎！这怎么没有我呀？

夏：**那会儿**①你还没出生呢。

雪：哎，爸爸，你看，那时候我妈妈多年轻多漂亮呀！你再看你多帅呀！哎，你再看我多可爱，多小啊，对不对？哦，对了，我记得上次你们给我买了一个布娃娃，现在还在我屋摆着呢。爸，你看那儿多漂亮啊，咱们笑得多灿烂呀，对不对，爸爸？

夏：对对对，你那时候笑得可好看了。坐下来慢慢儿看。

17. 乐意 lèyì / v. / be ready to; be willing to
18. 净 jìng / adv. & adj. / only; merely; nothing but
19. 胡说八道 húshuō-bādào / talk nonsense
20. 瞬间 shùnjiān / n. / moment
21. 灿烂 cànlàn / adj. / brilliant; splendid
22. 显眼 xiǎnyǎn / adj. / showy; eye-catching
23. 摆 bǎi / v. / put; place; display

语言点例释 Grammar Points

❶ 那会儿

解释 Explanation

指示代词，常常指过去的某个时候，相当于"那时候"，有时也指将来的某个时候。用于口语。

"那会儿" is a demonstrative pronoun, and often indicates some point in the past. It is similar to "那时候" and sometimes also points to some time in the future. To be used colloquially.

剧中 Examples in Play

↘ 梅：哦，对了，那会儿你还没来呢。

↘ 梅：你说夏东海，他噎着了你给他拍下来干吗？
　　夏：多好玩儿呀，等着他长大以后，看看自己那会儿多傻……

↘ 雨：哎！这怎么没有我呀？
　　夏：那会儿你还没出生呢。

他例 Other Examples

↘ 我上学那会儿，你还没出生呢。

↘ 你明年来北京吗？那会儿我可能还在北京，到时候跟我联系吧。

❷ 赶紧

解释 Explanation

副词，抓紧时间，毫不拖延。

"赶紧" is an adverb which means to grasp time and not to delay.

剧中 Example in Play

↘ 星：小雨，赶紧！赶紧来看照片儿！

他例 Other Examples

↘ 饭都快凉了，赶紧吃吧。

↘ 听见门铃响，我赶紧去开门。

③ 真是的

解释 Explanation

感叹语。对某种情况的发生或者对某人的做法、说法表示不满，有抱怨的语气。也可以用于表示对自己的不满意。有时也说成"真是"。

"真是的" is an exclamation that expresses dissatisfaction to either something that has happened, or has been committed by someone. It has a tone of complaint and can also be used to express your own personal dissatisfaction. Sometimes it is also spoken as "真是".

剧中 Example in Play

梅：你说夏东海，他噎着了你给他拍下来干吗？
夏：多好玩儿呀，等着他长大以后，看看自己那会儿多傻……
梅：真是的。

他例 Other Examples

↘ 甲：我的电脑又死机了，刚才是不是你用了？
　　乙：真是（的），你的电脑一出问题你就认为是我干的，凭什么啊！
↘ 真是的，我的钥匙怎么又找不着了？

④ 不就完了吗

解释 Explanation

相当于"不就可以了吗"，意思是"就可以了"，有把事情往轻里、小里说的口气。

"不就完了吗", rather like "不就可以了吗", means "就可以了". To be used to express playing down something.

剧中 Example in Play

夏：肯定生气了。咱们去玩儿的时候她还不在呢，这儿没她。
星：哦，没事儿没事儿，赶明儿我用电脑把她给加里边不就完了吗？

他例 Other Examples

↘ 你别生气了，他给你道个歉不就完了吗？
↘ 掉在地上没有关系，洗一洗不就完了吗？

⑤ 净……

解释 Explanation

副词，表示单纯而没有别的，意思和"只是""总是""老是"一样。

"净", an adverb which means "pure and without exception", often carries the same meaning as "只是""总是""老是".

剧中 Example in Play

梅：去！把你加树上你乐意呀？净胡说八道！

他例 Other Examples

➥ 你净相信别人，不相信我。
➥ 你怎么净欺负弟弟？

文化点滴 Culture Points

13 乔迁之喜

"乔迁"一词出自中国最早的诗歌总集《诗经》中的《小雅·伐木》，原句是"出自幽谷，迁于乔木"，意思是"鸟儿离开深谷，飞到高大的树木上去"。"乔"是"高"的意思。后来人们用"乔迁"来比喻搬到条件更好的地方去居住或者职位得到提升。搬家和升官都是好事情，所以被称为"乔迁之喜"。多用于祝贺。现在"乔迁之喜"更多的是用于祝贺搬入新居，祝贺升官的意思已经不常用了。

13 Happy Occasion of Moving into a New Residence

"乔迁" is a word that has come out of the poem 《小雅·伐木》 from 《诗经》. The original sentence was "出自幽谷，迁于乔木" meaning that when a bird leaves its nest, it flies up to a tall tree. "乔" is the same meaning as "高". Ever since, people used "乔迁" to compare the best points of a place that they will inhabit or if they achieve a promotion. Moving house and moving up the career ladder are good things and are therefore known as "乔迁之喜" and this expression is used mainly in a celebratory context. Nowadays though, this expression has been often used to describe the celebration of moving into a new house and rarely of advancing in career.

练习 Exercises

一、根据剧情内容判断对错 In accordance with the plot, decide whether statements are true or false

1. 小雪对刘梅的称呼是"阿姨"。☐
2. 刘星和小雨把照片儿取回来了。☐
3. 夏东海对照片儿不太满意。☐
4. 在照片儿上，刘星鼻子上被抹了果酱。☐
5. 刘星吃鸡蛋被噎住的照片儿是夏东海拍的。☐
6. 照片儿上拍的是全家为了庆祝小雪考试第一而去春游的情况。☐
7. 小雪生气是因为照片儿上的她看起来不够漂亮。☐
8. 小雪要把一张自己和亲生父母的合影摆在客厅里。☐

二、看视频，用剧中的说法替换画线部分（可参考右栏中的提示）

Watch the video and complete the scripts according to the plot. You can seek some help from the column on the right hand side

1. 星：小雨呢？小雨，（1）来看照片儿！
2. 梅：多（2）呀，你把弟弟鼻子上（3）那么多果酱……
3. 夏：多好玩儿呀，等着他长大以后，看看自己那会儿多（4）……
4. 梅：哎，这是咱们搬到这儿来的（5）吧？
   夏：对呀，咱当时就是为了（6）乔迁之喜，咱一块儿出去郊游的嘛。
5. 雨：哎！这怎么没有我呀？
   夏：那会儿你还没（7）呢。

a. 傻
b. 抹
c. 出生
d. 庆祝
e. 讨厌
f. 赶紧
g. 第二天

三、看一遍小雪拿出照片儿后的那段视频，然后进行台词填空

Watch the section just after Xiaoxue takes out a photo and fill in the scripts

1. 雪：我也有（　　）的瞬间。这是我和爸爸妈妈在一起的时候。你们看，我笑得多（　　）呀。我要把它（　　）在客厅最（　　）的地方。我摆……我就摆在这儿了！

2. 雪：爸爸，你看，那时候我妈妈多（　　）多漂亮呀！你再看你多（　　）呀！哎，你再看我多（　　），多小啊，对不对？哦，对了，我（　　）上次你们给我买了一个布娃娃，现在还在我屋（　　）着呢。爸，你看那儿多漂亮啊，咱们笑得多（　　）呀，对不对，爸爸？

四、剧中有两处表现了刘星调皮的性格，请把它们找出来
The play has 2 points whereby Liu Xing is rather naughty. Pick them out and record below

1. _____

_____

2. _____

_____

五、选词填空　Choose the most appropriate words to fill in the blanks

（一）1. 出门之前，她（　　）了一下儿口红。

2. 皮球顺着山坡（　　）下去了。

3. 我（　　）烟味儿。

4. 慢点儿吃，别（　　）住了。

5. 这张照片儿是去年（　　）的。

6. 今天是爸爸妈妈的结婚纪念日，咱们得好好儿（　　）一下儿。

7. 春天来了，很多人喜欢去（　　）。

8. 妈妈让孩子停止玩儿电脑游戏，孩子很不（　　）。

9. 每到节日，广场上都会（　　）满鲜花。

滚	拍
噎	摆
抹	乐意
讨厌	郊游
庆祝	

（二）1.（　　）的时候，大家一定要注意安全。

2. 天气好的时候，会有很多人在（　　）上野餐。

3. 祝贺你（　　）！什么时候去看看你的新家？

4. 照片儿上记录了每一个美好的（　　）。

5. 阳光（　　）的早晨，公园里有很多老人在锻炼身体。

6. 你看，照片上的他笑得多（　　）啊！

7. 听说母亲病了，他（　　）请假回家去看母亲。

8. 广告应该贴在最（　　）的地方。

草地	春游
灿烂	明媚
瞬间	显眼
赶紧	乔迁之喜

六、用提示词语完成对话，并设计一个新对话

Use the given words below to complete the dialogues, and then design a new dialogue

1. 那会儿
   (1) 夏：你说夏东海，他噎着了你给他拍下来干吗？
       夏：多好玩儿呀，_____
   (2) 甲：你们第一次见面的时候，你对他是什么印象？
       乙：_____

2. 真是的
   (1) 雨：你看照片儿上，刘星吃鸡蛋噎住了。
       梅：_____
   (2) 甲：看见我的钥匙了吗？
       乙：_____

3. 不就完了吗
   (1) 夏：小雪肯定生气了。咱们去玩儿的时候她还不在呢，照片儿上没她。
       星：哦，没事儿没事儿，_____
   (2) 甲：自行车又坏了，我怎么上班呢？
       乙：_____

4. 净……
   (1) 星：照片儿上没有小雪，我用电脑把小雪加在树上吧？
       梅：_____
   (2) 甲：我头疼得厉害，是不是快死了？
       乙：_____

七、成段表达　Presentation

根据剧中人物的描述，介绍一下剧中主要提到的照片儿。要求说明拍照片儿的时间，照片儿上的人物或景物。

According to the descriptions of the characters in the play, introduce one of the main photos that are mentioned. Explain clearly the time when the picture was taken, who is in the picture and the scenery.

第二课 Lesson Two
(共3分24秒)

热身问题 Warm-Up Questions

1. 刘梅被小雪气得要命，她为什么生气？
2. 夏东海是怎么劝妻子的？

（卧室）

夏：生气了？嗯？

梅：嗯？没有哇（wa）！谁说我生气了？你看出我生气了？

夏：看着特别不像。

梅：真是，我才不那么爱生气，你以为我……我成小孩儿了我，真逗①！

夏：真没生气呀？嗯？行了行了，别跟我装了，啊？我还不了解你呀？越说没生气的时候，肯定还就真生气了。好了好了，要真生了气就跟我说一说，别憋在心里头，好不好？嗯？

梅：本来就是②！你跟刘星一进门兴高采烈的，那照片儿咱们那么长时间都没洗，我当然特别想看看了，大伙儿都挺高兴的，谁知道③她就生气了。谁知道③生气是冲我来了，我招她惹她了，干吗呀？

夏：好了好了好了。还说自己不跟小孩儿一样，那你干吗老说小孩儿话？小雪那哪儿是冲着你呀！

梅：怎么不是冲着我呀？她那样就是冲着我。

1. 逗　dòu / adj. / amusing
2. 装　zhuāng / v. / pretend
3. 憋　biē / v. / hold back; suppress
4. 兴高采烈　xìnggāo-cǎiliè / in high spirits; in great delight
5. 洗　xǐ / v. / develop (photos)
6. 冲　chòng / prep. / facing; towards
7. 惹　rě / v. / provoke; incur

夏：你想一想，当时，啊，你，我，小雨，刘星，咱们四个围着那照片儿又说又笑，又说当时天气多么好了，又吃烧烤了，兴高采烈的，就她一个人跟个局外人似的，孤零零地站在那儿，她能舒服吗？她可不心里不痛快吗④？再加上⑤，小雪从小就没有怎么得到过母爱，她就缺乏家庭的温暖，现在又刚刚到咱家，跟你又不太熟悉，所以她就觉得很陌生，很不舒服，本能地就想起她亲妈来了，这不是很正常吗？你怎么跟小孩儿去计较这个？

梅：我说我计较了吗？真是！

夏：行了行了，好了好了，你没计较，是我说的，我冤枉你了，好不好？

梅：我就是发愁，她今天这儿摆一张她跟她妈的合影，明天那儿摆一张你们过去三个人的全家福，那算怎么回事儿呀⑥？就算我看着心里难受，我不往那儿看就行，我忍得了，可是那街坊四邻呢？亲戚朋友来咱家看，这算怎么回事儿呀⑥？我怎么跟人解释呀？我成什么了我……

8. 围　　wéi / v. / surround
9. 烧烤　　shāokǎo / n. / barbecue
10. 局外人　　júwàirén / n. / outsider
11. 孤零零　　gūlínglíng / adj. / lone; solitary
12. 痛快　　tòngkuai / adj. / happy; joyful
13. 缺乏　　quēfá / v. / lack
14. 温暖　　wēnnuǎn / adj. / warm
15. 陌生　　mòshēng / adj. / unfamiliar
16. 本能　　běnnéng / adv. / instinctively
17. 亲（妈）　　qīn (mā) / adj. / one's own flesh and blood
18. 计较　　jìjiào / v. / argue; dispute

19. 冤枉　　yuānwang / v. / treat sb. unfairly

20. 发愁　　fā chóu / be worried about
21. 合影　　héyǐng / n. / group photo
22. 难受　　nánshòu / adj. / unwell
23. 街坊四邻　　jiēfang sìlín / neighbors
24. 亲戚　　qīnqi / n. / relatives

夏：对，你的心情我非常理解。这个事情包在我身上⑦，我去跟小雪好好儿谈谈。

梅：怎么谈呀？你会谈吗你？你别再给谈出麻烦来。

夏：嘿，对你老公就这么不信任，啊？多大点儿事儿呀！我现在就去找她谈，我就不信了，咱们家的权威都出面发话了，她敢不听？

梅：哎，哎，哎，夏东海，别对她太厉害啊。要不然她该以为你是我派去的。

夏：你放心吧！

梅：你真的对她态度特别好啊，我觉得确实她也挺可怜的，其实我心里挺心疼她的，真的。

夏：说完了？

梅：啊。

夏：这还有点儿像亲妈的样儿。

梅：去！讨厌*。

25. 包	bāo / v. /	undertake the entire task
26. 权威	quánwēi / n. /	authority; power and prestige
27. 出面	chū miàn /	appear personally
28. 发话	fā huà /	speak
29. 派	pài / v. /	send
30. 心疼	xīnténg / v. /	love dearly; make one's heart ache

---

* 讨厌：本指某事或某人让人厌烦。女性用于关系亲密的人时，有娇嗔的语气。
This expression is used to express discontent with a situation or person. Frequently used by females with those that they have a close relationship with and have a playful angry tone.

第三单元（第2课） | 全家福
Unit 3 (Lesson 2) | Family Shot

语言点例释 Grammar Points

❶ 真逗

解　释 Explanation

"逗"在这里是形容词，意思是"有趣""好玩儿"。"真逗"意思是"真有意思"，带有喜爱的口气。在本集中刘梅说的是反话，意思相当于"真是太可笑了"。

"逗" here is an adjective meaning "有趣" or "好玩儿". The meaning of "真逗" is "真有意思" and is used with a rather fond tone. At this particular focal point, Liu Mei speaks ironically taking on a meaning akin to "真是太可笑了" (How ridiculous it is).

剧　中 Example in Play

梅：真是，我才不那么爱生气，你以为我……我成小孩儿了我，**真逗**！

他　例 Other Examples

↘ 那个小狗会发出唱歌的声音，**真逗**！
↘ 你以为我在跟你开玩笑？**真逗**！

❷ 本来就是

解　释 Explanation

是"本来就是这样嘛"或者"本来就应该这样嘛"的简略说法。强调理所当然，有时也带有委屈的口气。"本来"是副词，表示"原先、先前"的意思。"是"要重读。

"本来就是" is the short form of "本来就是这样嘛" or "本来就应该这样嘛". This form provides emphasis and more often than not has a tone of grievance. "本来" is an adverb that is used to express "originally, formerly or previously". "是" should be read with stress.

剧　中 Example in Play

夏：好了好了，要真生了气就跟我说一说，别憋在心里头，好不好？
梅：**本来就是**！你跟刘星一进门兴高采烈的，那照片儿咱们那么长时间都没洗，我当然特别想看看了，大伙儿都挺高兴的，谁知道她就生气了。

他　例 Other Examples

↘ 甲：对不起，我才知道，那件事不是你干的。
　 乙：**本来就是**，你想想，我能那样做吗？
↘ 甲：我真不应该打他。
　 乙：**本来就是**，有话可以好好儿说嘛，干吗要动手？

③ 谁知道……

解释 Explanation

反问句，意思是"没人会知道""哪里知道""没想到"，表示意外或者不满。

This is a rhetorical question that means nobody can understand ("没人会知道""哪里知道""没想到"). It indicates unexpectedness or dissatisfaction.

剧中 Example in Play

梅：你跟刘星一进门兴高采烈的，那照片儿咱们那么长时间都没洗，我当然特别想看看了，大伙儿都挺高兴的，**谁知道**她就生气了。**谁知道**生气是冲我来了，我招她惹她了，干吗呀？

他例 Other Examples

↘ 早上天儿还是晴的，**谁知道**这会儿就下起雨来了。
↘ 我以为他只是说着玩儿的，**谁知道**他真的一个人去了西藏。

④ 可不……吗

解释 Explanation

反问句式，强调"可不"后边提到的情况是当然的、可理解的。意思相当于"当然……了"。

This is yet another rhetorical question used to emphasize that the following mentioned situation is but a mere formality and easy to comprehend. The meaning is rather like "当然……了".

剧中 Example in Play

夏：……就她一个人跟个局外人似的，孤零零地站在那儿，她能舒服吗？她**可不**心里不痛快**吗**？

他例 Other Examples

↘ 你说得那么快，我**可不**（是）没听清楚**吗**？
↘ 我**可不**（是）买不起**吗**？那么贵！

⑤ 再加上

解释 Explanation

用在两个句子之间，表示在前边的原因或条件之外，还有另一个方面的原因或条件。

"再加上" is used between two sentences to express that apart from the reasons and conditions in first part of the structure, there are also additional reasons and conditions.

剧中 Example in Play

夏：你想一想，当时，啊，你，我，小雨，刘星，咱们四个围着那照片儿又说又笑，又说当时天气多么好了，又吃烧烤了，兴高采烈的，就她一个人跟个局外人似的，孤零零地站在那儿，她能舒服吗？她可不心里不痛快吗？再加上，小雪从小就没有怎么得到过母爱，她就缺乏家庭的温暖，现在又刚刚到咱家，跟你又不太熟悉，所以她就觉得很陌生，很不舒服，本能地就想起她亲妈来了，这不是很正常吗？

他例 Other Examples

⬇ 他的身体本来就不好，常常生病，再加上昨天出去滑雪，衣服穿得太少，所以就又发烧了。

⬇ 他本来就是个聪明的孩子，再加上努力刻苦，成绩当然差不了。

❻ 这/那算怎么回事儿呀

解释 Explanation

反问句式，意思是"这样/那样很不合适""怎么能这样/那样"。有不满的语气。

This is a rhetorical question that means "这样/那样很不合适" or "怎么能这样/那样". It has a tone of dissatisfaction.

剧中 Example in Play

梅：我就是发愁，她今天这儿摆一张她跟她妈的合影，明天那儿摆一张你们过去三个人的全家福，那算怎么回事儿呀？就算我看着心里难受，我不往那儿看就行，我忍得了，可是那街坊四邻呢？亲戚朋友来咱家看，这算怎么回事儿呀？我怎么跟人解释呀？我成什么了我……

他例 Other Examples

⬇ 你只相信他们，就不相信我，这算怎么回事儿呀？

⬇ 你的房间这么乱，东西到处摆，要是让客人看见了，这算怎么回事儿呀？

❼ 这个事情包在我身上

解释 Explanation

意思是"这件事交给我来做，一定能做好，完全不必担心"。表示自己完全有把握帮助对方解决问题。

This expression means that if you are given something to do, it will be done well and that there is no cause for concern. It expresses the notion that you can count on a problem, issue or task being solved.

剧中 Example in Play

夏：你的心情我非常理解。**这个事情包在我身上**，我去跟小雪好好儿谈谈。

他例 Other Examples

▶ 甲：我很想和她继续做朋友，可是她不肯原谅我。
乙：**这个事情包在我身上**，三天之内，你听好消息吧。

▶ 甲：我的自行车坏了，哪里可以修车呢？
乙：你不知道我会修自行车吗？**这个事情包在我身上了**！

文化点滴 Culture Points

14 全家福

中国人喜欢"合"，不喜欢"分"，只要有可能，就要"团圆"。一家人"团圆"时，人们往往会照一张合影，纪念这次团圆。这张用来纪念团圆的照片，就叫"全家福"。全家福，有大家庭的，也有小家庭的，还有和同学一起的，和同事一起的。中国人往往会把自己生活或工作的各种圈子，都看成家庭一样，因而，就会有各种各样的全家福。

Unit 3 (Lesson 2) | 全家福
第三单元（第2课）| Family Shot

14 Family Shot

Chinese people like "合" (togetherness) and as a consequence dislike "分" (separation). As long as it is possible, people should always "团圆" (be in union) and on such an occasion, people sometimes snap a group photo as a commemoration of this moment. This is known as the "全家福" and contains the whole family. Such a picture can also be of a family nucleus, classmates and colleagues. Chinese people often look upon their own life or work circle in the same light as their family and as a result, there can be many forms of "Family Shot".

练习 Exercises

一、看视频，根据剧情内容填空   Watch the Video and fill in the blanks according to the plot

刘梅很生气，却说自己没生气。夏东海告诉妻子，要是生气了就跟他说说，别（   ）。刘梅说，小雪是（   ）着她来的。夏东海说不是这样，因为他们几个人围着照片儿（   ），（   ）的，就小雪一个人跟（   ）似的孤零零地站在那儿，她心里肯定（   ）。再加上，小雪从小就没有怎么得到过（   ），她就缺乏（   ），现在又刚到新家，跟刘梅不太（   ），所以就会觉得很（   ），很不舒服，（   ）地就想起她亲妈来了，这很正常。他让妻子不要跟小孩儿去（   ）这个。刘梅说她发愁的是，小雪把和亲妈亲爸的照片儿在家里到处摆，如果让邻居和（   ）看到了,她没法儿解释。夏东海说他对妻子的心情非常（   ），他说这件事（   ）在他身上，他要去跟小雪好好儿谈谈。刘梅让夏东海对小雪（   ）好一些，她觉得小雪挺（   ）的，其实她心里挺（   ）她。

二、台词填空 Complete the scripts

1. 梅：谁说我生气了，你（   ）我生气了？

   夏：看着特别不像。

   梅：真是，我（   ）不那么爱生气，你以为我……我成小孩儿了我，真（   ）！

   夏：真没生气呀？嗯？行了行了，别跟我（   ）了，啊？我还不了解你呀？（   ）说没生气的时候，肯定还就真生气了。

2. 梅：你跟刘星一进门兴高采烈的，那照片儿咱们那么长时间都没（   ），我当然特别想看看了，大伙儿都挺高兴的，谁知道她就生气了。谁知道生气是（   ）我来了，我招她惹她了，干吗呀？

3. 梅：我就是（   ），她今天这儿摆一张她跟她妈的合影，明天那儿摆一张你们过去三个人的（   ），那算怎么回事儿呀？就（   ）我看着心里难受，我不往那儿看就行，我（   ）得了，可是那街坊四邻呢？亲戚朋友来咱家看，这（   ）怎么回事儿呀？我怎么跟人（   ）呀？我成什么了我……

   夏：对，你的心情我非常（   ）。这个事情（   ）在我身上，我去跟小雪好好儿谈谈。

4. 梅：夏东海，别对她太厉害啊。（   ）她该以为你是我（   ）去的。

   夏：你放心吧！

   梅：你真的对她态度特别好啊，我觉得（   ）她也挺可怜的，其实我心里挺（   ）她的，真的。

   夏：这还有点儿（   ）亲妈的样儿。

三、本课有很多反问句，比如"谁说我生气了""小雪那哪是冲着你呀"。说说这些反问句的实际意思，并从第一、二单元中找出5～10个反问句

This lesson contains many rhetorical questions, such as "谁说我生气了" "小雪那哪是冲着你呀". Talk about these rhetorical questions and their practical meaning, then pick out 5~10 examples from unit 1 and unit 2

四、选词填空 Choose the appropriate words to fill in the blanks

（一）1. 这只小狗会和人握手，真（   ）！

2. 春游的那天，同学们（   ）地出发了。

3. 别人都有舞伴，只有他一个人（   ）地坐在那里。

4. 收到了远方朋友寄来的贺卡，我的心里感到很（   ）。

5. 不要随便和（   ）人说话。

6. 锻炼以后好好儿洗了个澡，真（   ）！

7. 和朋友分别是一件（   ）的事。

8. 看见一个球冲我飞来，我（   ）地用手挡了一下儿。

| 难受 |
| 痛快 |
| 孤零零 |
| 陌生 |
| 逗 |
| 兴高采烈 |
| 本能 |
| 温暖 |

(二) 1. 为了让奶奶高兴，孩子们（　　）着睡着了。
2. 她是个内向的人，什么事儿都（　　）在心里。
3. 我刚进门，她就（　　）我发火，这算怎么回事儿？
4. 孩子们喜欢（　　）在爷爷身边听他讲故事。
5. 由于（　　）经验，我的表演不太成功。
6. 一点儿小事儿，不要这么（　　）。
7. 钱不是他拿的，你怎么能随便（　　）他呢？
8. 这件事很难解决，看来得校长（　　）了。
9. 妈妈送我的小花瓶被打碎了，我非常（　　）。
10. 王教授，请在家里等候，院长已经（　　）车去接您了。

围	冲
憋	装
派	出面
心疼	冤枉
计较	缺乏

五、词语联想　　Word association

例：全家福——团聚　幸福　快乐　父母　孩子　笑脸

1. 局外人 _____

2. 街坊四邻 _____

3. 权威 _____

4. 孤零零 _____

5. 发愁 _____

六、用提示词语完成对话，并设计一个新对话
Use the given words below to complete the dialogues, and then design a new dialogue

1. 本来就是
   - (1) 夏：好了好了，要真生了气就跟我说一说，别憋在心里头，好不好？
     梅：_____
   - (2) 甲：我是不是冤枉你了？
     乙：_____

2. 再加上
   - (1) 梅：小雪凭什么生气啊？
     夏：_____
   - (2) 甲：他从来不生病，身体怎么这么棒？
     乙：_____

3. 这个事情包在我身上
   - (1) 梅：小雪把和亲妈的照片儿到处放，亲戚朋友来咱家看，这算怎么回事儿呀？我怎么跟人解释呀？
     夏：对，你的心情我非常理解，_____
   - (2) 甲：听说最近车票很难买，去上海的票还能买到吗？
     乙：_____

七、成段表达　Presentation

1. 用小雪的口气说/写出刘星他们看照片儿时小雪的心情。
   Use the tone of Xiaoxue to either speak or write her mood when Liu Xing and others look at the photographs.

   参考词语或句式
   Refer to the following words and expressions or sentence structures
   又……又……　　跟……似的　　再加上　　所以……

2. 用刘梅的口气说/写出她见到小雪摆照片儿后的心情。
   Use the tone of Liu Mei to either speak or write her mood when Xiaoxue puts the photo down.

   参考词语或句式
   Refer to the following words and expressions or sentence structures
   当然　　挺……的　　谁知道　　冲　　发愁
   要不然　　确实　　其实

Lesson Three 第三课

(共4分26秒)

❓ 热身问题 Warm-Up Questions

1. 夏东海跟小雪谈老照片儿的事儿，他们谈得顺利吗？
2. 刘梅为什么和刘星吵起来了？
3. 三个孩子吵成一团，刘梅很生气，夏东海是怎么做的？
4. 小雪拿来了什么？

（小雪房间）

夏：小雪。

雪：亲爱的爸爸，您是来和我一起欣赏老照片儿的吗？

夏：啊，对。我正是①准备来和你谈一谈老照片儿的事儿。

雪：哎，爸爸爸爸，你看，这是以前您和妈妈带我去北海公园照的，哎，你看旁边还有一只小鸭子呢。

夏：小雪呀，我觉得这些老照片儿，放在这个老相册里是最合适的，你觉得呢？

雪：哦，您是不愿意我把刚才那张照片儿摆出来。

夏：哦，呵呵，呵呵，那倒不是②，我只是觉得你刚才的举动好像比较突然。

雪：我只是想提醒自己，我也有一个家，原装的亲情是不能代替的。

夏：那当然。可是你把它摆出来，好像是成了提醒大家了。我觉得呀，一会儿把那个照片儿收起来，摆在你的床头上，什么时候想看你就可以看一看，比较合适，啊。

雪：爸！您是不愿意看到小时候的我吗？

1. 欣赏　xīnshǎng / v. / enjoy

2. 鸭子　yāzi / n. / duck

3. 相册　xiàngcè / n. / photo album

4. 举动　jǔdòng / n. / movement; act
5. 突然　tūrán / adj. / sudden
6. 提醒　tíxǐng / v. / remind; warn
7. 原装　yuánzhuāng / adj. / original
8. 亲情　qīnqíng / n. / domestic affection
9. 代替　dàitì / v. / take the place of

夏：那当然不是了。

雪：那您就是不愿意看到年轻时候您自己。

夏：怎么可能呢。

雪：哦，明白了！您一定是不想看到我亲妈，一定是后妈让您来的。

夏：绝对不是！这事儿跟你后妈一点儿关系都没有。

雪：那您就是喜新厌旧。没有想到，您也犯这种错误。

10. 喜新厌旧 xǐxīn-yànjiù / love the new and loathe the old

11. 冤 yuān / adj. / undeserved

夏：真够冤的我。

（客厅）

星：这是我和我爸爸、我妈妈一块儿照的相，你们看我笑得多么的灿烂。我的妈妈是多么的年轻多么的漂亮，我的爸爸是多么的帅气，我要……我要把它放在客厅的最显眼的地方。我放到、我放到我放到……我放到这儿吧，我放到这儿！

梅：干吗呢，干吗呢你刘星？给我收起来。

星：我怎么了？

梅：你说怎么了？我让你收起来，行吗？

星：您难道就不想看看我小时候什么样吗？

梅：我不想看，我知道你小时候什么样。

星：您难道就不想看看您年轻时候有多漂亮吗？

梅：我不想看，我知道我过去多漂亮。

星：您难道就不想看看我亲爸爸吗？

梅：我不想看！我告诉你，你给我收起来。

星：您这是喜新厌旧。

夏：嘿！这帮小孩儿怎么想得都一样！刚才小雪就

是这么说我的。

梅：我就喜新厌旧了**怎么着**③吧？我还就告诉你，妈妈我就喜新厌旧了，你给我收起来。我告诉你啊，这照片儿可是我生活的阴影！

星：可是这阴影是我亲爸爸！

梅：我……我不管是谁……你给我收起来！

星：凭什么呀？凭什么小雪能摆，我就不能摆呀？

梅：你就不能摆，你给我收起来。

星：我不给，我就不给！

夏：梅梅，梅梅，梅梅！

梅：干什么你？这孩子……

夏：你这跟孩子吵什么呀？

梅：**行了**④夏东海，这事儿不管还行吗？你看这些孩子现在都嚣张**成什么样了**⑤？我告诉你啊，再不抓就麻烦了，以后都没法儿教育他们了。我告诉你，我觉得咱们应该从小雪抓起，她是姐姐，又是老大……

夏：我看这恐怕不行。刚才刘星的话，还真提醒了我了。你想想，你说的那个所谓阴影，那是刘星的亲爸爸，我说的那个阴影，是小雨和小雪的亲妈。

雨：这是我和我妈咪在美国照的合影，旁边没有爸爸，只有一条沙皮狗。哎呀，放哪儿呢？放一个最显眼的地方，放哪儿呢？就放茶几上吧。

星：哎！凭什么把我的相片儿挪走？你为什么不把你相片儿挪走啊？

雨：这里呀，风水好！

12. 嚣张　xiāozhāng / adj. / aggressive

13. 抓　zhuā / v. / pay special attention to

14. 老大　lǎodà / n. / eldest child

15. 妈咪　māmī / n. / mummy

16. 沙皮狗　shāpígǒu / n. / Shar Pei

17. 茶几　chájī / n. / tea table

18. 挪　nuó / v. / move; shift

19. 风水　fēngshuǐ / n. / Feng Shui; geomancy

星：我还想在风水好地儿呢！

雪：嘿嘿嘿嘿嘿，你们俩干吗呢？你们俩把我照片儿都给弄⑥倒了！我放在中间。

星：凭什么你放中间呀？

雪：我先放的！

星：你凭什么要分先来后到？

雪：我比你大！

星：我比你小！

夏：别吵了！小雪小雨！

梅：爸爸是咱们家的权威，听爸爸的。爸爸，说。

夏：我说？我说什么呀我？

梅：你说说什么？现在你赶紧管哪，否则⑦来不及了。爸爸怎么说，咱们就怎么做，啊。(对夏)说！

夏：我说！我说了啊。我觉得这件事情……还是你们自己看着办吧。我和妈妈还有事儿。

梅：干吗呀？

夏：咱们先出去一趟。

梅：干吗去呀？

夏：你跟我出去。

20. 倒 dǎo / v. / fall down

21. 先来后到 xiānlái-hòudào / in the order of arrival; first come, first served

语言点例释 Grammar Points

❶ 正是……

解释 Explanation

"正"是副词，加强肯定的语气。"正是"意思相当于"恰恰是"，后边是所肯定或者强调的情况。

"正" is an adverb that strengthens the affirmative tone. The meaning of "正是" is rather like "恰恰是" and behind it should be the affirmative or emphasized situation.

剧中 Example in Play

雪：亲爱的爸爸，您是来和我一起欣赏老照片儿的吗？
夏：啊，对。我正是准备来和你谈一谈老照片儿的事儿。

他例 Other Examples

➭ 甲：你来啦？我想和你商量一下旅行的事儿。
　乙：我正是为这事儿来的。
➭ 甲：谁这么讨厌？把我的花瓶打碎了。
　乙：正是你养的那只猫把花瓶打碎了。

❷ 那倒不是

解释 Explanation

用在对话中的后一句开头，表示对前边提到的情况的否定，语气比较缓和。

"那倒不是" is used at the beginning of the last sentence in the dialogue to show refusal to the prior mentioned matter. The tone is comparatively amiable.

剧中 Example in Play

雪：哦，您是不愿意我把刚才那张照片儿摆出来。
夏：哦，那倒不是，我只是觉得你刚才的举动好像比较突然。

他例 Other Examples

➭ 甲：你是不是觉得这件衣服不好看？
　乙：那倒不是，我只是觉得你的衣服已经够多了。
➭ 甲：你是不是想家了？
　乙：那倒不是，我只是有点儿想我的狗。

③ 怎么着 II

解释 Explanation

在这里，"怎么着"是"如果我就这样了，你能把我怎么样"的意思，有挑衅的口气。这里的"着"多读作"zhāo"。

Here "怎么着" has the same meaning as "如果我就这样了，你能把我怎么样" and has a tone of defiance or non compliance. "着" is often pronounced as "zhāo".

剧中 Example in Play

星：您这是喜新厌旧。
梅：我就喜新厌旧了怎么着吧？我还就告诉你，妈妈我就喜新厌旧了。

他例 Other Examples

↘ 我就不道歉，怎么着？
↘ 苹果都被我吃了，怎么着吧？

④ 行了

解释 Explanation

用在句首，表示制止。

"行了" is used at the beginning of the sentence to put someone down.

剧中 Example in Play

夏：你这跟孩子吵什么呀？
梅：行了夏东海，这事儿不管还行吗？

他例 Other Examples

↘ 行了，人家都不说话了，你就少说几句吧。
↘ 行了，买两斤就够了。

⑤ ……成什么样了

解释 Explanation

用在动词或者形容词后，表示到了相当的程度。

This phrase is used behind a verb or an adjective to show an equivalent degree.

剧中 Example in Play

梅：行了夏东海，这事儿不管还行吗？你看这些孩子现在都嚣张成什么样了？

他例 Other Examples

↘ 快休息一下儿，看把你们累成什么样了。
↘ 还不向他道歉？看你把他气成什么样了！

❻ 弄

解释 Explanation

动词，意思是做某事，用于口语。后边常跟形容词或动词，表示动作的结果（多为不好的结果）。

"弄" means to do something in oral chinese. This is followed often by an adjective or a verb to show the result of an action (mainly towards unfavorable results).

剧中 Example in Play

雪：你们俩干吗呢？你们俩把我照片儿都给弄倒了！

他例 Other Examples

↘ 别把我的书弄脏了。
↘ 小心，别把我的手表弄坏了。

❼ 否则

解释 Explanation

连词，意思是"如果不这样的话"。后边是假设不按照前边所说的做的话会造成的结果。

"否则" is a conjunction meaning "如果不这样的话". This will be followed by an assumption that is made in light of what result the preceding statement could produce.

剧中 Example in Play

夏：我说？我说什么呀我？
梅：你说说什么？现在你赶紧管哪，否则来不及了。

他例 Other Examples

↘ 现在就走吧，否则要迟到了。
↘ 你今天一定要好好儿向她解释，否则她是不会原谅你的。

文化点滴 Culture Points

15 风水

"风水"源自"藏风得水"。原来的意思是：应该选择避风、近水的地方生活、居住和安葬。中国文化源自农耕文化，从事农业生产要求人们在较长的时间里，活动区域固定，不能轻易迁移。这样选择生活地点必须十分谨慎。因而，中国先民很早就知道地理环境对日常生活的影响。久而久之，中国人形成了一种勘察地理环境的学问——风水学。掌握风水学的人，叫"风水先生"。"风水"本来是关于地理环境的经验积累，但后来被混入了神秘甚至迷信的内容。

15 Feng Shui

"风水" originates from the saying "藏风得水" and its original meaning was that one ought to choose to live, inhabit or be buried in the places that avoid wind and be close to water. Chinese culture stems from old-fashioned, traditional farming culture and the people are confined living to one particular area and can not move around at will, therefore it is important to be cautious when choosing where they live. As a result of this, Chinese ancestors knew that the geographical environment would have a huge influence over daily life. After a long time, Chinese people have accumulated the knowledge of inspecting carefully a geographical environment —— Feng Shui. Those who have grasped the concepts of Feng Shui are known as "风水先生". Originally "风水" was related to the accumulation of experience in choosing a suitable geographical environment to live, however nowadays the concept is a mystery or superstition.

练习 Exercises

一、根据剧情内容回答问题　Answer the questions according to the plot

1. 小雪给夏东海看了一张什么照片儿？
2. 夏东海觉得老照片儿应该放在哪里最合适？
3. 小雪说她把照片儿摆出来的原因是什么？
4. 刘星把自己和父母的合影放在了哪里？
5. 刘梅为什么和刘星吵起来了？
6. 小雨拿出来一张什么照片儿？
7. 小雨为什么非要把照片儿放茶几上？
8. 对于家里的混乱情况，刘梅和夏东海的态度有什么不同？

二、小雪用了一个成语来评价父亲，后来刘星也用这个成语批评了刘梅。请把这个成语写出来

Xiaoxue uses an idiom to give an opinion of his father. Following this Liu Xing also uses this idiom to give an opinion of Liu Mei. Pick out this idiom and record it below

_____

三、说明画线部分的意思　Explain clearly the meaning of the underlined words

1. 雪：哦，您是不愿意我把刚才那张老照片儿摆出来？

   夏：哦，呵呵，呵呵，<u>那倒不是</u>，我只是觉得你刚才的举动好像比较突然。

   雪：我只是想提醒自己，我也有一个家，<u>原装的亲情是不能代替的</u>。

2. 雪：您一定是不想看到我<u>亲妈</u>，一定是<u>后妈让您来的</u>。

   夏：<u>绝对不是</u>！这事儿跟你后妈一点儿关系都没有。

   雪：那您就是<u>喜新厌旧</u>。没有想到，您也犯这种错误。

   夏：<u>真够冤的我</u>。

3. 梅：我觉得咱们应该<u>从小雪抓起</u>，她是姐姐，又是<u>老大</u>……

   夏：<u>我看这恐怕不行</u>。刚才刘星的话，还真提醒了我了。你想想，你说的那个所谓阴影，那是刘星的亲爸爸，我说的那个阴影，是小雨和小雪的亲妈。

4. 夏：我说了啊。我觉得这件事情……还是<u>你们自己看着办吧</u>。我和妈妈还有事儿。

四、看视频，确定A与B相关的台词
Watch the video and match the sentences in columns A & B to their corresponding script

A
星：您难道就不想看看我小时候什么样吗？
星：您难道就不想看看您年轻时候有多漂亮吗？
星：您难道就不想看看我亲爸爸吗？
梅：你给我收起来。我告诉你啊，这照片儿可是我生活的阴影！

B
梅：我不想看，我知道我过去多漂亮。
梅：我不想看，我知道你小时候什么样。
星：可是这阴影是我亲爸爸！
梅：我不想看！我告诉你，你给我收起来。

五、选词填空 Choose the appropriate words to fill in the blanks

1. 他的到来很（　　　），我一点儿心理准备也没有。
2. 这辆汽车是（　　　）进口的，价格比一般的要贵得多。
3. 大家都以为好事只有姐姐会做，坏事都是我做的，我真（　　　）哪。
4. 那些人太（　　　）了，撞了别人的车，不但不道歉，还骂人。
5. 产品质量问题要认真（　　　），不能大意。
6. 请帮我把桌子（　　　）一下儿，我要把这个大箱子搬出去。
7. 这阵风太大了，很多树都被刮（　　　）了。
8. 明天十点我有个会，到时候（　　　）我一下儿，我怕我忘了。
9. 你怎么能让别人（　　　）你做作业？
10. 按照（　　　）的顺序，下一个该你了。
11. 对不起，我把你的字典（　　　）脏了！

抓	挪
弄	倒
冤	原装
嚣张	突然
代替	提醒
先来后到	

六、用提示词语完成对话，并设计一个新对话

Use the given words below to complete the dialogues, and then design a new dialogue

1. 正是……

    (1) 雪：亲爱的爸爸，您是来和我一起欣赏老照片儿的吗？

    夏：_____

    (2) 甲：他们是小孩子，你不必这么认真。

    乙：_____

2. 那倒不是

    (1) 雪：哦，您是不愿意我把刚才那张老照片儿摆出来。

    夏：_____

    (2) 甲：你那么喜欢中医，是不是不相信西医？

    乙：_____

3. 行了

    (1) 夏：梅梅，你这跟孩子吵什么呀？

    梅：_____

    (2) 甲：一想起他说的话我就生气。

    乙：_____

4. 否则

    (1) 夏：我说？我说什么呀我？

    梅：_____

    (2) 甲：我是不是应该向他道歉呢？

    乙：_____

七、成段表达　Presentation

1. 用夏东海的口气复述和小雪谈话的过程。

    Use the tone of Xia Donghai to rehearse the conversation that he has with Xiaoxue.

    参考词语 Refer to the words and expressions

    欣赏　相册　合适　摆　举动　突然　提醒
    绝对　喜新厌旧　犯错误　冤　不愿意

2. 用刘梅的口气谈谈她对家里目前情况的看法。

    Use the tone of Liu Mei to speak about her opinion on the family situation.

    参考词语 Refer to the words and expressions

    管　嚣张　抓　麻烦　从……抓起
    赶紧　否则　教育　权威

第四课 Lesson Four
（共3分22秒）

❓ 热身问题 Warm-Up Questions

1. 刘梅不放心，总想回去看看，夏东海是怎么把她劝住的？
2. 家里来了一个人，他是谁？他来干什么？
3. 刘梅夫妇回去以后，家里情况怎么样？

（小区内）

梅：我真觉得我得回去。咱们俩都不在，那几个孩子**万一**①要打起来怎么办？

夏：哎呀呀回来回来回来。你听我说啊，咱们这一走，只能**使**②他们把这问题解决得更好。

梅：为什么？

夏：你忘了我是干什么的了吧？我是儿童剧院的编导。我对儿童心理的研究是不是比你好啊？我告诉你啊，只要现在咱们别去刺激他们，这个老照片儿的风波啊，很快就过去了。

梅：哦，你是说这事儿它能自生自灭？

夏：没错儿！你想，咱们这么一撤，他们再争下去也没意思了，一会儿呀，就各自鸣金收兵，把老照片儿都收回到自己房间，就完了。

梅：那行。那咱们买一西瓜去，走，回家跟孩子切西瓜吃。

夏：可以。对了，不能在这儿买。

梅：怎么了？

1. 万一 wànyī / conj. / in case; if by any chance
2. 儿童 értóng / n. / child
3. 剧院 jùyuàn / n. / theatre; showplace
4. 编导 biāndǎo / n. / writer and director (of a play, film, etc.)
5. 刺激 cìjī / v. / irritate; stimulate
6. 风波 fēngbō / n. / conflict; disturbance
7. 自生自灭 zìshēng-zìmiè / (of a thing) emerge of itself and perish of itself
8. 撤 chè / v. / withdraw; evacuate
9. 争 zhēng / v. / argue; dispute
10. 各自 gèzì / pron. / each; oneself
11. 鸣金收兵 míngjīn-shōubīng / do not do the things any more

夏：咱上那边那个集贸市场，这儿全是生的，那边的新鲜。

梅：真的？

夏：我带你去。你上次是不是就是那儿买的……

（客厅）

雪、星、雨：哼！哼！哼！

雪：这是我和妈妈夏天照的！

星：这是我和爸爸秋天照的！

雨：这是我和我妈妈在冬天照的！

雪：这是我在长城上照的！

星：这是我在动物园照的！

雨：这是在白宫照的！

雪：这是在喂大熊猫的时候照的！

星：这是在看东北虎时候照的！

雨：这是去加利福尼亚带我去照的！

雪：这在动物园照的！

星：这这这……

（客厅，门铃响）

星：亲爸爸！

胡：亲儿子！爸爸接到你的电话，马不停蹄地把事儿就给办妥了。这就叫血浓于水。哟！这么热闹啊？你妈要知道了，脸还不变绿了？

星：您先别管我妈那脸绿不绿，我要的照片儿呢？

胡：带来了。我还加急加快地给放大了几张。这场面，记住了，儿子，咱不能输！你看，就这一张就顶③他八张。

12. 集贸市场　jímào shìchǎng / free market

13. 白宫　Báigōng / N. / White House
14. 喂　wèi / v. / feed
15. 大熊猫　dàxióngmāo / n. / giant panda
16. 东北虎　Dōngběihǔ / n. / Manchurian (or Siberian) Tiger

17. 马不停蹄　mǎbùtíngtí / go non-stop
18. 妥　tuǒ / adj. / ready; settled
19. 血浓于水　xuènóngyúshuǐ / blood is thicker than water
20. 加急　jiājí / v. / express; speed up
21. 场面　chǎngmiàn / n. / scene
22. 顶　dǐng / v. / be equal to; be equivalent to

星：哇塞（wāsai）！谢谢你爸爸！

胡：哎，谢什么！谢什么！谢什么呀？<u>父子之间不言谢</u>*，啊。记住了，有亲爹给你撑腰呢，不能输！听见没有？必要的时候，我可以给你来个真人秀。耶！

（刘梅和夏东海回来）

梅：别讨厌了你……夏东海你看看，这剧情<u>不光</u>没按照你说的发展，情节<u>还</u>④越来越复杂了。这都什么呀这是！

夏：咳，没事儿，这也就是发泄嘛。让他们发泄出来也好。发泄完了就完了。刘星、小雨、小雪，出来。

梅：出来，出来，仨人都出来。

夏：哎？刘星和小雪呢？

雨：他们三个人出去了。有的去放大照片儿，有的去买胶条了。

夏、梅：三个人？

梅：还有谁呀？

夏：刘星、小雪，第三个人是谁呀？

雨：还有刘星他亲爸爸。

梅：胡一统来了？啊？刘星他亲爸爸来干吗来了？

雨：他来帮助刘星的。"有亲爹给你撑腰，不能输！耶！"

23. 言谢	yán xiè / say thanks
24. 撑腰	chēng yāo / support; bolster up
25. 秀	xiù / v. / show
26. 剧情	jùqíng / n. / story line; plot of a play
27. 情节	qíngjié / n. / plot; scenario; case
28. 复杂	fùzá / adj. / complicated; complex
29. 发泄	fāxiè / v. / let off; give vent to
30. 放大	fàngdà / v. / enlarge
31. 胶条	jiāotiáo / n. / adhesive tape

---

* 父子之间不言谢：父亲和儿子之间不必说感谢的话。言：说。
Father and son amongst themselves don't need to speak words of gratitude. "言" means "speak".

第三单元（第4课） | 全家福
Unit 3 (Lesson 4) | Family Shot

语言点例释 Grammar Points

❶ 万一

解释 Explanation

连词，表示可能性极小的假设（多用于不如意的事情）。

"万一" is a conjunction that indicates the assumption with little probability (used mainly in situations against the wishes of the speaker).

剧中 Example in Play

梅：我真觉得我得回去。咱们俩都不在，那几个孩子万一要打起来怎么办？

他例 Other Examples

▸ 带上伞吧，万一下雨怎么办？
▸ 万一我没考好，你们是不是会很失望？

❷ 使

解释 Explanation

动词。让，致使。后边一定有兼语。

"使" is a verb which means "to make, cause, bring about", followed by a simultaneous expression.

剧中 Example in Play

夏：你听我说啊，咱们这一走，只能使他们把这个问题解决得更好。

他例 Other Examples

▸ 你这样说只能使他更生气。
▸ 他的话使我感动。

❸ 顶

解释 Explanation

动词。相当于，抵得上。

"顶" is a verb which means "to be equal to".

剧中 Example in Play

胡：这场面，记住了，儿子，咱不能输！你看，就这一张就顶他八张。

他例 Other Examples

▸ 他很能干，一个人顶我们三个。
▸ 这幅画儿画得真漂亮，一幅顶十幅。

179

4 不光……还……

解释 Explanation

连词，与"不但……而且……"相同。用于口语。

This is a conjunction that is similar to "不但……而且……". It is used colloquially.

剧中 Example in Play

梅：夏东海你看看，这剧情不光没按照你说的发展，情节还越来越复杂了。

他例 Other Examples

➡ 这里不光卖电脑，还卖打印机。
➡ 他不光没买到合适的衣服，还把钱包给丢了。

文化点滴 Culture Points

16 外来语

"秀"（show）是一个从英语进入汉语的外来语。汉语接受外来词语，主要通过三种途径：一是参照发音，一是参照意思，还有一种既参照发音又参照意思。以英语进入汉语的外来语为例，如吉普（jeep）、摩托（motor）、麦克风（microphone）、可口可乐（Coca-cola）、百事可乐（Pepsi-cola）、奔驰（Mercedes Benz）、剑桥（Cambridge）、啤酒（beer）等。

另外，有些外来词语首先在香港、澳门、台湾或海外华人社区中进入汉语，因而，在翻译上会有差别，往往在汉语中不同的词语实际上指的是同样的事物，如香港的"的士"，马来西亚的"德士"指的都是出租汽车。

16 Borrowed Words

"秀" (show) is a word that has entered the Chinese language from English. The Chinese language accepts the borrowed words mainly in 3 approaches. One approach is by way of pronunciation, another by meaning and there is also an approach that uses a combination of the two. Such as "吉普" (jeep), "摩托" (motor), "麦克风" (microphone), "可口可乐" (Coca-cola), "百事可乐" (Pepsi-cola), "奔驰" (Mercedes Benz), "剑桥" (Cambridge) and 啤酒 (beer), etc..

Additionally there are also a number of expressions that have come into Mandarin from Hong Kong, Macao, Taiwan and overseas Chinese communities and as a result, when translating and interpreting could have some form of variation. Sometimes in Chinese Mandarin, different words and expressions in practice indicate the same things. For example, Hong Kong's "的士" and Malaysia's "德士" both mean taxi.

练习 Exercises

一、看视频，将下列内容补充完整   Watch the video and complete the sentences below

1. 刘梅总是想回去看看，因为她担心_____
2. 夏东海认为，他和刘梅一离开，_____
3. 夏东海的职业是_____
4. 夏东海说他们一撤，孩子们就会_____
5. 刘梅要给孩子们买西瓜，夏东海_____
6. 刘星的亲生父亲胡一统来给刘星_____
7. 刘梅和夏东海回到家时，只有小雨在，小雪和刘星_____

二、看视频，判断下列台词是谁说的
Watch the video and decide who says the corresponding lines from the script

说话人	台词
	1. 咱们这一走，只能使他们把这个问题解决得更好。
	2. 只要现在咱们别去刺激他们，这个老照片儿的风波啊，很快就过去了。
	3. 你是说这事儿它能自生自灭?
	4. 咱们这么一撤，他们再争下去也没意思了。
	5. 这就叫血浓于水。
	6. 你妈要知道了，脸还不变绿了?
	7. 咱不能输!
	8. 父子之间不言谢。
	9. 这剧情不光没按照你说的发展，情节还越来越复杂了。
	10. 让他们发泄出来也好。

三、选词填空 Choose the most appropriate words to fill in the blanks

（一）1. 孩子们喜欢（　　　）节目，大人们喜欢看新闻节目。
2.（　　　）正在上演一场有名的话剧，你想不想看?
3. 这个节目的（　　　）很有水平，他的节目一直很受欢迎。
4. 一场（　　　）终于过去了，大家的心情也慢慢儿平静下来。
5. 姐姐结婚的（　　　）很热闹。
6. 这部电影的（　　　）很吸引人。
7. 好，明天7点出发，大家（　　　）回家准备吧。

剧院	风波
编导	场面
儿童	各自
情节	

（二）1. 他刚失恋，你别（　　　）他了。
2. 母亲的话（　　　）我完全放了心。
3. 你们别（　　　）了，不就是一张照片儿吗? 谁先看不一样?
4. 给鱼（　　　）太多吃的，对它没有好处。
5. 我身体棒，有力气，搬起家来一个（　　　）仨。
6. 生气的时候他喜欢摔杯子，（　　　）心中的怒气。
7. 这张照片儿真漂亮，应该（　　　）一张挂在墙上。

顶	喂
使	妥
争	刺激
放大	发泄
复杂	加急

8. 事情都办（　　　）了，你放心吧。
9. 寄快递一般需要三天，如果（　　　），一天就能到，不过要多收几块钱。
10. 这件事其实很简单，没你想得那么（　　　）。

四、根据意思找出对应的成语　　Find the corresponding idiom according to the meaning

1. 自然产生，自然灭亡。指不用过问，任其自然发展。
2. 比喻行动宣告结束。
3. 比喻连续不断地活动，一刻不停。
4. 比喻有血缘关系的人关系最紧密。

鸣金收兵
马不停蹄
血浓于水
自生自灭

五、用提示词语完成对话，并设计一个新对话
　　Use the given words below to complete the dialogues, and then design a new dialogue

1. 万一
   (1) 梅：我真觉得我得回去。咱们俩都不在，_____
       夏：回来回来回来。你听我说啊，咱们这一走，只能使他们把这个问题解决得更好。
   (2) 甲：外边不冷，不用穿那么多衣服。
       乙：_____
   (3) 甲：我估计明天的考试不会很难，差不多就行了。
       乙：_____

2. 不光……还……
   (1) 梅：你看看，_____这都什么呀这是！
       夏：咳，没事儿，这也就是发泄嘛。让他们发泄出来也好。发泄完了就完了。
   (2) 甲：你昨天买到合适的运动鞋了吗？
       乙：_____
   (3) 甲：你帮他把电脑修好了吗？
       乙：_____

六、成段表达　　Presentation

1. 评价一下夏东海的做法。
   Evaluate Xia Donghai's methods.

2. 谈谈你对胡一统的第一印象。
   Speak about your first impressions of Hu Yitong.

第五课 Lesson Five

（共2分53秒）

❓ 热身问题 Warm-Up Questions

1. 刘梅把胡一统叫来有什么事儿？
2. 他们谈话的结果怎么样？

（小区）

胡：刘梅女士，这么急把我叫来什么事儿呀？

梅：胡一统……

胡：不要这样，作为前夫，能够招之即来的有几个呀？

梅：今天上我们家干吗去了你？

胡：没干什么呀？

梅：嘿！你还不承认！

夏：梅梅，梅梅，梅——

梅：干什么你？

胡：你怎么这样呀？

梅：你怎么这样呀？

胡：（对夏东海）她以后也会对你这样的……

梅：你说什么呢？你大声点儿说！你少趴他耳朵上，干什么你？你少诬蔑我啊！

夏：好了好了梅梅，别生气啊。（对胡一统）老胡啊，跟你说点儿正事儿，你今天到我们家的做法确实欠①妥当。

梅：你少来搅和我们的生活！

胡：我搅和你什么生活了？我只不过②教育我儿子，从小学做男子汉，不能输！

1. 前夫 qiánfū / n. / former husband; ex-husband
2. 招之即来 zhāozhījílái / come at once if being called
3. 承认 chéngrèn / v. / admit

4. 诬蔑 wūmiè / v. / slander; vilify; calumniate
5. 正事儿 zhèngshìr / n. / one's proper business
6. 欠 qiàn / v. / lack; be short of; owe
7. 妥当 tuǒdàng / adj. / appropriate; suitable; proper
8. 搅和 jiǎohuo / v. / mess up
9. 男子汉 nánzǐhàn / n. / a real man; true man

梅：我告诉你胡一统，你得对你自己做出的这种事儿造成的后果负责任！

胡：我造成什么后果了？哎，等真造成后果的时候你再找我，也不迟。

（客厅）

雪、星：我！我！我！

星：这是我和我爸在香山的！

雪：这是我和我妈在北海的！

星：这是5年前我和我爸的！

雪：这是7年前我和我妈的！

星：这是骑马的！

雪：这是划船的！

星：这是游泳的！

雪：这是喂鸭子的！

雨：我的合影嘛，都贴完了，再贴就该贴我自己的了。

星：啊，对了对了，我还有一张大的呢。

雪：我也有一张大的。

（小区）

胡：那你说，我的照片儿能在你们家造成什么后果呀？你连我本人都不在乎，还③能在乎我的……写真？

梅：还写真呢！

夏：老胡，话不能这么说④啊！这事儿恐怕会在孩子中间造成连锁反应。

胡：那就不是我的问题了，谁让你们仨孩子一块儿养呢！

10. 造成　zàochéng / v. / cause; bring about
11. 后果　hòuguǒ / n. / consequence; aftermath

12. 划船　huá chuán / go boating

13. 本人　běnrén / pron. / me; myself
14. 不在乎　bú zàihu / don't care
15. 写真　xiězhēn / n. / portrait
16. 连锁反应　liánsuǒ fǎnyìng / chain reaction
17. 养　yǎng / v. / bring up; rear

梅：嘿！你说什么呢你？

夏：梅梅梅梅……

胡：不要这么凶，不要这么凶。敢情⑤你们是夫唱妇随、儿女双全，我一个人还孤独着呢⑥。对孤独的人，应该学会宽容。

梅：得了吧⑦你，少在这儿装可怜。

胡：谁装可怜了？我本来就可怜！一个孤独的人……

梅：去去去，走吧，走吧走吧！

胡：哎哎哎，什么事儿呀！让我来的是你，轰我走的还是你。行，招之即来，挥之即去*，作为前夫都这样，啊，拜拜。

梅：哎哟，气死我了！我本来还想跟他谈谈呢。我一看见他，气儿就不打一处来*，跟他什么也谈不出来。走走走，回家。

夏：梅梅，这事儿还没过去呢啊，咱一会儿回去可必须得冷静。

梅：你说这事儿，怎么办呢？

夏：兵来将挡，水来土掩*，车到山前必有路*。

18. 敢情　gǎnqing（方）/ adv. /
    so; oh, I see...
19. 夫唱妇随　fūchàng-fùsuí /
    a wife follows what the husband likes to do
20. 儿女双全　érnǚ shuāngquán /
    have both of son and daughter
21. 孤独　gūdú / adj. /
    lonely; lonesome

22. 挥之即去　huīzhījíqù /
    go away if not being needed

---

* 招之即来，挥之即去：一叫就来，不需要时就离开。
　This expression means to be ready to come and go at one's beck and call.
* 气儿不打一处来 qìr bù dǎ yí chù lái：气儿不只从一个地方来，比喻非常生气。打：从。
　This expression literally means that "Anger made me out of breath". "打" means "from".
* 兵来将挡，水来土掩 bīnglái-jiàngdǎng, shuǐlái-tǔyǎn：May solve any problems. See Culture Points 17.
* 车到山前必有路 chē dào shān qián bì yǒu lù：May have ideas finally. See Culture Points 17.

语言点例释 Grammar Points

❶ 欠

解释 Explanation

动词。不够，缺乏。后边常跟形容词、动词或名词。

"欠" is a verb meaning "lack of or not enough of something". This will be followed by an adjective, a verb or a noun.

剧中 Example in Play

夏：老胡啊，跟你说点儿正事儿，你今天到我们家的做法确实欠妥当。

他例 Other Examples

↘ 这个菜做得有点儿欠火候。
↘ 你这样说话实在是欠考虑。

❷ 只不过

解释 Explanation

意思是"只是""仅仅是"，表示轻微的转折，含有往小里或轻里说的意味。

It means "只是" "仅仅是" (only or barely). It is used to show a light transition and to play an event down.

剧中 Example in Play

梅：你少来搅和我们的生活！
胡：我搅和你什么生活了？我只不过教育我儿子，从小学做男子汉，不能输！

他例 Other Examples

↘ 别这么难过，只不过是一次比赛嘛，输了就输了，没什么。
↘ 我没有着急，只不过有些担心。

❸ 连……都……，还……

解释 Explanation

强调前句说的情况已经存在，后句说的就更不用说了。反问的语气。

This pattern emphasizes that the situation in the previous sentence exists, and there is no need to say for the situation in the next sentence. It has a rhetorical tone.

剧中 胡：你连我本人都不在乎，还能在乎我的……写真？

他例
- 我连一句日语都不会，还能翻译吗？
- 他连听见狗叫声都害怕，还敢抱吗？

4 话不能这么说

解释 用在对话的下句开头，意思是对方所说的话不合适或者没有道理。有时说成"话可不能这么说"。

This is used in the beginning of next sentence of the dialogue meaning that someone has spoken out of turn or without reason. Sometimes it can be expressed as "话可不能这么说".

剧中 夏：老胡，话不能这么说啊！这事儿恐怕会在孩子中间造成连锁反应。

他例
- 甲：孩子，如果你考不了第一，就是给我丢脸了。
  乙：孩子他妈，话不能这么说，第一只有一个，你怎么能给孩子这么大的压力？
- 甲：反正抽烟死不了人，我抽几支也没什么。
  乙：话可不能这么说，抽烟对身体真的没好处，你还是戒了吧。

5 敢情

解释 表示发现了原来没有发现的情况或者确认某种事实。有强调的语气。只用于口语。

"敢情" indicates discovery of something that was originally undiscovered or to confirm the truth. It has a tone of emphasis and is only used colloquially.

剧中 胡：不要这么凶，不要这么凶。敢情你们是夫唱妇随、儿女双全，我一个人还孤独着呢。对孤独的人，应该学会宽容。

他例
- 我以为谁在这里呢，敢情是你啊！
- 我说这会儿空气这么新鲜呢，敢情下雪了！

❻ ……着呢

解释 Explanation

助词。常常用在形容词后边，有时表示程度深，有时表示正在进行或正处在某种状态。用于口语。

"着呢" is an auxiliary word that is often used behind an adjective. Sometimes it shows that the degree is deep and sometimes expresses that something is undergoing or in a certain condition. It is used colloquially.

剧中 Example in Play

胡：敢情你们是夫唱妇随、儿女双全，我一个人还孤独着呢。

他例 Other Examples

↘ 他的口语水平高着呢。
↘ 饭正做着呢，一会儿就好。

❼ 得了吧

解释 Explanation

用来中止别人的某一言行。意思相当于"不要再这样说（或做）了""算了吧"。有不耐烦或者不满的语气。有时不用"吧"。

"得了吧" is used as a means to cut off another person in mid-speech. The meaning is rather like "不要再这样说（或做）了" or "算了吧". Also it carries an impatient or dissatisfied tone and sometimes the "吧" is not needed.

剧中 Example in Play

胡：对孤独的人，应该学会宽容。
梅：得了吧你，少在这儿装可怜。

他例 Other Examples

↘ 甲：我没考好，怎么办啊？
　 乙：得了吧，每次你都说没考好，最后总是你第一。
↘ 得了，咱们别再讨论了，就这样决定吧。

文化点滴 Culture Points

17 俗语

"兵来将挡，水来土掩"是一句俗语，意思是出现问题时别慌，对不同的问题可以采取相应的办法解决。"车到山前必有路"也是一句俗语，意思是有困难时别急，事情总会有办法解决。"俗语"也叫"俗话"，是人人都知道的定型语句，长短不一，生动形象。多数俗语源于生活经验和普遍愿望，广为人知，多在口语中使用。比如"便宜没好货，好货不便宜""百闻不如一见"等，都是大家熟悉的俗语。

17 Proverb (Common Saying)

"兵来将挡，水来土掩" is a form of proverb meaning that when different problems arise, we should not get flustered but adopt suitable means to resolve them. "车到山前必有路" is also such a saying meaning that in times of difficulty, we should remain calm and that there is a solution to every problem. Also commonly referred to as "俗话", these are easy to visualize due to their lifelike nature. The majority of these expressions originate from life experiences and universal desires. "便宜没好货，好货不便宜" (Good goods are not cheap, and cheap goods are not good), "百闻不如一见" (It is better to see once than hear a hundred times) are examples of proverbs that everybody is familiar with.

练习 Exercises

一、看视频，判断对错　Watch the video and decide whether statements are true or false

1. 胡一统是刘梅的前夫。　□
2. 刘梅叫胡一统帮助自己解决刘星的问题。　□
3. 刘梅不让胡一统搅和她的生活。　□
4. 胡一统认为自己是在教育自己的儿子从小学做男子汉。　□
5. 孩子们关于照片儿的吵闹终于停止了。　□
6. 夏东海担心胡一统的行为会在孩子中间造成连锁反应。　□
7. 胡一统在刘梅和夏东海面前装可怜。　□
8. 夏东海把胡一统轰走了。　□
9. 夏东海想出了对付孩子的好办法。　□

二、台词填空　Complete the scripts

1. 梅：你大声点儿说！你少（　　）他耳朵上，干什么你？你少（　　）我啊！
2. 夏：老胡啊，跟你说点儿正事儿，你今天到我们家的做法确实（　　）妥当。
   梅：你（　　）来搅和我们的生活！
   胡：我搅和你什么生活了？我（　　）教育我儿子，从小学做男子汉，不能（　　）！
   梅：我告诉你胡一统，你得对你自己做出的这种事儿造成的后果（　　）！
3. 胡：对孤独的人，应该学会（　　）。
   梅：得了吧你，少在这儿（　　）可怜。
   胡：谁装可怜了？我（　　）就可怜！一个孤独的人……

三、解释画线部分的意思　Explain the meaning of the words which are underlined

1. 胡：让我来的是你，轰我走的还是你。行，<u>招之即来，挥之即去</u>，作为前夫都这样。
2. 梅：我本来还想跟他谈谈呢。我一看见他，<u>气儿就不打一处来</u>，跟他什么也谈不出来。
3. 夏：梅梅，<u>这事儿还没过去呢啊</u>，咱一会儿回去可必须得冷静。
   梅：你说这事儿，怎么办呢？
4. 夏：<u>兵来将挡，水来土掩</u>，<u>车到山前必有路</u>。

四、选词填空　Choose the most appropriate words to fill in the blanks

1. 我今天没有什么（　　　），只是找你随便聊聊天儿。
2. 这件事的（　　　）很严重。
3. （　　　）姓王，来自上海。
4. 孩子已经（　　　）错误了，你就别再说他了。
5. 你不要（　　　）我，我没有拿你的手机！
6. 你这么说实在是（　　　）考虑。
7. 这件事大家都不想提了，你怎么还在这里（　　　）？
8. 这件事在学校里（　　　）了不好的影响。
9. 公园里，湖面上有很多人在（　　　）。
10. 我（　　　）了一只小猫，很可爱。
11. 别人说什么我不（　　　），我最想知道你的想法。
12. 你这样处理这件事恐怕欠（　　　）。
13. 他没有朋友，十分（　　　）。
14. （　　　）一点儿，事情不像你想的那样。

养	欠
造成	正事儿
划船	妥当
本人	承认
后果	冷静
孤独	诬蔑
搅和	在乎

五、填空，将词语或者短句补充完整　Fill in the blanks to complete the words or short sentences

男（　　　）汉

连锁反（　　　）

儿女（　　　）全

夫唱妇（　　　）

车到山前（　　　）有路

气儿不打一（　　　）来

兵来（　　　）挡，水来（　　　）掩

招（　　　）即来，（　　　）之即去

六、用提示词语完成对话，并设计一个新对话

Use the given words below to complete the dialogues, and then design a new dialogue

1. 只不过
   (1) 梅：你少来搅和我们的生活。
   　　胡：我搅和你什么生活了？
   　　　　_____
   (2) 甲：你是不是又乱花钱了？
   　　乙：_____

2. 连……都……，还……
   (1) 梅：胡一统，你干吗把你的照片儿拿我们家来？
   　　胡：_____
   (2) 甲：这段路有5千米呢，你要走着去？那还不累坏了！
   　　乙：_____

3. 话不能这么说
   (1) 胡：我的照片儿能在你们家造成什么后果呀？
   　　夏：老胡，_____
   (2) 甲：他的个子那么矮，怎么能打篮球？
   　　乙：_____

4. 得了吧
   (1) 胡：对孤独的人，应该学会宽容。
   　　梅：_____
   (2) 甲：他说这件衣服最低卖300块，咱们买不买？
   　　乙：_____

七、延伸练习　Extension exercise

写出5条你最喜欢的俗语，并说说它们的意思。

Write out 5 of your favorite Chinese proverbs and say what they mean.

1. _____
   _____

2. _____
   _____

3. _____
   _____

4. _____
   _____

5. _____
   _____

第六课 Lesson Six
（共4分25秒）

❓ 热身问题 Warm-Up Questions

1. 家里快变成照相馆了，为什么刘梅和夏东海却不再生气了？
2. 刘梅和夏东海用什么办法解决了照片儿的问题？
3. 胡一统又来干什么？

（客厅）

雪、星：我贴，我贴，我贴。

雨：哎呀，你们不会换个房间？上爸爸妈妈的房间，地方大得是呢。

雨：噢！

（刘梅和夏东海进门）

夏：嚯（huò）！

梅：嗯？你瞧。嘿，咱们家呀，这下可真变照相馆了①。

夏：你太客气了，咱这儿挂的照片儿密度，可比照相馆大多了。

梅：这都是让那个胡一统给刺激出来的。

夏：哎，哎，咱可不能再刺激他们了啊。

梅：那咱们怎么着②啊？哎，咱俩全变瞎子，假装什么也没看见？没态度？真是……

夏：哎？你说他们从哪儿弄这么多老照片儿呀？真行啊他们！

梅：嘿？这刘星这照片儿什么时候照的？我怎么不记得呀？这孩子当时也就两岁多。

夏：嚄！梅梅，你那会儿头发这么长哪？瞧这俩大辫子，这个漂亮！哎哟，可惜③那时候我不认识你。

1. 照相馆 zhàoxiàngguǎn / n. / the place of taking pictures
2. 密度 mìdù / n. / density; thickness

3. 瞎子 xiāzi / n. / blind person
4. 假装 jiǎzhuāng / v. / pretend
5. 态度 tàidù / n. / attitude

6. 辫子 biànzi / n. / plaited braids of hair
7. 可惜 kěxī / adj. / it's a pity

梅：德行*！

梅：嗬？！你看你多帅呀，这也就二十多岁吧？

夏：二十四。

梅：嗬！真够帅的！哼，可惜③当时不属于我。

夏：哟哟哟，哎哟，看你们俩这勾肩搭背，手牵手这样儿，海誓山盟啊？

梅：去，德行！你看你们俩，嗬，你看她这含情脉脉那样，好像能白头偕老啊？哎哟喂，你看你看她这眼神，哎，你承认不承认，你从来就没这眼神看过我。

夏：谁说的④？我现在天天拿这种眼神在看着你。

梅：得了吧你！你看一个，我看看你眼神。

夏：你看……

梅：德行，去你的吧！

夏：孩子来了，注意影响。

梅：走。回屋。（对孩子们）起来点儿。

雨：（坏笑）嘿嘿嘿。

星：就等着尖叫吧。

（主卧室）

梅：啊！怎么办呢？这咱俩怎么睡得着觉啊，夏东海！

夏：摘了，摘了。

梅：真是的！

8. 德行	déxing / n. / (of manners, behaviour, etc.) repulsive
9. 属于	shǔyú / v. / belong to
10. 勾肩搭背	gōujiān-dābèi / hold each other with arms
11. 海誓山盟	hǎishì-shānméng / (make) a solemn pledge of love
12. 含情脉脉	hánqíng-mòmò / full of love
13. 白头偕老	báitóu-xiélǎo / to remain a devoted couple to the end of their lives, "till death do us part"
14. 眼神	yǎnshén / n. / expression in one's eyes
15. 影响	yǐngxiǎng / v. & n. / affect; impact; influence
16. 尖叫	jiānjiào / n. / scream

*德行：有轻微的骂人的语气。女性使用时，如果用于关系亲密的人，带有娇嗔的语气。
It carries a slight tone of cursing (at people). When a female uses it to curse an intimate partner, she pretends to be coquettishly angry.

(小雪、刘星、小雨进屋)

星：哎，妈你们这干吗呢？

夏：我和妈妈觉得这些照片儿，挂在这儿不太合适，想给它找一个更好的地方挂起来。

梅：对！

雪、雨：是吗？

夏：对。

(客厅)

梅：行了吧？

夏：可以了。叫他们吧？

梅：好。

夏：刘星、小雨、小雪，出来。

梅：都出来了，出来了。

夏：来来来，站好队，我告诉你们啊，看！这是咱们家新建的照片儿陈列处，以后啊，你们谁喜欢的照片儿，**想摆在这儿就**⑤都摆在这儿吧！大家可以一块儿看。

雪：真的？

梅：对呀！你们呀，可以把你们每一个时期的照片儿，**包括**⑥你们跟你们的爸爸妈妈、爷爷奶奶、姥姥姥爷的合影，都可以摆上，只要你们喜欢。

星：哇塞！太棒了！

雪、星、雨：我看看，我看看……

雨：这是我的。

星：这是我和我爸的。

17. 陈列　chénliè / v. / display; exhibit

18. 时期　shíqī / n. /
a period in time or history

雪：多可爱呀！

星：这是小雪。

（门铃响）

夏：请进。谁呀？

胡：哦，都在呀！

梅：你来干吗来了？

胡：作为一个负责任的男人，我想看看我造成什么严重后果了。这不挺好嘛！忠实地记录了历史。

19. 忠实　zhōngshí / adj. / faithful and trust worthy
20. 记录　jìlù / v. & n. / record

夏：可我觉得好像还缺了点儿什么。

梅：没错儿，还缺一张照片儿。

夏：没错儿。

胡：不缺呀？你看，我的照片儿也在那儿呢。我看见了，那儿呢。

夏：缺我们现在这个家的全家福。

梅：对！

胡：你们的全家福那我就别跟着哄了，告辞。

21. 哄　hòng = 起哄 / v. / (of a crowd of people) make fun of

梅：哎哎哎！别走啊。

夏：就是。

胡：哦，你们拍全家福也带着我啊？

梅：谁带着你了？去去去，帮我们拍一个。

夏：来来来，快来，快来！

雪：小雨！

梅：我数一二三，咱们"茄子"啊。一、二、三！

众：茄——子——！

语言点例释 Grammar Points

❶ 这下可……了

解释 Explanation

表示由前面的事情引出后面的结果。"可"有强调的作用。

This phrase indicates that previous events have caused the latter result. "可" has a function of emphasis.

剧中 Example in Play

梅：咱们家呀，这下可真变照相馆了。

他例 Other Examples

↘ 我的手机丢了。这下可糟了，那么多号码都在里面呢！

↘ 啊，你终于来了，这下可好了，我们有希望了。

❷ 怎么着 Ⅲ

解释 Explanation

疑问代词，意思是"怎么办"，用于口语，询问动作、态度或者情况。

"怎么着" is a question pronoun meaning "怎么办", used colloquially when enquiring about an action, attitude or situation.

剧中 Example in Play

夏：哎，哎，咱可不能再刺激他们了啊。

梅：那咱们怎么着啊？咱俩全变瞎子，假装什么也没看见？没态度？真是……

他例 Other Examples

↘ 你总是不满意，那你觉得应该怎么着？

↘ 我们都报名了，你打算怎么着？

❸ 可惜

解释 Explanation

"可惜"用在句首时，后文表示令人惋惜的方面。

When "可惜" is used at the beginning of a sentence, the latter text should show mourning or sorrow. It is an expression of pity.

剧中 Examples in Play

↘ 夏：嚄！梅梅，你那会儿头发这么长哪？瞧这俩大辫子，这个漂亮！哎哟，可惜那时候我不认识你。

↘ 梅：嚄！真够帅的！哼，可惜当时不属于我。

他例 Other Examples
- 昨天的电影很好看，可惜你没有去。
- 这件衣服样式不错，可惜太贵了。

④ 谁说的

解释 Explanation
反问的口气，表示不同意对方的话。

This is expressed in a rhetorical tone to disagree with something that the other person has said.

剧中 Example in Play
梅：哎，你承认不承认，你从来就没这眼神看过我。
夏：谁说的？我现在天天拿这种眼神在看着你。

他例 Other Examples
- 甲：世上根本就不会有外星人。
  乙：谁说的？最近报纸上就在说有人看见外星人了。
- 甲：德国人都很内向。
  乙：谁说的？我有一个德国朋友，他就很外向。

⑤ 想……就……

解释 Explanation
表示完全按照意愿去做。

It clearly expresses that somebody will do a task completely in accordance to his wishes.

剧中 Example in Play
夏：我告诉你们啊，看！这是咱们家新建的照片儿陈列处，以后啊，你们谁喜欢的照片儿，想摆在这儿就都摆在这儿吧！大家可以一块儿看。

他例 Other Examples
- 你上班这么不认真，想来就来，想走就走，这怎么行呢？
- 我现在退休了，想干什么就干什么，想吃就吃，想睡就睡，想玩儿就玩儿，真舒服啊。

6 包括

解释 Explanation

动词,包含(或列举各部分,或着重指出某一部分)。

"包括" is a verb meaning "to contain/include", which makes a list of each part or points out some part particularly.

剧中 Example in Play

梅:你们呀,可以把你们每一个时期的照片儿,包括你们跟你们的爸爸妈妈、爷爷奶奶、姥姥姥爷的合影,都可以摆上,只要你们喜欢。

他例 Other Examples

- 在座的人,包括平时不爱开玩笑的老张,都忍不住笑了起来。
- 我们的优惠内容不包括酒水。

文化点滴 Culture Points

18 "茄子"

和美国人照相时爱说"cheese"一样,中国人在合影留念时,常常一起喊"茄——子——"。然而,在20世纪80年代以前,中国人照相时没有这样的情况。有人说,这是中国人赶时髦,在模仿美国人的习惯时,错把"cheese"听成了"茄子"。也有人说,中国人在喊"茄子"的时候,嘴的形状和面部表情最像自然的微笑,于是被摄影师和大众广泛使用。谁对谁错,恐怕很难说清。

18 "Say Cheese"

As American people say "cheese" when having their pictures taken, Chinese people when snapping a group photo often shout out "茄子" (qiézi/eggplant). However before the 1980s, this never happened. People say that Chinese people are followers of fashion and whilst imitating American habits, use "茄子" as it sounds similar to "cheese". Some people also say that when Chinese people shout out "茄子", the shape of the mouth and facial expression form the most natural smile so therefore this expression is often used by photographers and the general public alike. Who is right or wrong we're afraid is difficult to say.

练习 Exercises

一、根据剧情内容判断对错　According to the plot decide whether statements are true or false

1. 刘梅家变成了照相馆。　☐
2. 孩子们把照片儿贴到了父母的房间。　☐
3. 夏东海对孩子们找出那么多照片儿很惊讶。　☐
4. 他们看到了一张夏东海和扎着大辫子的刘梅的合影。　☐
5. 刘梅一进卧室就尖叫起来。　☐
6. 刘梅和夏东海把照片儿全部收起来了。　☐
7. 胡一统和刘梅他们一家一起照了一张全家福。　☐

二、台词填空　Complete the scripts

1. 夏：咱可不能再（　　　）他们了啊。
   梅：那咱们怎么着啊？咱俩全变瞎子，哎，（　　　）什么也没看见？没（　　　）？真是……
2. 夏：瞧这俩大辫子，这个漂亮！哎哟，（　　　）那时候我不认识你。
   梅：德行！
3. 梅：你看你多帅呀，这（　　　）二十多岁吧？
   夏：二十四。
   梅：嘀！真够帅的！哼，可惜当时不（　　　）我。

4. 夏：看你们俩这勾肩搭背，手牵手这样儿，（　　　）啊？

   梅：去，德行！你看你们俩，嗬，你看她这含情脉脉那样，好像能（　　　）啊？哎哟喂，你看你看她这眼神，哎，你（　　　）不（　　　），你从来就没这眼神看过我。

   夏：谁说的？我现在天天拿这种（　　　）在看着你。

   ……

   夏：孩子来了，注意（　　　）。

5. 夏：看！这是咱们家新建的照片儿陈列处，以后啊，你们谁喜欢的照片儿，想（　　　）在这儿就都（　　　）在这儿吧！大家可以一块儿看。

   梅：你们呀，可以把你们每一个时期的照片儿，（　　　）你们跟你们的爸爸妈妈、爷爷奶奶、姥姥姥爷的合影，都可以摆上，（　　　）你们喜欢。

6. 胡：作为一个负责任的（　　　），我想看看我造成什么严重后果了。这不挺好嘛！忠实地记录了（　　　）。

   夏：可我觉得好像还（　　　）了点儿什么。（　　　）我们现在这个家的全家福。

   胡：你们的全家福那我就别跟着哄了，（　　　）。

三、词语扩展　　Vocabulary development

照相馆：饭馆儿　　图书馆　　宾馆 ……

密　度：高度　　长度　　温度 ……

瞎　子：辫子　　茄子 ……

尖　叫：大叫　　喊叫 ……

四、选词填空　　Choose the most appropriate words to fill in the blanks

1. 我叫妹妹起床，她（　　　）没听见。
2. 我（　　　）性格比较外向的那种人。
3. 父母的一言一行都会对孩子产生（　　　）。
4. 展览馆里（　　　）着很多古代兵器。
5. 这些照片儿（　　　）了我们全家人的快乐。
6. 从母亲的（　　　）中我看到的全部是爱。
7. 孩子都是可爱的，不同（　　　）有不同的特点。
8. 我是这个电视节目的（　　　）观众。
9. 明天参加会议的人（　　　）退休教师吗？
10. 中国东部地区的人口（　　　）比西部大。

密度	属于
影响	忠实
假装	陈列
包括	记录
眼神	时期

第三单元（第6课） 全家福
Unit 3 (Lesson 6) | Family Shot

五、根据意思找出对应的成语 Find the corresponding idiom according to the meaning

1. 两个人亲热地把手放在对方的肩上的样子。
2. 男女发誓真诚相爱，永不变心。
3. 男女之间满含深情看着对方的样子。
4. 相爱的夫妇永远在一起，直到变成白发老人。

白头偕老
含情脉脉
海誓山盟
勾肩搭背

六、用提示词语完成对话，并设计一个新对话
Use the given words below to complete the dialogues, and then design a new dialogue

1. 这下可……了
   (1) 梅：你瞧，＿＿＿＿＿＿＿＿
       夏：你太客气了，咱这儿挂的照片儿密度，可比照相馆大多了。
   (2) 甲：春节以前的火车票都卖完了。
       乙：＿＿＿＿＿＿＿＿

2. 可惜
   (1) 夏：你那会儿头发这么长哪？瞧这俩大辫子，这个漂亮！
       ＿＿＿＿＿＿＿＿
       梅：德行！
   (2) 甲：这套家具看上去不错。
       乙：＿＿＿＿＿＿＿＿

3. 谁说的
   (1) 梅：你承认不承认，你从来就没这眼神看过我。
       夏：＿＿＿＿＿＿＿＿
   (2) 甲：出去跑步不如在家里睡觉舒服。
       乙：＿＿＿＿＿＿＿＿

4. 想……就……
   (1) 夏：看！这是咱们家新建的照片儿陈列处，以后啊，你们谁喜欢的照片儿，＿＿＿＿＿＿＿＿
       雪：真的？
   (2) 甲：咱们今天吃什么？
       乙：＿＿＿＿＿＿＿＿

七、成段表达 Presentation

用胡一统的口气谈谈他"最近"的所见、所闻、所感。
Use Hu Yitong's tone to talk about the things that he has most recently seen, his latest news and feelings.

八、延伸练习 Extension exercise

介绍一张你喜欢的照片儿，最好是"全家福"。
Introduce a photo you like, preferably "Family Shot".

提示：照片儿是什么时候拍的？在哪里拍的？你为什么喜欢它？

佳句集锦 A Collection of Key Sentences

（一）

1. 我叫"哎"，我还真有点儿不大习惯。
2. 赶紧！赶紧来看照片儿！
3. 多讨厌呀，你把弟弟鼻子上抹那么多果酱……
4. 多好玩儿呀，等着他长大以后，看看自己那会儿多傻……
5. 咱当时就是为了庆祝乔迁之喜，咱一块儿出去郊游的嘛。
6. 把你加树上你乐意呀？净胡说八道！
7. 我也有美好的瞬间。
8. 你们看，我笑得多灿烂呀。我要把它摆在客厅最显眼的地方。
9. 那会儿你还没出生呢。

（二）

10. 谁说我生气了，你看出我生气了？
11. 我才不那么爱生气，你以为我……我成小孩儿了我，真逗！
12. 行了行了，别跟我装了，啊？
13. 我还不了解你呀？越说没生气的时候，肯定还就真生气了。
14. 要真生了气就跟我说一说，别憋在心里头，好不好？
15. 大伙儿都挺高兴的，谁知道她就生气了。
16. 咱们四个围着那照片儿又说又笑，又说当时天气多么好了，又吃烧烤了，兴高采烈的，就她一个人跟个局外人似的，孤零零地站在那儿，她能舒服吗？她可不心里不痛快吗？
17. 你怎么跟小孩儿去计较这个？
18. 行了行了，好了好了，你没计较，是我说的，我冤枉你了，好不好？
19. 你的心情我非常理解。
20. 这个事情包在我身上，我去跟小雪好好儿谈谈。
21. 别对她太厉害啊。要不然她该以为你是我派去的。
22. 我觉得确实她也挺可怜的，其实我心里挺心疼她的，真的。

（三）

23. 我正是准备来和你谈一谈老照片儿的事儿。
24. 我觉得这些老照片儿，放在这个老相册里是最合适的，你觉得呢？
25. 我只是想提醒自己，我也有一个家，原装的亲情是不能代替的。

26. 这事儿跟你后妈一点儿关系都没有。
27. 那您就是喜新厌旧。没有想到，您也犯这种错误。
28. 您难道就不想看看我小时候什么样吗？
29. 我不想看，我知道你小时候什么样。
30. 您难道就不想看看您年轻时候有多漂亮吗？
31. 我不想看，我知道我过去多漂亮。
32. 我就喜新厌旧了怎么着吧？
33. 我告诉你啊，这照片儿可是我生活的阴影！
34. 凭什么小雪能摆，我就不能摆呀？
35. 我告诉你啊，再不抓就麻烦了，以后都没法儿教育他们了。
36. 我告诉你，我觉得咱们应该从小雪抓起，她是姐姐，又是老大……
37. 这里呀，风水好！
38. 爸爸是咱们家的权威，听爸爸的。
39. 现在你赶紧管哪，否则来不及了。

(四)

40. 咱们俩都不在，那几个孩子万一要打起来怎么办？
41. 咱们这一走，只能使他们把这问题解决得更好。
42. 只要现在咱们别去刺激他们，这个老照片儿的风波啊，很快就过去了。
43. 爸爸接到你的电话，马不停蹄地把事儿就给办妥了。这就叫血浓于水。
44. 你看，就这一张就顶他八张。
45. 父子之间不言谢。
46. 必要的时候，我可以给你来个真人秀。
47. 你看看，这剧情不光没按照你说的发展，情节还越来越复杂了。
48. 让他们发泄出来也好。发泄完了就完了。

(五)

49. 你少诬蔑我啊！
50. 跟你说点儿正事儿，你今天到我们家的做法确实欠妥当。
51. 你少来搅和我们的生活！
52. 我只不过教育我儿子，从小学做男子汉，不能输！
53. 你得对你自己做出的这种事儿造成的后果负责任！
54. 我的照片儿能在你们家造成什么后果呀？

55. 你连我本人都不在乎，还能在乎我的……写真？
56. 话不能这么说啊！这事儿恐怕会在孩子中间造成连锁反应。
57. 对孤独的人，应该学会宽容。
58. 少在这儿装可怜。
59. 谁装可怜了？我本来就可怜！一个孤独的人……
60. 让我来的是你，轰我走的还是你。
61. 招之即来，挥之即去。
62. 我一看见他，气儿就不打一处来。
63. 这事儿还没过去呢啊，咱一会儿回去可必须得冷静。
64. 兵来将挡，水来土掩。
65. 车到山前必有路。

（六）

66. 咱们家呀，这下可真变照相馆了。
67. 咱可不能再刺激他们了啊。
68. 咱俩全变瞎子，假装什么也没看见？没态度？
69. 这刘星这照片儿什么时候照的？我怎么不记得呀？
70. 这孩子当时也就两岁多。
71. 真够帅的！可惜当时不属于我。
72. 你承认不承认，你从来就没这眼神看过我。
73. 我现在天天拿这种眼神在看着你。
74. 孩子来了，注意影响。
75. 这是咱们家新建的照片儿陈列处，以后啊，你们谁喜欢的照片儿，想摆在这儿就都摆在这儿吧！
76. 你们呀，可以把你们每一个时期的照片儿，包括你们跟你们的爸爸妈妈、爷爷奶奶、姥姥姥爷的合影，都可以摆上，只要你们喜欢。
77. 作为一个负责任的男人，我想看看我造成什么严重后果了。
78. 这不挺好嘛！忠实地记录了历史。
79. 我觉得好像还缺了点儿什么。
80. 茄——子——！

第四单元 Unit 4

好爸爸 Good Father

源自《家有儿女》第一部第四集《好爸爸》

Extracted from *Good Father* of "Home with Kids" Series 1 Episode 4

第一课 Lesson One
(共5分10秒)

❓ 热身问题 Warm-Up Questions

1. 刘星看见姥姥为什么这么高兴？
2. 夏东海要和刘星聊什么？
3. 在刘星心目中，理想的父亲是什么样的？

（小区里）

星：姥姥！

姥：哎哟，这小子啊！你吓姥姥一跳！

星：您来得可真是时候①，我总算②得救了。耶！

姥：别晃悠姥姥，都晃晕了。告诉我，是不又闯什么祸了？啊！

星：哎呀，一些小事儿啦。

姥：哦，不是一件两件，你还弄出一些来。

星：哎呀！好姥姥！亲姥姥！！您今天就住这儿得了。明天家长会您替我妈开去。可是，老师说什么，您可千万别跟我妈说，您就自当您得了老年健忘症。

姥：嗯，姥姥啊，记性好着呢，啊，就没这毛病。

星：哎呀姥姥！您就自己听着就成了，可千万别告诉我妈。

姥：你在学校里到底干了什么了？

星：我发誓③，绝对是一些小事情！

姥：小事儿？

星：不过这些小事情攒起来，听着就很严重了。您要是让我妈知道了，您又得肝（儿）疼了。

姥：我怎么会肝（儿）疼啊？我看哪，你屁股疼倒是④真的。

1. 姥姥 lǎolao / n. / grandmother
2. 是时候 shì shíhou / just in time
3. 得救 déjiù / v. / be rescued; be saved
4. 晃悠 huàngyou / v. / shake from side to side
5. 晕 yūn / adj. / dizzy; faint
6. 闯祸 chuǎng huò / get into trouble
7. 自当 zì dàng / （方）= 当作 regard oneself as
8. 健忘症 jiànwàngzhèng / n. / amnesia
9. 记性 jìxing / n. / memory
10. 毛病 máobìng / n. / trouble; mishap
11. 发誓 fā shì / vow; swear
12. 攒 zǎn / v. / accumulate
13. 肝 gān / n. / liver
14. 屁股 pìgu / n. / buttocks; backside

星：姥姥您忘了？我可是您的小心肝儿呀。

姥：小滑头！

（家里）

夏：刘星，随便坐啊。我找你呀，就是想随便聊会儿。

星：我又犯什么错误了？

夏：没有，没有。干吗聊天儿就得犯错误啊？我跟你就是想随便聊聊。

星：反正我不能像小雪似的，每次考试都得满分。

夏：我知道，你现在两门功课加起来得满分。没关系，我告诉你啊，好像我像你这么大的时候啊，学习还⑤不如你呢。我其实就是想问问：你觉得我这个爸爸感觉怎么样？

星：这……

夏：哎呀，换句话说就是⑥：你突然成了我的儿子，习惯吗？

星：习惯？

夏：不要有顾虑，有话直说。

星：反正我生下来就给人当儿子了，给谁当都一样。

夏：这话倒也对⑦啊。再换句话说吧：你希望有一个什么样的爸爸？

星：这事儿……我说了算⑧吗？

夏：这事儿你说了还真不算⑧。但是，你理想中的爸爸是什么样的，你可以告诉我，我往那边儿靠拢啊。

15. 心肝儿 xīngānr / n. / darling; deary
16. 滑头 huátóu / n. / slippery fellow

17. 满分 mǎnfēn / n. / full marks
18. 功课 gōngkè / n. / schoolwork; homework

19. 顾虑 gùlǜ / n. / misgiving; apprehension
20. 直说 zhí shuō / speak frankly

21. 说了算 shuōle suàn / final say; it's up to (someone)
22. 理想 lǐxiǎng / n. & adj. / thoughts; ideality; ideal
23. 靠拢 kàolǒng / v. / draw close to; close up

星：真、真的？！

夏：真的，真的！

星：那我可就说了！

夏：说说说！！

星：好爸爸守则第一条，就是老妈揍孩子的时候，您不要上去混合双打。

夏：混合双打？

星：对、对、对！！就是老妈刚要打孩子的时候您要出现，说："不要打孩子！孩子是祖国的花朵！不要把他的叶子打掉！要打就打我吧！"

（刘梅进来）

梅：谁打谁呀？

夏：没谁打谁，他在给我演小品呢。

梅：是吗？

星：对对，我演董存瑞*。

24. 守则 shǒuzé / n. / rules

25. 混合双打 hùnhé shuāngdǎ / mixed doubles

26. 祖国 zǔguó / n. / one's country; homeland

27. 叶子 yèzi / n. / leaf

28. 小品 xiǎopǐn / n. / short act; short sketch

*董存瑞 Dǒng Cúnruì：中国20世纪40年代一位有名的战斗英雄。曾经用自己的身体做炸药包的支架，将敌人的碉堡炸掉，英勇牺牲。
In China there was a famous war hero by the name of 董存瑞 in 1940s who sacrificed his own life at that time by using his own body as dynamite against the advancing enemies.

第四单元（第1课） | 好爸爸
Unit 4（Lesson 1）| Good Father

语言点例释 Grammar Points

❶ 是时候

解释 Explanation

时间合适、时机恰好或者及时。强调的说法是"真是时候"或"正是时候"，相反的意思是"不是时候"。

"The time is suitable or something is on time." Either "真是时候" or "正是时候" adds emphasis to this statement. The opposite of this is "不是时候".

剧中 Example in Play

星：您来得可真是时候，我总算得救了。

他例 Other Examples

➥ 甲：今天想不想出去玩儿玩儿？
　乙：你来得正是时候，我们一起去滑雪吧。

➥ 甲：我找王经理。
　乙：您来得不是时候，他最近不在北京。

❷ 总算

解释 Explanation

表示愿望终于实现，和"终于"意思相同，用于口语。

"总算" indicates that a wish has been realized. Similar to "终于"(finally), but it is used colloquially.

剧中 Example in Play

星：您来得可真是时候，我总算得救了。

他例 Other Examples

➥ 下了三天的雨，今天总算停了。
➥ 你总算来了，我们都急死了。

❸ 我发誓，……

解释 Explanation

认真说出表示决心的话或者对某事作出保证。

This is a serious statement of intent or with regard to accomplishing a task, signals a guarantee.

剧 中 Example in Play	姥：你在学校里到底干了什么了？ 星：我发誓，绝对是一些小事情！
他 例 Other Examples	↘ 我发誓，我一定不对任何人说。 ↘ 我发誓，我绝对没有动过你的东西。

4 倒是

解 释 Explanation	副词。表示转折，但语气比较缓和。 "倒是" is an adverb that shows a change in the situation, however its tone is comparatively warm and relaxed.
剧 中 Example in Play	星：您要是让我妈知道了，您又得肝(儿)疼了。 姥：我怎么会肝(儿)疼啊？我看哪，你屁股疼倒是真的。
他 例 Other Examples	↘ 屋子不大，收拾得倒是干净。 ↘ 难题做对了，容易的题倒是做错了，真是的。

5 还 I

解 释 Explanation	副词"还"在比较句中，表示程度差别，有"更加"的意思。 "还" is an adverb that is often found in the comparative sentence. It shows that there is a gap in degree and means "additionally".
剧 中 Example in Play	夏：没关系，我告诉你啊，好像我像你这么大的时候啊，学习还不如你呢。
他 例 Other Examples	↘ 今天比昨天还冷。 ↘ 他比你还小好几岁呢。

❻ 换句话说就是……

解释 Explanation

用另外一种方法说明相同的情况时用。意思相当于"换一个说法就是……"。

To use a different way of saying something. The meaning is rather like "换一个说法就是……".

剧中 Example in Play

夏：我其实就是想问问：你觉得我这个爸爸感觉怎么样？
星：这……
夏：哎呀，换句话说就是：你突然成了我的儿子，习惯吗？

他例 Other Examples

↳ 北京是中国的首都，换句话说就是，北京是中国的政治中心。
↳ 她是个乖乖女，换句话说就是，她是个很听话的孩子。

❼ 这话倒也对

解释 Explanation

本来没有这样想，但是听了对方的话，表示同意对方的说法。

Originally not as thought, although after listening to what the other person has said, this expression shows agreement.

剧中 Example in Play

星：反正我生下来就给人当儿子了，给谁当都一样。
夏：这话倒也对。再换句话说吧：你希望有一个什么样的爸爸？

他例 Other Examples

↳ 甲：快乐是一天，不快乐也是一天，干吗不快乐呢？
　乙：这话倒也对。
↳ 甲：冬天虽然要保暖，但是也不能整天待在屋子里。
　乙：这话倒也对。咱们出去走走吧。

8 算 II

解释 Explanation

动词，表示算数，承认有效力。

"算" is a verb that means "keep one's word, admit that something is efficient".

剧中 Examples in Play

夏：再换句话说吧：你希望有一个什么样的爸爸？
星：这事儿……我说了算吗？
夏：这事儿你说了还真不算。

他例 Other Examples

➥ 这件事谁说了算？
➥ 这件事你说了不算，得问问经理。

文化点滴 Culture Points

19 关于分数

　　一般说来，考试分数是一个学生学习成绩最直观的标志。中国的学生从小就知道考试分数十分重要。很多人首先会从考试分数判断学生的学习水平，家长们也往往会通过孩子的考试分数，了解他们的学习状况。

　　考试分数，满分为100分的，是"百分制"；满分是5分的，为"五分制"。在百分制里，60分以上为"及格"，80分以上为"良"，90分以上为"优"，60分以下为"不及格"。在五分制里，5分为"优"，4分为"良"，3分为"及格"，2分为"不及格"。

Unit 4 (Lesson 1) | Good Father

19 Examination Marks

Examination marks are commonly perceived as the chief indicator of a student's achievement and from a young age, Chinese children are made aware of the importance of exams. Many persons in the first instance judge the level of students on the basis of marks attained in tests and households are through this process able to find out and comprehend the performance of their child academically.

There are 2 grading systems for examinations in China and these are as follows the "100 Mark System" and the "5 Mark System". In the 100 Mark System, 60 marks and higher represents a pass, with marks higher than 80 representing "良" (good students) and higher than 90 marks represented by "优" (outstanding students). Lower than 60 marks represents a fail. In the 5 Mark System, 5 marks represents outstanding, 4 marks represents good, 3 marks represents a pass with below 3 marks classified as a fail.

练习 Exercises

一、根据剧情内容回答问题　Answer the questions correctly according to the plot

1. 刘星为什么要姥姥去开家长会？
2. 姥姥的记性怎么样？
3. 姥姥为什么说刘星是小滑头？
4. 夏东海要跟刘星聊天儿，刘星为什么紧张？
5. 在刘星心目中，理想的爸爸应该是什么样的？

二、看第一部分视频，给台词填空　Watch the first part of the video and complete the scripts

1. 星：您来得可真是时候，我（　　　）得救了。
2. 星：好姥姥！（　　　）姥姥！！您今天就住这儿得了。明天家长会您（　　　）我妈开去。可是，老师说什么，您可（　　　）别跟我妈说，您就自当您（　　　）了老年健忘症。
   姥：嗯，姥姥啊，（　　　）好着呢，啊，就没这毛病。
   星：哎呀姥姥！您就自己听着就成了，可千万别（　　　）我妈。
   姥：你在学校里（　　　）干了什么了？
   星：我发誓，（　　　）是一些小事情！

姥：小事儿？

星：不过这些小事情攒起来，听着就很（　　）了。您要是让我妈知道了，您又得肝(儿)疼了。

姥：我怎么会肝(儿)疼啊？我看哪，你屁股疼（　　）是真的。

三、看第二部分视频，给台词填空　Watch the second part of the video and complete the scripts

夏：刘星，随便坐啊。我找你呀，就是想随便聊会儿。

星：我又（　　）什么错误了？

夏：没有，没有。干吗聊天儿就得犯错误啊？我跟你就是想随便聊聊。

星：（　　）我不能像小雪似的，每次考试都得满分。

夏：我知道，你现在两门功课（　　）起来得满分。没关系，我告诉你啊，好像我（　　）你这么大的时候啊，学习（　　）不如你呢。我（　　）就是想问问：你觉得我这个爸爸感觉怎么样？

星：这……

夏：哎呀，换句话说就是：你（　　）成了我的儿子，习惯吗？

星：习惯？

夏：不要有顾虑，有话（　　）说。

星：（　　）我生下来就给人当儿子了，给谁当都一样。

夏：这话（　　）也对。再换句话说吧：你希望有一个什么样的爸爸？

星：这事儿……我说了（　　）吗？

夏：这事儿你说了还真不算。但是，你（　　）中的爸爸是什么样的，你可以告诉我，我往那边儿（　　）啊。

四、看左图，说出右图中的台词
Look at the pictures on the left and try to imagine what the actors are saying in the picture on the right

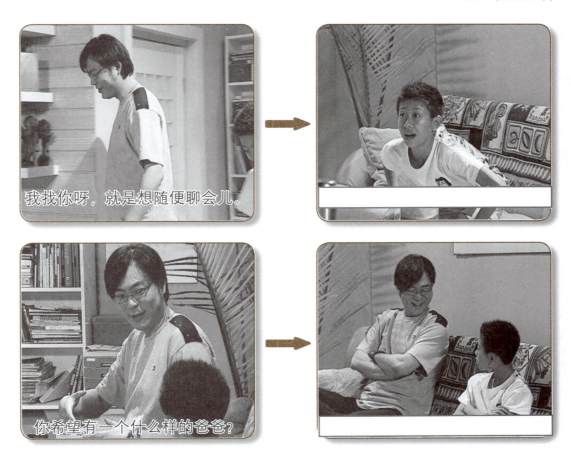

五、选词填空　Choose the most appropriate words to fill in the blanks

1. 老师为什么叫你爸爸去学校？你是不是又（　　　）了？
2. 我（　　　），我说的全都是真的。
3. 他只喜欢（　　　）钱，不喜欢花钱。
4. 你想让我做什么？你就（　　　）了吧。
5. 大家向这里（　　　），我们听班长说点儿事儿。
6. 经过一个小时的努力，落水的小猫终于（　　　）了。
7. 我说了不（　　　），你还得去问老师。
8. 我的（　　　）越来越差了，常常忘记要做的事。
9. 请你看看，这个手机有什么（　　　）？
10. 最近（　　　）很忙，我没有时间出去玩儿。
11. 有什么想法，全都说出来吧，不要有（　　　）。
12. 学生应该遵守学生（　　　）。
13. 坐车时间久了，我的头有些（　　　）。
14. 我（　　　）中的父亲应该既是我的好父亲，又是我的好朋友。
15. 这两种酒不要（　　　）喝，那样容易醉。
16. 你怎么这么（　　　）？我们昨天刚见过面，你就不记得我了？

攒	晕
算	健忘
闯祸	记性
毛病	发誓
得救	守则
功课	理想
顾虑	混合
靠拢	直说

六、用提示词语完成对话，并设计一个新对话
Use the given words below to complete the dialogues, and then design a new dialogue

1. 是时候
   (1) 姥：哎哟，这小子啊！你吓姥姥一跳！
      星：_____，我总算得救了。
   (2) 甲：请问，王经理在吗？
      乙：_____

2. 总算
   (1) 姥：哎哟，这小子啊！你吓姥姥一跳！
      星：您来得可真是时候，_____
   (2) 甲：对不起，我来晚了，路上堵车，手机又没有电了，没办法和你们联系上。
      乙：_____

3. 我发誓，……
   (1) 姥：你在学校里到底干了什么了？
      星：_____
   (2) 甲：这件事不能告诉别人。
      乙：_____

4. 倒是
   (1) 星：您要是让我妈知道了，您又得肝（儿）疼了。
      姥：我怎么会肝（儿）疼啊？我看哪，_____
   (2) 甲：这件衣服不怎么样。
      乙：_____

5. 还
   (1) 星：反正我不能像小雪似的，每次考试都得满分。
      夏：没关系，好像我像你这么大的时候啊，_____
   (2) 甲：你看这件衣服怎么样？
      乙：_____

6. 这话倒也对
   (1) 星：反正我生下来就给人当儿子了，给谁当都一样。
      夏：_____
   (2) 甲：已经生病了，_____
      乙：_____

七、成段表达 Presentation

1. 刘星心目中的理想父亲是怎样的？
   What is Liu Xing's ideal kind of father figure in his opinion?

2. 你心目中的"理想的父亲"是怎样的？
   What would be your ideal kind of father figure?

3. 如果你已经当了父亲（或母亲），你觉得你是一个怎样的父亲（或母亲）？如果你还没有做父亲（或母亲），你认为你将来会当一个怎样的父亲（或母亲）？
   If you are a father (or mother), judge yourself. If you are not, what kind of father (or mother) will you be in the future?

Lesson Two 第二课

热身问题 Warm-Up Questions

1. 刘星的家长会平时由谁去开?
2. 每次家长会为什么开到那么晚?
3. 夏东海为什么一定要去开家长会?

(续前)

梅：他跟你说什么呢?

夏：没说什么,我发现刘星这孩子挺逗,而且对我要求还不高。

梅：明天你买点儿切面回来啊。

夏：你又要加班了?

梅：可不是嘛①,连孩子家长会都开不了了,还得姥姥去。她一开家长会,肯定没时间做饭了,凑合②吃吧。

夏：那家长会怎么会开那么晚呢?

梅：嘿,你不知道啊,大会开完了还有小会呢。全年级会刚开完,年级组长就得在台上说："刘星同学的家长请留一下儿。"这你就得去教室,班主任就得告诉你：政治课上睡觉,历史课上画猴儿,自习课上乱扔粉笔头儿……

夏：哎呀,我是明白了,不管是要做好老公,还是做个好爸爸,都③要先从这家长会开始。耶!

(夏东海进门)

夏：没回来晚吧?

姥：没晚,你今天比哪天都早。

夏：我是特意④请假回来的。妈,一会儿刘星的家长会我就去参加了啊。

1. 要求　yāoqiú / v. & n. / require; requirement
2. 切面　qiēmiàn / n. / machine-made noodles
3. 加班　jiā bān / work on extra shifts
4. 家长会　jiāzhǎnghuì / n. / parents' meeting
5. 凑合　còuhe / adj. / not too bad
6. 年级　niánjí / n. / grade; year (in school, etc.)
7. 留　liú / v. / stay
8. 班主任　bānzhǔrèn / n. / a teacher in charge of a class
9. 政治　zhèngzhì / n. / politics
10. 粉笔头儿　fěnbǐtóur / n. / last bit of chalk

11. 特意　tèyì / adv. / for a special purpose
12. 请假　qǐng jià / ask for leave; vacate

姥：哦，哦，东海呀，你上一天班累了，家长会还是我去吧。

星：对对对！

夏：那哪儿行啊⁵，给刘星开家长会是我做爸爸的责任。对吧，刘星？

星：我要知道他这样，我肯定不叫他爸爸了。（对姥姥）快点儿跟他说啊！要不然，要不然我就死定了⑥！快点儿！跟他说。

13. 死定了 sǐdìng le / definitely dead

姥：好好好，我去啊。哎，东海呀，这家长会呀还是我去吧，有些事情哪，你不太清楚……

夏：一回生，两回熟*。正好啊，我也借此机会认识一下刘星的班主任，以后还得老打交道，哈哈。我一出现在家长会上，就等于⑦向刘星的老师和同学们宣布：我们家刘星再也不是单亲孩子了⑧，他有一个新爸爸，那个人就是——我。这样会极大提高孩子的自信心的，哦，更重要的是，我要让刘梅知道，我是一个负责任的好爸爸。好爸爸哪儿有不参加家长会的？所以这个家长会，我必须得参加。责无旁贷！

14. 生 shēng / adj. / unfamiliar
15. 熟 shú (shóu) / adj. / familiar
16. 此 cǐ / pron. / this
17. 打交道 dǎ jiāodao / come into contact with
18. 等于 děngyú / v. / equal to; equivalent to
19. 宣布 xuānbù / v. / declare; announce
20. 单亲 dānqīn / adj. / single parent
21. 自信心 zìxìnxīn / n. / self-confidence

姥：你要是这么说呀，我就没什么可说的⑨了。

夏：那我走了。刘星，这身打扮肯定会给你加分的。妈，那切面就劳您去买了。

姥：哎。

夏：家长会后见。刘星，拜拜。

星：这下儿可完了！

22. 责无旁贷 zéwúpángdài / be duty-bound
23. 打扮 dǎban / v. & n. / dress up; make up; the way one is dressed
24. 劳 láo / v. / put somebody to the trouble of

---

*一回生，两回熟：第一次接触不熟悉，第二次接触就熟悉了。意思是多接触几次就没问题了。
Unfamiliar at first contact, second contact however attain familiarity. The meaning is that "the more times one has contact with something or someone, there will be fewer problems".

语言点例释 Grammar Points

① 可不是嘛

解释 Explanation

表示附和、赞同对方的话。也可以写作"可不是吗"。简单的说法是"可不嘛""可不"。只用于口语。

"可不是嘛" indicates concurrence and endorses a statement made by another person. You can also write "可不是吗". The simplified forms are "可不嘛" and "可不". To be used only colloquially.

剧中 Example in Play

夏：你又要加班了？
梅：可不是嘛，连孩子家长会都开不了了，还得姥姥去。

他例 Other Examples

↘ 甲：最近特别忙吧？
乙：可不是嘛，忙死了。

↘ 甲：这个孩子真可爱。
乙：可不是嘛，谁见谁喜欢。

② 凑合

解释 Explanation

动词。不作更高要求，将就。后边可以用"着"。

"凑合" is a verb to point out that the most important request was not done. It shows something to be passable but not outstanding. "着" can be used after the word.

剧中 Example in Play

梅：她一开家长会，肯定没时间做饭了，凑合吃吧。

他例 Other Examples

↘ 家里没有什么好吃的了，凑合吃吧。
↘ 这个屋子虽然小，凑合住没有问题。

③ 不管A还是B，都……

解释 Explanation

"不管"是"不论""无论"的口语说法，用于表示选择关系的并列成分（A、B）前，表示在任何情况下结果或结论都不会改变。

"不管" is the colloquial form of "不论" and "无论". To be used to show a relationship between choices and used before the phrase is split (A & B). It expresses that in any situation, the result or conclusion can not be changed.

| 剧 中 Example in Play | 夏：我是明白了，不管是要做好老公，还是做个好爸爸，都要先从这家长会开始。 |

| 他 例 Other Examples | ↘ 不管你去还是不去，我都会去。
↘ 时间不够了，不管这辆公共汽车挤还是不挤，我都得上。 |

❹ 特意

| 解 释 Explanation | 副词，表示专门为某事而行动。
"特意" is an adverb that indicates to act specifically for something. |

| 剧 中 Example in Play | 夏：我是特意请假回来的。妈，一会儿刘星的家长会我就去参加了啊。 |

| 他 例 Other Examples | ↘ 快吃吧，这是妈妈特意为你准备的。
↘ 这个礼物是特意为你买的。 |

❺ 那哪儿行啊

| 解 释 Explanation | 用反问的语气表示强调，意思是"那不行"。也可以说"那怎么行"或"那哪儿成啊"。
It's a rhetorical tone when spoken to show emphasis. The meaning is the same as "那不行". You can also say either "那怎么行" or "那哪儿成啊". |

| 剧 中 Example in Play | 姥：东海呀，你上一天班累了，家长会还是我去吧。
星：对对对！
夏：那哪儿行啊，给刘星开家长会是我做爸爸的责任。对吧，刘星？ |

| 他 例 Other Examples | ↘ 甲：妈妈，我想和同学去旅行。
　乙：那哪儿行啊，你们才十二岁。
↘ 风这么大，你穿这么少，那哪儿行啊。 |

❻ 死定了

解释 Explanation

一定会死，没有希望。表示遇到极大的麻烦，不会有好结果。

"死定了" is used to portray that something is certainly going to die and that there is no hope for otherwise. It shows to fall upon great trouble and a good result is out of the question.

剧中 Example in Play

星：快点儿跟他说啊！要不然，要不然我就死定了！

他例 Other Examples

↘ 这件事要是让妈妈知道，我就死定了。
↘ 不能那么做，要不然你就死定了。

❼ 等于

解释 Explanation

差不多就是，两者（前边说的和后边提到的）没有什么区别。

"等于" means that there is no difference between the two objects (the previous said and the latter mentioned).

剧中 Example in Play

夏：我一出现在家长会上，就等于向刘星的老师和同学们宣布：我们家刘星再也不是单亲孩子了。

他例 Other Examples

↘ 我说的他都没听，等于我没说。
↘ 你替他写作业就等于害他。

❽ 再也不……了

解释 Explanation

表示动作或事情不继续或者不重复，有"永远不"的意思。

"再也不……了" indicates that the action or situation is discontinued or not repeated. It carries the same meaning as "永远不".

剧中 Example in Play

夏：我一出现在家长会上，就等于向刘星的老师和同学们宣布：我们家刘星再也不是单亲孩子了。

他例 Other Examples

↘ 那个地方太吵，我再也不去那里了。
↘ 他总是说假话，我再也不相信他了。

⑨ 没什么可……的

解释 Explanation

"可"表示"值得"。"可"和"的"之间用动词。此结构表示"不用再……了""不值得……"的意思。

"可" shows that something is worthwhile. A verb should be used between "可" and "的". This structure means "不用再……了""不值得……" and that something needn't be done again or is not worthwhile.

剧中 Example in Play

姥：你要是这么说呀，我就没什么可说的了。

他例 Other Examples

➷ 大家都同意，那我就没什么可说的了。
➷ 这里的东西价钱太贵，质量一般，没什么可买的，咱们走吧。

文化点滴 Culture Points

20 亲属称谓

"姥姥"是对母亲的妈妈的称谓。汉语中亲属之间的称谓非常多，刚学汉语的人，往往会感觉这些称谓非常复杂。这与中国古老的农耕文化和三千多年的礼教传统有关。从人们彼此的称谓中，我们可以了解到很多信息。我们可以知道他们的辈分，是父系或母系亲戚，有无血缘以及血缘的远近等。

Unit 4 (Lesson 2) | Good Father

20　Family Titles

"姥姥" is the term of address for a mother's mother. In Chinese, there are so many ways to address family members and for those who are new to the concept of learning Chinese is a complicated process. This is of relevance to the traditional agricultural culture and the feudal code of ethics of more than 3000 years of Chinese generations. We can learn a lot from the way that people address each other especially a person's position in the family hierarchy and whether they are from the mother or father's side. Additionally we can also see if the relationship is a blood tie or not and the distance of the blood relationship.

练习　Exercises

一、根据剧情内容判断对错　According to the plot decide whether statements are true or false

1. 刘星的家长会一般都是姥姥去。☐
2. 每次家长会开得都很长，所以结束得很晚。☐
3. 刘星希望姥姥去开家长会。☐
4. 夏东海去开家长会主要是想认识一下刘星的班主任。☐
5. 夏东海不让姥姥去，姥姥很生气。☐

二、看第一部分视频，用台词里的说法替换画线部分
Watch the first part of the video and substitute the underlined words with the relevant scripts

梅：他跟你说什么呢？
夏：没说什么，我发现刘星这孩子挺<u>有意思</u>，而且对我要求还不高。
梅：明天你买点儿切面回来啊。
夏：你又要加班了？
梅：<u>是啊</u>，连孩子家长会都开不了了，还得姥姥去。她一开家长会，<u>一定</u>没时间做饭了，<u>简单</u>吃吧。
夏：那家长会怎么会开那么晚呢？
梅：你不知道啊，大会开完了还有小会呢。全年级会刚开完，年级组长就得在台上说："刘星同学的家长请<u>不要走</u>。"这你就得去教室，班主任就得告诉你：政治课上睡觉，历史课上画猴儿，自习课上<u>随便</u>扔粉笔头儿……
夏：我是<u>知道</u>了，不管是要做好老公，还是做个好爸爸，都要先从这家长会开始。

a. 乱
b. 逗
c. 明白
d. 凑合
e. 肯定
f. 留一下儿
g. 可不是嘛

三、选词填空 Choose the most appropriate words to fill in the blanks

（一）1. 你们有什么（   ），请提出来，我们一定满足。

2. 我的弟弟10岁，上小学四（   ）。

3. 北京是中国的（   ）中心。

4. 老师喜欢用彩色（   ）标出重点。

5. 总考不好，我的（   ）一点儿也没有了。

6. 她的这身（   ）很漂亮。

自信心	打扮
年级	粉笔
政治	要求

（二）1. 会后请各班班主任（   ）一下儿，我们再开个小会。

2. 孩子病了，妈妈只好（   ）在家照顾孩子。

3. 这支笔不太好用，你（   ）用吧。

4. 最近工作比较忙，连周末都得（   ）。

5. 我喜欢和有趣的人（   ）。

6. 我说的他一个字也没有记住，这不（   ）没说吗？

7. 现在我（   ），比赛正式开始！

8. 这个蛋糕是我们（   ）为你准备的。

9. 很多一两岁的孩子见了（   ）人就哭。

10. 我常常和他在一起，已经很（   ）了。

熟	生
留	凑合
加班	特意
请假	等于
宣布	打交道

四、用提示词语完成对话，并设计一个新对话

Use the given words below to complete the dialogues, and then design a new dialogue

1. 可不是吗

   (1) 夏：你又要加班了？
       梅：＿＿＿＿＿＿＿＿＿＿＿＿＿

   (2) 甲：抽烟一点儿好处也没有。
       乙：＿＿＿＿＿＿＿＿＿＿＿＿＿

2. 不管A还是B，都……

   (1) 梅：你不知道啊，大会开完了还有小会呢……
       夏：我是明白了，＿＿＿＿＿＿

   (2) 甲：听天气预报说最近要变天，咱们的旅行计划改不改？
       乙：＿＿＿＿＿＿＿＿＿＿＿＿＿

3. 那哪儿行啊

   (1) 姥：东海呀，你上一天班累了，家长会还是我去吧。
       夏：＿＿＿＿＿＿＿＿＿＿＿＿＿

   (2) 甲：这本小说太好看了，我今晚不睡觉了，一定把它看完。
       乙：＿＿＿＿＿＿＿＿＿＿＿＿＿

4. 再也不……了

   (1) 姥：你为什么要去开家长会呢？
       夏：我一出现在家长会上，就等于向刘星的老师和同学们宣布：＿＿＿＿＿＿＿＿＿＿＿＿＿

(2) 甲：上次你们去的那家餐厅怎么样？
    乙：_____的

5. 没什么可……的
   (1) 夏：这个家长会，我必须得参加。责无旁贷！

姥：你要是这么说呀，_____

(2) 甲：这个商店里什么都有，咱们进去看看吧。
    乙：_____

五、成段表达　Presentation

说说夏东海参加家长会的理由。

Talk about Xia Donghai's reasons for attending the family meeting.

> 参考词语或句式 Refer to the words and expressions or sentence structures
>
> 正好　借此机会　打交道　出现　等于　宣布　再也不……了
> 提高　自信心　更重要的是……　负责任　必须　责无旁贷

六、延伸练习　Extension exercise

设想一下夏东海开完家长会后的情况。

Imagine Xia Donghai's circumstances after the meeting has finished.

第三课 Lesson Three

(共3分06秒)

❓ 热身问题 Warm-Up Questions

1 刘星想请小雪帮什么忙？
2 夏东海开家长会后的表情怎么样？
3 家长会上老师都说什么了？

（小雨进小雪房间）

雨：姐姐，家长会很可怕吗？

雪：这个嘛，好学生啊和坏学生的感觉是不一样的。

雨：怎么不一样的？

雪：就这么说吧①，好学生呢，就会感觉到温暖和阳光；而坏学生呢，就会遭到一场噼里啪啦的大雹子。

雨：哎，那姥姥和爸爸去有什么不一样的呀？

雪：没什么不一样的呀。家长会又不是运动会，不分姥姥组和爸爸组。

雨：哦！既然②都是噼里啪啦的大雹子，那为什么刘星让姥姥去，不让爸爸去呢？

雪：嗯？有这事儿吗？

（刘星进来）

星：小雪，小雨，帮个忙呀？

雨：什么忙？

雪：什么忙？

星：老爸生气是什么样呀？

雪：问这个干吗？

星：咳，我不是不了解他吗，他当我老爸才俩月，当你们老爸都好久了吧，哼，你们肯定知道。

1. 可怕 kěpà / adj. / terrible; horrible

2. 阳光 yángguāng / n. / sunshine
3. 遭 zāo / v. / encounter; meet
4. 噼里啪啦 pīlipālā / ono. / used of the sound of clapping, cracking, etc.
5. 雹子 báozi / n. / hail; hailstone

6. 既然 jìrán / conj. / since; as; now that

雨：我可没惹过老爸生气。

雪：我也是③。我呢，只会让老爸感觉到自豪，尤其④是在开家长会的时候。

星：哎呀，拜托⑤了！我就是想知道开完家长会以后，老爸是怎么惩罚犯错误的孩子的。

雪：那我就不知道了。

雨：因为我们都是好孩子。

星：哎呀，天哪！我跟你们没有共同语言！哼！

（小区花园）

雨：姥姥，爸爸怎么还不回来呀？

星：老爸要回来我可怎么办哪？！

雨：哟，爸爸，您回来了。

夏：嗯。

姥：东海。

夏：哦，妈，我先回去拿凉水洗洗脑袋。

姥：家长会上老师说什么呀？

夏：说得我脑袋都大了。

姥：都是一些小事儿吧？

夏：刘星把班里所有的椅子都给拆了……

姥：你拆班里椅子干吗呀？

星：老师发现以后，我又把那螺丝钉拧回去了。

姥：拧回去了，算了。

夏：你还在班里搞⑥什么天女散花，人工降雪，拿着纸片可着教室里撒。对吧？

姥：是你吗？

星：嗯，不、不过老师罚我做值日，我全都给

7. 自豪 zìháo / adj. / be proud of
8. 尤其 yóuqí / adv. / especially; particularly
9. 拜托 bàituō / v. / request a favour

10. 凉水 liángshuǐ / n. / cold water
11. 脑袋 nǎodai / n. / head; brain

12. 拆 chāi / v. / tear open; tear down
13. 螺丝钉 luósīdīng / n. / screw
14. 拧 nǐng / v. / twist; wring; pinch
15. 天女散花 tiānnǚ sànhuā / a fairy who scatters flowers to the earth. See Culture Points 21.
16. 人工降雪 réngōng jiàngxuě / artificial snow
17. 可（着）kě (zhe)（方）/ prep. / manage to make to
18. 撒 sǎ / v. / let go; spread
19. 值日 zhírì / v. / be on duty

扫干净了。

夏：那你把同学的鼻子打得哗哗流血，是怎么回事儿呀？

姥：哎哟，这就是你说的小事儿呀？

星：不是，我又把那同学送医务室去了。

姥：哎呀，你这事儿呀，哪个也不算小啊！！

夏：其余的我也就不一一跟您列举了，等刘梅回来我慢慢儿地去跟她说。

姥：哎，你跟她说呀？

夏：那我还不跟她说呀？

姥：**能**不说**就**⑦别说呀！那刘梅那脾气，你可不知道啊，她要一听说啊，那准急。一急，那准打孩子。那一打，那就轻不了啊！

夏：啊！？

星：姥姥！救救我呀！！

姥：求我没用。

星：老爸救救我！！

20. 哗哗 huāhuā / ono. / sound of running water
21. 流血 liú xiě (xuè) / bleed
22. 医务室 yīwùshì / n. / clinic
23. 其余 qíyú / pron. / other (persons or things)
24. 一一 yīyī / adv. / one by one
25. 列举 lièjǔ / v. / enumerate; list

26. 救 jiù / v. / rescue; save
27. 求 qiú / v. / beg; request

Unit 4 (Lesson 3) | Good Father

语言点例释 Grammar Points

① 这么说吧

解释 Explanation

"这么"要重读，在解释或说明一种情况时用，后边是说明的内容。

"这么" shows additional stress and is used when giving an explanation or clear instruction. This is followed by the content of the instruction.

剧中 Example in Play

雪：这个嘛，好学生啊和坏学生的感觉是不一样的。

雨：怎么不一样的？

雪：就**这么说吧**，好学生呢，就会感觉到温暖和阳光；而坏学生呢，就会遭到一场噼里啪啦的大雹子。

他例 Other Examples

⤵ 甲：为什么夏东海说去给刘星开家长会，他责无旁贷？

　　乙：**这么说吧**，因为他是刘星的继父，他想当一个合格的好父亲。

⤵ 甲："继母"是什么意思？

　　乙：**这么说吧**，比如一个人叫张三，他的爸爸和妈妈离婚了，爸爸又娶了一个妻子，这个人就是张三的继母。

② 既然

解释 Explanation

用在上半句，提出已经成为现实的或已经肯定的前提，下半句根据这个前提推出结论。常用"就、也、还"呼应。

"既然" is used within the first half of a sentence to put forward the notion that something is practical or has good reason, and the second part of the sentence shows the conclusion according to the subject in first part. It's often used with "就""也""还" for effect.

剧中 Example in Play

雨：**既然**都是噼里啪啦的大雹子，那为什么刘星让姥姥去，不让爸爸去呢？

他例 Other Examples

⤵ **既然**大家都来了，那我们就出发吧。

⤵ **既然**你们不相信我，我也没必要解释什么了。

❸ 我也是

解释 Explanation

用在对话中下句的开头，表示完全同意对方所说的或者态度与对方一致。

"我也是" is used in the beginning of the second sentence of a conversation to indicate unanimous agreement or attitude with another party.

剧中 Example in Play

雨：我可没惹过老爸生气。
雪：我也是。我呢，只会让老爸感觉到自豪，尤其是在开家长会的时候。

他例 Other Examples

➥ 甲：我最讨厌大声打电话的人。
　乙：我也是。

➥ 甲：我不想参加这次活动。
　乙：我也是。

❹ 尤其

解释 Explanation

副词。更加，特别。一般用在句子的后一部分，表示更进一步。

"尤其" is an adverb which means "especially" and is normally used in the latter part of a sentence to show that there is an additional step forward in proceedings.

剧中 Example in Play

雨：我可没惹过老爸生气。
雪：我也是。我呢，只会让老爸感觉到自豪，尤其是在开家长会的时候。

他例 Other Examples

➥ 我特别爱生病，尤其是在冬天的时候，病的次数更多。
➥ 我喜欢看小说，尤其喜欢看科幻小说。

❺ 拜托

解释 Explanation

动词，一般请人帮忙办事时用的敬辞。有时也有制止对方的意思。

"拜托" is a verb which is used to ask people to help you out or give you a break metaphorically speaking. Sometimes it has a tone of putting the other person down.

| 剧 中 Example in Play | 星：哎呀，拜托了！我就是想知道开完家长会以后，老爸是怎么惩罚犯错误的孩子的。 |

| 他 例 Other Examples | ↘ 明天我不能去，这件事就拜托您了。
↘ 拜托！你们小点儿声好不好？ |

❻ 搞

| 解 释 Explanation | 动词，做、干、弄。用于口语。可带名词宾语。
"搞" is a verb that means "to do" in oral Chinese. You can take a noun to be the object. |

| 剧 中 Example in Play | 夏：你还在班里搞什么天女散花，人工降雪，拿着纸片可着教室里撒。对吧？ |

| 他 例 Other Examples | ↘ 我是搞物理的。
↘ 你们几个在搞什么？这么神秘的样子。 |

❼ 能……就……

| 解 释 Explanation | "能……就……"或者"能不……就别/不……"是表示一种假设情形下的期望。完整的说法是"只要能……就……"或者"只要能不……就别/不……"。
"能……就……" or "能不……就别/不……" indicates a form of hypothetical expectation. The complete expression is "只要能……就……" or "只要能不……就别/不……". |

| 剧 中 Example in Play | 夏：那我还不跟她说呀？
姥：能不说就别说呀！那刘梅那脾气，你可不知道啊，她要一听说啊，那准急。 |

| 他 例 Other Examples | ↘ 我们周五要办晚会，你能来就来吧，一定会玩儿得开心。
↘ 那里的气候很不好，你能不去就别去。 |

文化点滴 Culture Points

21 天女散花

"天女散花"原来是佛经里的一个故事。故事的大致内容是：如来佛祖为了测试弟子们修炼佛法的程度，就在弟子们听课的时候，派天女手持花篮，从天上向这些弟子身上抛撒花瓣。花瓣落到佛法修行好的弟子们身上，会继续滑落下去，而落到修行不够好的弟子身上，则不会滑落。这样，弟子们修行的状况，佛祖便可一目了然。"天女散花"，现在被人们用来形容向空中抛撒或雪花从空中纷纷飘落的样子。比如，我们可以说，在秋风中，叶子从树上飘落下来的样子，像"天女散花"；我们也可以说，婚礼上，人们将各色彩纸、彩带抛向空中的样子是"天女散花"。

21 A Fairy Who Scatters Flowers to the Earth

"天女散花" originally stems from a story in the ancient Buddhist scriptures. The general content of the story was that: Tathagata (the highest Buddha) wanted to test out the power and practices of his disciples according to Buddhist teachings, during lessons he would send "天女" (an fairy) carrying a basket of flowers into the sky and from there she would scatter the flower petals down on the disciples below. If the flower petals were to slide off the body of the student, this would indicate a good student. Alternatively if the flower petals were to stick to the body of a disciple, then this would indicate a student is not ready to perform their duties as chosen by Buddha. Therefore it is possible for Buddha to understand who is and who is not ready for selection. Nowadays "天女散花" is used to describe when something falls from the sky, rather like snowflakes. For example, in the autumn wind the leaves fall in a similar way to "天女散花". We can also say that during a wedding ceremony, confetti is scattered along the lines of "天女散花".

Unit 4 (Lesson 3) 好爸爸 / Good Father

练习 Exercises

一、根据剧情内容进行补充 Complete the statements according to the plot

（一）1. 小雨问小雪家长会是不是很可怕，小雪的回答是：_____
_____

2. 刘星问小雨和小雪爸爸生气是什么样，他们的回答是：_____
_____

3. 刘星想知道爸爸是怎么惩罚犯错误的孩子的，小雪的回答是：_____
_____

（二）4. 夏东海回到家后，第一件事是想_____

5. 老师告诉夏东海，刘星把班里所有的椅子_____

6. 刘星拿着纸片在教室里撒，说是为了_____

7. 夏东海说等刘梅回来再慢慢儿跟她说，姥姥说：_____

8. 刘梅如果听说了刘星做的事，她准_____

9. 刘星听说爸爸要对妈妈说，他_____

二、看视频，给台词填空 Watch the video and complete the scripts

（一）雨：姐姐，家长会很（　　　）吗？

雪：这个嘛，好学生啊和坏学生的（　　　）是不一样的。

雨：怎么不一样的？

雪：就这么说吧，好学生呢，就会感觉到温暖和（　　　）；而坏学生呢，就会（　　　）一场噼里啪啦的大雹子。

雨：那姥姥和爸爸去有什么不一样的呀？

雪：没什么不一样的呀。家长会又不是运动会，不（　　　）姥姥组和爸爸组。

雨：（　　　）都是噼里啪啦的大雹子，那为什么刘星让姥姥去，不让爸爸去呢？

（二）星：老爸生气是什么样呀？

雪：问这个干吗？

星：咳，我不是不（　　　）他吗，他当我老爸才俩月，当你们老爸都（　　　）了吧，哼，你们（　　　）知道。

雨：我可没（　　　）过老爸生气。

雪：我也是。我呢，只会让老爸感觉到自豪，（　　　）是在开家长会的时候。

星：哎呀，（　　　）了！我就是想知道开完家长会以后，老爸是怎么（　　　）犯错误的孩子的。

雪：那我就不知道了。

雨：（　　　）我们都是好孩子。

星：哎呀，天哪！我跟你们没有（　　　）语言！

三、选词填空 Choose the most appropriate words to fill in the blanks

1. （　　　）这么好，出去晒晒太阳吧。
2. 对我来说，蛇是最（　　　）的动物。
3. 女儿帮助一个找不到家的小狗找到了主人，作为母亲，我真为她（　　　）。
4. 弟弟因为欺负同学，（　　　）到了老师的批评。
5. 这个孩子总是（　　　）父母生气，可是在学校倒很乖。
6. 这些房子上都写着"（　　　）"字，是什么意思？
7. 他做过的好事实在太多了，我就不（　　　）了。
8. （　　　），你们能不能听我先把话说完？
9. 螺丝松了，得把它（　　　）紧。
10. 煎鸡蛋的时候，我喜欢在鸡蛋上（　　　）一点儿盐。
11. 跑步的时候摔倒了，结果胳膊（　　　）了。
12. 这个冬天气候太干燥了，真希望来一场（　　　）。
13. （　　　）命！有人掉进湖里了！
14. 请各班班长留下来，（　　　）的人可以走了。
15. 我有一件事（　　　）你帮忙，请你一定答应。

求	遭	拆
惹	撒	拧
救	阳光	拜托
可怕	流血	自豪
其余	人工降雪	
一一列举		

四、用提示词语完成对话，并设计一个新对话
Use the given words below to complete the dialogues, and then design a new dialogue

1. 这么说吧
   - (1) 雨：好学生和坏学生的感觉怎么不一样？
     雪：_____
   - (2) 甲：什么是重组家庭？
     乙：_____

2. 既然
   - (1) 雪：姥姥和爸爸去开家长会没什么不一样的呀。
     雨：_____
   - (2) 甲：我想买个新手机，但是不知道哪种好。
     乙：_____

3. 我也是
   - (1) 雨：我可没惹过老爸生气。
     雪：_____
   - (2) 甲：一直想去逛逛商店，可是总没有时间。
     乙：_____

4. 尤其
   - (1) 雨：我可没惹过老爸生气。
     雪：我也是。我呢，只会让老爸感觉到自豪，_____
   - (2) 甲：学汉语什么最难？
     乙：_____

5. 能……就……

(1) 夏：那我还不跟刘梅说呀？

姥：_____！那刘梅那脾气，你可不知道啊，她要一听说啊，那准急。

(2) 甲：写作文有字数要求吗？

乙：_____

五、成段表达　Presentation

刘星所说的那些"小事情"到底是什么？请用"把"字句描述一下。
Describe what the "小事情" are. Use the "把" sentence.

六、延伸练习　Extension exercise

想象并讨论：如果你是夏东海，你打算怎么对刘梅说？
Make up a debate taking into account if you were Xia Donghai, what would you say to Liu Mei.

第四课 Lesson Four

(共3分06秒)

❓ 热身问题 Warm-Up Questions

1. 刘星的姥姥希望夏东海怎么做？
2. 夏东海跟刘梅说实话了吗？

（续前）

（星：老爸救救我！）

雨："猩猩"好悲惨啊！

夏：刘星，刘星你起来。我这心那么软，哪受得了你这个。

姥：就是，你能眼看着刘星受重罚吗？

夏：我当然受不了。刘星，刘星！

姥：快快快！你爸答应了。快谢谢！

星：谢谢老爸！谢谢老爸！

夏：谢我什么呀？我答应什么了？

姥：你不是答应不说了吗？我告诉你啊，你想给孩子当好爸爸啊，该放一马*就放一马。这事儿呀，睁一眼闭一眼*就得了。走！

夏：闭只眼也就罢了①，我这还得闭嘴呀。这刘梅问起来怎么办哪？

姥：随便说啊，不给孩子告状就行，啊，走。

夏：那我就没什么可说的了。

（家里）

梅：刘星开家长会老师说什么了？

1. 猩猩　xīngxing / n. / orangutan
2. 悲惨　bēicǎn / adj. / miserable; tragic
3. 眼看　yǎnkàn / v. / see sth. happen
4. 答应　dāying / v. / respond; agree

5. 睁眼　zhēng yǎn / open one's eyes
6. 闭　bì / v. / shut; close
7. 告状　gào zhuàng / lodge a complaint against sb. with his superior

---

* 放一马：To treat someone as an exception. See Culture Points 22.
* 睁一眼闭一眼：Despite being aware of something you act in ignorance as if you haven't noticed. See Culture Points 22.

姥：啊？哦，东海去的。

夏：**早知道**我**就**不去了②。

梅：嘁，夏东海，真给刘星开家长会去了？

夏：我觉得这个给儿子开家长会，是我这当爸爸应尽的责任嘛。

梅：**本来**③我都没好意思麻烦你。

夏：我自投罗网。

梅：啊？

夏：啊，那个……是我自己要求自己，心甘情愿去的。

梅：哎哎，没受刺激吧？就你这种给那个小雪那种好学生开惯了家长会的，你肯定心里有巨大的落差。是不是有一种当头一棒、头**发**④蒙的感觉？

夏：我那个……

梅：哎哎，是不是**恨不得**⑤找个地缝儿都钻进去？

夏：没那么严重，**瞧你说的**⑥。开得**还算**⑦比较圆满。

梅：真的？哎，是不开完大会又开小会了？

夏：你说得太对了……（姥姥假装咳嗽）

姥：嗓子痒痒。

梅：老师都给刘星告什么状了？

夏：啊？我给姥姥去拿点儿药吧。

梅：哎呀，你快说呀！老师都说刘星什么了？

夏：他说呀……（姥姥又开始咳嗽）没什么，没说什么。

8. 自投罗网　zìtóuluówǎng /
　　hurl oneself willingly into the net; bite the hook
9. 心甘情愿　xīngān-qíngyuàn /
　　be most willing to

10. 巨大　jùdà / adj. /
　　(of scale, amount) huge
11. 落差　luòchā / n. / gap
12. 当头一棒　dāngtóu-yíbàng /
　　a head-on blow
13. 发蒙　fāmēng / v. /
　　get into a muddle
14. 恨不得　hènbude / v. /
　　one would if one could
15. 地缝儿　dìfèngr / n. /
　　crack on the earth's surface
16. 钻　zuān / v. /
　　make one's way into
17. 圆满　yuánmǎn / adj. /
　　satisfactory; perfect
18. 嗓子　sǎngzi / n. / throat; voice
19. 痒　yǎng / adj. / itch

梅：他总得说说他最近的表现呀？要不你干吗去了？

夏：说的也是。

梅：老师怎么说的呀？你快跟我说呀？

（刘星走出来，姥姥跟他比画）

姥：快回去！

梅：哎哎，站住！等你爸传达完家长会的精神，你再动换。（对夏东海）说，老师怎么说的？

夏：好吧。那我就简明扼要地传达一下刘星在学校的表现。他，把学校所有椅子上的螺丝帽……都给安上了。

梅：嗬！爱护公物！嘿！

夏：他还一个人把教室的所有值日，都给做了。

梅：嗬！热爱劳动！嘿！

夏：看到同学鼻子破了，他直接给人送到医院去了。

梅：嗬！你还见义勇为！真行啊你儿子！啊，我给你开了那么多年家长会，每回都得挨老师一顿呲儿呀。每回妈妈从学校出来，到处找棍子，恨不得⑤要揍你。好不容易⑧今天夸一回，妈还没参加成。妈可真够背的。啊？你怎（么）进步那么大呀儿子啊？快说，妈准备好好儿奖励奖励你！你到底想要什么？

星：妈，我有点儿晕。

梅：晕？

20. 表现　biǎoxiàn / n. / behaviour; performance

21. 传达　chuándá / v. / pass on; transmit
22. 精神　jīngshén / n. / spirit; essence
23. 动换　dònghuan / v. / get moving; act
24. 简明扼要　jiǎnmíng-èyào / brief and to the point
25. 爱护　àihù / v. / take good care of
26. 公物　gōngwù / n. / public property

27. 热爱　rè'ài / v. / love
28. 劳动　láodòng / v. & n. / work; labor
29. 破　pò / adj. & v. / broken
30. 直接　zhíjiē / adj. / direct; immediate
31. 见义勇为　jiànyì-yǒngwéi / be ready to battle for a just cause

32. 挨呲儿　ái cīr / get a talking-to
33. 棍子　gùnzi / n. / stick

34. 背　bèi / adj. / unlucky

语言点例释 Grammar Points

❶ 罢了 (bàle)

解释 Explanation

助词。用在陈述句末尾，表示如此而已，对句子所表示的意义起减轻作用。还有无足轻重的意味。

"罢了" is an auxiliary word that is used at the end of a statement to show that all is fine and nothing more is necessary. To be used lightly to show that something is of little importance.

剧中 Example in Play

姥：这事儿呀，睁一眼闭一眼就得了。走！
夏：闭只眼也就罢了，我这还得闭嘴呀。这刘梅问起来怎么办哪？

他例 Other Examples

↘ 我只不过看看罢了，不打算买。
↘ 跟你开个玩笑罢了，别生气。

❷ 早知道（A）就B了

解释 Explanation

这是一种表示虚拟语气的句式，意思是"如果当初知道（情况是A）的话，一定会B"。B 是动词或动词性短语。

This is one kind of subjunctive sentence pattern meaning that if A was already known from the beginning, that B should be done. B is either a verb or a verb phrase.

剧中 Example in Play

夏：早知道我就不去了。

他例 Other Examples

↘ 早知道他来，我就不来了。
↘ 早知道你会包饺子，我们就不买速冻饺子了。

❸ 本来

解释 Explanation

这里是副词，表示"原先、先前"的意思。可用在主语前，也可以用于主语后。

Here "本来" is an adverb which means "formerly". It can be used in front of and behind the main subject.

剧中 Example in Play

梅：本来我都没好意思麻烦你。
夏：我自投罗网。

他例 Other Examples

- 我本来不想说这件事。
- 本来我想去西安旅行，现在我哪儿也不去了。

4 发

解释 Explanation

"发"是动词，意思是"显现出""流露出"。常用在单音节动词或形容词前，多指不如意的情况。

"发" is a verb meaning "appear" or "an outpouring of something". To be often used before single syllable verbs or adjectives and used mainly in situations against the wishes of the speaker.

剧中 Example in Play

梅：是不是有一种当头一棒、头发蒙的感觉？

他例 Other Examples

- 开了一天的会，我的头直发晕。
- 到了中年，人就开始发胖了。

5 恨不得

解释 Explanation

动词。表示急切地盼望做成某事（多用于实际做不到的事），也说成"恨不能"。后边必须带动词。

"恨不得" is a verb that shows eager anticipation of something. To be used mainly within impractical situations. It's also spoken as "恨不能" and a verb must be used behind it.

剧中 Examples in Play

- 梅：是不是恨不得找个地缝儿都钻进去？
- 梅：我给你开了那么多年家长会，每回都得挨老师一顿呲儿呀。每回妈妈从学校出来，到处找棍子，恨不得要揍你。

他例 Other Examples

- 听说除了我以外，全家人都回家过年了，我恨不得立刻飞回家去。
- 看到母亲重病的样子，我恨不得替她躺在医院里。

❻ 瞧你说的

解释 Explanation

口语用法，也说"看你说的"。用在对话的下句开头，表示认为对方所说的不合适或者不对。

"瞧你说的" is a colloquial expression and can also be spoken as "看你说的". To be used at the beginning of the next sentence in a conversation to show disapproval or disagreement with something another person may have said earlier.

剧 中 Example in Play

梅：是不是恨不得找个地缝儿都钻进去？
夏：没那么严重，瞧你说的。

他 例 Other Examples

➥ 甲：这个价钱不贵。
　乙：瞧你说的，三千六，还不贵呀？
➥ 甲：真是太感谢你了。
　乙：瞧你说的，多大点儿事儿啊，千万别客气。

❼ 还算……

解释 Explanation

"算"是动词，意思是"算作、当作"。"还算"意思是"可以说是……"，带有一点儿勉强的感觉。

Here "算" is a verb meaning "算作""当作". The meaning of "还算" is "you could also say …". It shows a tone of reluctance.

剧 中 Example in Play

夏：没那么严重，瞧你说的。开得还算比较圆满。

他 例 Other Examples

➥ 今天的考试还算容易。
➥ 她说的还算不错。

8 好不容易

解释 Explanation

"好不"是副词，表示程度深，多含有感叹语气。"好不容易"和"好容易"意思一样，都表示"很不容易"。

"好不" is an adverb that shows the state degree to be deep and contains a tone of exclamation. The meaning of "好不容易" and "好容易" is the same and both show that something is not easy.

剧中 Example in Play

梅：好不容易今天夸一回，妈还没参加成。妈可真够背的。

他例 Other Examples

↪ 这是我好不容易买到的书，你要好好儿保护啊。

↪ 现在是旅游高峰期，我好（不）容易才买到去上海的机票。

文化点滴 Culture Points

22 俚语

剧情中的"放一马""睁一眼闭一眼"都是汉语中的俚语。"放一马"的意思是破例通融一下。"睁一眼闭一眼"的意思是看见了，但装作没看见或没看清，知道了，但假装不知道或不清楚。

俚语是人们在日常生活中固定下来的词语。具有地方色彩，是一种非正式的语言，通常用在非正式的场合。在使用这些俚语时要考虑到所用的场合和对象，虽然使用俚语可以拉近与谈话对象的距离，但不适合在正式场合使用。

22 Slang

In the play there are many variations of slang used and two of these are "放一马""睁一眼闭一眼". The meaning of "放一马" is to treat someone as an exception; and "睁一眼闭一眼" means that despite being aware of something, you act in ignorance as if you haven't noticed.

In daily life, slang is people's fixed expression and has its own flavor according to the accent or dialect. Generally such expressions are used in informal situations and are by nature very casual. When using these expressions, it is of importance to consider the situation you are talking about or the person that you are speaking to. If you are of rather close proximity to the person, it is ok to use slang, however in formal situations it would be unsuitable to do so.

练习 Exercises

一、看视频，选择合适的词语或短语填空

Watch the video and choose the appropriate words or phases to fill in the blanks

晕	圆满	安上	奖励	值日	表现
严重	受刺激	见义勇为	热爱劳动	心理落差	
爱护公物	应尽的责任	找个地缝儿钻进去	睁一眼闭一眼		

刘星求父亲救自己，姥姥也希望夏东海（　　　）。刘梅回家后，听说夏东海给刘星开了家长会，很惊讶。夏东海说这是他当爸爸（　　　）。刘梅问他，有没有（　　　），恨不得（　　　）。因为他给小雪那种好学生开惯了家长会，肯定有巨大的（　　　）。夏东海说没那么（　　　），开得还算（　　　）。刘梅让他说说刘星最近的（　　　），夏东海说刘星把学校所有椅子上的螺丝帽都（　　　）了，刘梅很高兴，夸儿子（　　　）；夏东海说刘星还一个人把教室的所有（　　　）都给做了，刘梅夸他（　　　）；夏东海说刘星把鼻子破了的同学送到医院，刘梅夸儿子（　　　）。她准备（　　　）刘星，刘星觉得有点儿（　　　）。

二、在第二部分视频中，有一个句子和一个成语表现了夏东海后悔去开家长会的心情，请把它们找出来

In the second part of the video, there are a sentence and an idiom that are used to express Xia Donghai's regret at attending the family meeting. Pick out these expressions and write them below

1. _____
2. _____

三、简单说明下列短语的意思　Briefly explain the meaning of the sentences and phrases below

1. 放一马
2. 见义勇为
3. 自投罗网
4. 心甘情愿
5. 当头一棒
6. 简明扼要
7. 睁一眼闭一眼
8. 恨不得找个地缝儿钻进去

四、选词填空　Choose the most appropriate words or phrases to fill in the blanks

1. 我被蚊子咬了，真（　　　）啊。
2. 这件事对我家的生活产生了（　　　）的影响。
3. 喜剧电影一般有一个（　　　）的结局。
4. 他的命运十分（　　　），很多人听了都会流泪。
5. （　　　）就要下雨了，快回家吧。
6. 请把这本书（　　　）交给老师，不要给别人。
7. 妈妈（　　　）给你买电脑了吗？
8. 每个人都应该爱护（　　　）。
9. 5月1日是国际（　　　）节。
10. 你能不能把今天的会议精神给我（　　　）一下儿？
11. 最近麻烦事一件接一件，真（　　　）。
12. 你的衣服（　　　）了，我来给你补一下儿。
13. 每个家长都应该（　　　）孩子的天性。
14. 我非常（　　　）我的祖国。
15. 这个孩子在学校的（　　　）不大好。
16. 奥林匹克（　　　）就是更快，更高，更强。
17. 一下子从老师变成学生，我的心理（　　　）很大。
18. 你怎么老（　　　）批评？又惹什么祸了？
19. 音乐会的票很紧张，我（　　　）才买到了。

背	破	痒
挨	巨大	圆满
悲惨	直接	精神
落差	传达	公物
眼看	劳动	答应
爱护	表现	热爱
好不容易		

五、用"发＋动词/形容词"的格式完成句子
Use the "发＋动词/形容词" pattern to complete the sentences

1. 这件衣服洗了很多次，已经开始＿＿＿＿＿＿＿＿＿＿＿＿＿＿＿＿＿＿＿

2. 听了他的话，我快要＿＿＿＿＿＿＿＿＿＿＿＿＿＿＿＿＿＿＿＿＿＿＿

3. 早上6点，天开始＿＿＿＿＿＿＿＿＿＿＿＿＿＿＿＿＿＿＿＿＿＿＿＿

4. 听了他的话，我忍不住偷偷＿＿＿＿＿＿＿＿＿＿＿＿＿＿＿＿＿＿＿

5. 喝了太多的酒，我的头直＿＿＿＿＿＿＿＿＿＿＿＿＿＿＿＿＿＿＿＿

6. 刚过40，她就开始＿＿＿＿＿＿＿＿＿＿＿＿＿＿＿＿＿＿＿＿＿＿＿

六、用提示词语完成对话，并设计一个新对话
Use the given words below to complete the dialogues, and then design a new dialogue

1. 早知道（A）就B了
   (1) 梅：刘星开家长会老师说什么了？
       姥：啊？哦，东海去的。
       夏：＿＿＿＿＿＿＿＿＿＿＿＿＿＿＿＿
   (2) 甲：啊，你们去看电影了，怎么不叫我呢？
       乙：＿＿＿＿＿＿＿＿＿＿＿＿＿＿＿＿

2. 本来
   (1) 梅：＿＿＿＿＿＿＿＿＿＿＿＿＿＿＿＿
       夏：我自投罗网。
   (2) 甲：你不是去旅行了吗？怎么还在这儿？
       乙：＿＿＿＿＿＿＿＿＿＿＿＿＿＿＿＿

3. 瞧你说的
   (1) 梅：是不是恨不得找个地缝儿都钻进去？
       夏：＿＿＿＿＿＿＿＿＿＿＿＿＿＿＿＿
   (2) 甲：真不知道怎么感谢你。
       乙：＿＿＿＿＿＿＿＿＿＿＿＿＿＿＿＿

4. 还算……
   (1) 梅：是不是恨不得找个地缝儿都钻进去？
       夏：没那么严重，瞧你说的。＿＿＿＿
       ＿＿＿＿＿＿＿＿＿＿＿＿＿＿＿＿＿
   (2) 甲：这本字典好不好？
       乙：＿＿＿＿＿＿＿＿＿＿＿＿＿＿＿＿

七、讨论 Discussion

你怎么评价夏东海的做法？如果你是夏东海，你会怎么做？请说说理由。

How do you view Xia Donghai's methods and if you were Xia Donghai, how would you do? Give your reasons.

第五课 Lesson Five
(共3分31秒)

❓ 热身问题 Warm-Up Questions

1. 刘梅是怎么知道事情的真相的？
2. 刘梅知道后，她的反应怎么样？

（小雪卧室里）

雨：这不公平！不公平！

雪：好了老弟，别那么小心眼儿，啊！

雨：就是不公平！

（刘梅进来）

梅：怎么了？什么不公平啊？你跟谁赌气呢？

雨：我也想把一个人的鼻子给打破！

梅：嗯，别胡说！你这小孩儿怎么有暴力倾向啊你？

雪：他认为呀，打破别人的鼻子有奖。

梅：胡说！谁说的打破别人鼻子有奖啊？（小雨指对面）没人哪，谁？

雪：他指的呀，就是您！

梅：我？我什么时候说打破别人的鼻子有奖啊？

雨：那您怎么给刘星奖励呀？

梅：嗨，哎呀，是这么回事儿①，你弄错了。刘星啊，是送鼻子破了的同学到医院去。他这是见义勇为，妈妈当然要给他奖励了。

雨：那个鼻子就是他打破的！

梅：嗯？谁说的？

雪：那个人您认识。

梅：谁呀？

雨：就是爸爸，好爸爸！

1. 小心眼儿 xiǎoxīnyǎnr / adj. / narrow-minded

2. 赌气 dǔ qì / feel wronged and act rash

3. 暴力 bàolì / n. / violence; force
4. 倾向 qīngxiàng / n. / tendency

（刘梅生气地把夏东海拉到卧室）

夏：梅梅，梅梅！你有话慢慢儿说。你怎么了？你怎么了，别急呀？梅梅……

梅：站起来！现在我命令你，必须把事实跟我说清楚！

夏：什么事儿呀，我怎么了？

梅：哼，小雨早就告诉我了！刘星在学校表现根本就不是那么回事儿！

夏：小雨……其实有些话不能信……

梅：没想到刚跟我结婚两个多月，就开始骗我！

夏：我没有。

梅：你再说！

夏：我绝对没有。

梅：你再敢说！

夏：真的没有。

梅：你再敢说！

夏：我就是隐瞒了部分事实……**报喜不报忧***。

梅：哼！那你现在老老实实地，把刘星隐瞒的那部分事实，你都给我解释清楚。

夏：刘星给班里修椅子不假，因为那椅子就是让他给拆坏的；刘星给班里做值日也不假，因为那教室就是让他给折腾乱的；刘星送同学去医院更不假，因为那同学的鼻子就是让他给打坏的……省略号，等等，等等。

梅：历史就是这样被篡改的。

夏：梅梅，你听我解释。我是真有苦衷，你说刘

5. 命令　mìnglìng / v. & n. / order; command
6. 事实　shìshí / n. / fact; reality

7. 骗　piàn / v. / deceive; fool

8. 隐瞒　yǐnmán / v. / conceal; hide; cover up
9. 部分　bùfen / n. / part
10. 老老实实　lǎolǎoshíshí / honestly; conscientiously
11. 折腾　zhēteng / v. / turn from side to side
12. 省略号　shěnglüèhào / n. / ellipsis points (……)
13. 苦衷　kǔzhōng / n. / feeling of pain or difficulties

---

* 报喜不报忧 bào xǐ bú bào yōu：只说好消息，不说坏消息。To report only the good news and not the bad.

星……

梅：你少跟我提"苦衷"二字！

夏：我就是心太软，心太软！所有的问题都得自己扛……

梅：刘星！你给我过来！

姥：哎哟！刘梅呀！

梅：妈您甭②拦着……

姥：刘梅，刘梅……

梅：我今天非揍死你不可！

雨：爸，咱到底帮谁呀？

雪：爸，你赶紧发挥作用啊！

夏：对呀！是这样的……刘梅，刘梅，别急！

梅：你起来！你的问题咱们另案处理！刘星，我告诉你，你的事儿一五一十我都知道了。我今天非揍你不可。

星：老爸你出卖我！

姥：你当人一面，背人一面，你两面派*！

夏：我冤死了，我什么时候两面派了！刘梅，刘梅，你还③真打呀你？！

梅：我……你躲开！我告诉你，我今天不揍你，你就长不了记性！你起来！

14. 扛　káng / v. / endure; shoulder

15. 甭　béng（方）/ adv. / =不要 don't
16. 拦　lán / v. / bar; block; hold back

17. 发挥　fāhuī / v. / bring into play
18. 作用　zuòyòng / n. / effect

19. 另案　lìng'àn / n. / another case

20. 一五一十　yìwǔ-yìshí / narrate systematically and in full detail

21. 出卖　chūmài / v. / offer for sale; sell out
22. 当（面）　dāng (miàn) / adv. / to sb.'s face; in sb.'s presence

23. 躲开　duǒ kāi / get out of the way; make way

---

* 两面派 liǎngmiànpài：double-dealer
在人面前一套，在人背后是另外一套。比喻两面手法。
Compare two ways of doing something. In front of someone one way, behind someone's back another (opposite).

Unit 4 (Lesson 5) | Good Father

语言点例释 Grammar Points

❶ 是这么回事儿

解释 Explanation

在解释实际情况时用，后边是解释的内容。"这么"要重读。

"是这么回事儿" is used when explaining a fact and is followed by the content of the explanation. "这么" accentuates the stress.

剧中 Example in Play

雨：那您怎么给刘星奖励呀？

梅：嗨，哎呀，是这么回事儿，你弄错了。刘星啊，是送鼻子破了的同学到医院去。

他例 Other Examples

↘ 你问那天的事儿？哦，是这么回事儿，那天我去银行……

↘ 甲：你姐怎么哭了？
　乙：是这么回事儿，她的小狗丢了，找了好几天都没有找到。

❷ 甭

解释 Explanation

方言，"不用"的合音，表示禁止、劝阻或不需要。

Dialect. It is synergy of "不用" that expresses a prohibitive act, dissuasion or that something is not needed.

剧中 Example in Play

梅：妈您甭拦着……

他例 Other Examples

↘ 这是我的事，您甭管。

↘ 甭说了，我已经全明白了。

3 还 II

解释 Explanation

副词，用在句子中，意思跟"居然"相似，表示超出预料的语气。

"还" is an adverb which has a similar meaning to "居然" (unexpectedly) in the sentence and has a tone which is over the top.

剧中 Example in Play

夏：刘梅，刘梅，你还真打呀你？！

他例 Other Examples

- 下这么大的雨，没想到你还真准时到了。
- 你还真相信他说的话？真是的。

文化点滴 Culture Points

23 排比句

"刘星给班里修椅子不假，因为那椅子就是让他给拆坏的；刘星给班里做值日也不假，因为那教室就是让他给折腾乱的；刘星送同学去医院更不假，因为那同学的鼻子就是让他给打坏的……"

剧中的这段话叫"排比句"。排比句，是把三个或更多结构相同或相似、意义相关、语气相同的句子放在一起。这是一种中国人非常喜欢用的修辞方式。使用排比句，人们可以在重复中不断增强语气和情绪，而且韵律感和节奏感都比较强。

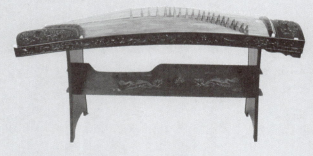

23 Parallel Sentences

"刘星给班里修椅子不假,因为那椅子就是让他给拆坏的;刘星给班里做值日也不假,因为那教室就是让他给折腾乱的;刘星送同学去医院更不假,因为那同学的鼻子就是让他给打坏的……"

This saying from the play is an example of a "排比句" and this means that you take three or more constructions that are the same or similar with a relevant meaning or tone and place them together. This is a kind of rhetorical style that Chinese people really like to use to enhance mood and tone. Furthermore, the feeling of rhythm and rhyme are relatively strong.

练习 Exercises

一、根据剧情内容回答问题　Answer the questions according to the plot

1. 小雨为什么觉得不公平?
2. 刘梅是怎么知道刘星的事儿的?
3. 刘梅知道后,对夏东海的态度怎么样?
4. 刘梅认为夏东海和她刚结婚两个多月就开始骗她,夏东海怎么解释?
5. 看见刘星,刘梅要干什么?
6. 为什么夏东海说自己"冤死了"?
7. 刘星和刘星的姥姥是怎么评价夏东海的?

二、根据剧情,说明下列短语的意思　Define the meaning of the phrases below according to the plot

1. 小心眼儿

2. 两面派

3. 报喜不报忧

4. 有暴力倾向

5. 有苦衷

6. 另案处理

三、看视频，确定下边的台词是谁说的（连线）
Watch the video and attribute correctly the scripts below to the correct speakers

说话人	台词
刘星	这不公平！不公平！
	别那么小心眼儿。
	我也想把一个人的鼻子给打破！
小雪	你这小孩儿怎么有暴力倾向啊你？
	你有话慢慢儿说。
	现在我命令你，必须把事实跟我说清楚！
小雨	没想到刚跟我结婚两个多月，就开始骗我！
	我就是隐瞒了部分事实……报喜不报忧。
	历史就是这样被篡改的。
刘梅	你少跟我提"苦衷"二字！
	我就是心太软，心太软！所有的问题都得自己扛……
	爸，你赶紧发挥作用啊！
夏东海	你的问题咱们另案处理！
	老爸你出卖我！
	你当人一面，背人一面，你两面派！
姥姥	我今天不揍你，你就长不了记性！

四、选词填空　Choose the most appropriate words to fill in the blanks

1. 你在跟谁（　　　）呢？一脸不高兴的样子。
2. 为了不让父母担心，我（　　　）了真实情况。
3. 小狗自己在家的时候把房间（　　　）乱了。
4. 他是个坚强的男子汉，为了不让家人担心，很多困难都自己（　　　）着。
5. 快（　　　）住穿红衣服的那个人！他的钱包掉了！
6. 老人退休以后也能（　　　）作用。
7. 老板（　　　）我们马上去公司开会。
8. 别信他说的话，他在（　　　）你呢。
9. （　　　）朋友的人不会有真朋友。
10. 快（　　　），汽车进站了。
11. （　　　）只有一个，我们看看谁说的是真实的。
12. 在孩子的成长过程中，父母的（　　　）非常大。
13. 一（　　　）年轻人选择春节出国旅游。
14. "我的家"的"的"可以（　　　）。
15. 到了宠物医院，我家的小狗（　　　）的，一点儿也不像在家里那么淘气。
16. 有话请（　　　）讲清楚，我能接受。
17. 她把事情的经过（　　　）地说了一遍。

拦　　骗
扛　　作用
当面　隐瞒
部分　省略
折腾　赌气
事实　命令
发挥　出卖
躲开　一五一十
老老实实

五、用提示词语完成对话，并设计一个新对话

Use the given words below to complete the dialogues, and then design a new dialogue

1. 是这么回事儿
   (1) 雨：您怎么给刘星奖励呀？
   　　梅：_____
   (2) 甲：那边怎么那么热闹？
   　　乙：_____

2. 还
   (1) 夏：刘梅，刘梅，_____
   　　梅：我……你躲开！
   (2) 甲：我要独自去西班牙旅行了。
   　　乙：_____

六、排比句练习　Parallel sentence exercises

（一）朗读下边的排比句，然后根据提示再说一遍。
Recite the parallel sentences below and then according to the hints say them again.

刘星给班里修椅子不假，因为那椅子就是让他给拆坏的；刘星给班里做值日也不假，因为那教室就是让他给折腾乱的；刘星送同学去医院更不假，因为那同学的鼻子就是让他给打坏的……

提示：

……不假，因为……；……也不假，因为……；……更不假，因为……

（二）写出一组排比句，注意标点符号。
Write out a group of parallel sentences. Pay close attention to the punctuation used.

七、成段表达　Presentation

根据图片，说说当时的情况和在场的几位主人公的心情。
According to the picture, talk about the situation at that time and the mood of the characters present.

八、延伸练习　Extension exercise

设想一下剧情将如何发展，并说明理由。
Imagine how the play could develop and give your reasons for this.

Lesson Six 第六课
(共3分36秒)

❓ 热身问题 Warm-Up Questions

1 几个人都对夏东海表示很失望，为什么？
2 面对混乱的情况，夏东海是怎么做的？
3 这件事的结果怎么样？

(续前，客厅)

夏：妈，你说得太对了，这刘梅急了怎么真打孩子？！

姥：甭跟我说这个，我对你很失望！

夏：刘星快跑！

星：别说这个，我对你很失望！

夏：刘梅……

梅：我对你很失望！**本来以为**①你能帮我管管孩子呢！**本来以为**①你跟我一条心呢！**本来我以为**①你是个好爸爸呢！

夏：我是想当个好爸爸，可是……

梅：起来吧你！我告诉你刘星：我今天不打你，你就长不了记性！

夏：刘梅，刘梅，站住！不许打孩子！孩子是祖国的花朵，打掉了叶子怎么办？要打就打我吧！

梅：我一会儿再打你，我现在先揍他！(对刘星) 就你这模样还祖国的花朵呢，啊？我非今天给你剪剪枝不可！你给我起来吧你！

星：妈，别别别别！别别别别！

雪：爸，你连这种局面都控制不住，我对你太失望了！

1. 一条心　yìtiáoxīn / n. / be of one mind

2. 模样　múyàng / n. / appearance; look
3. 剪枝　jiǎn zhī / cut off the unnecessary branches
4. 局面　júmiàn / n. / aspect; situation
5. 控制　kòngzhì / v. / control; dominate

雨：我也对你失望！

夏：好，你们都对我失望。站住！你也给我过来！行，要打他吧，我来替你们打。给我走！

姥：东海，东海……

梅：这孩子，我不要了！

（刘星的房间）

夏：站好！看^②我不好好儿收拾收拾你！我让你还敢拆学校凳子！我让你敢打同学！让你在学校里撒纸！看^②你还敢不敢了？看^②你还敢不敢？我打死你我！这叫苦肉计*，没这招你过不了关。来帮忙。我，看你还敢不敢！

星：打完这个还打我吗？

夏：那得看我还有没有力气……别愣着了，帮忙打呀！快！

星：你这招不错哎，不愧^③是儿童剧院的大导演。

夏：嘿，这算什么？小菜一碟儿*！^④以后时间长了都是哥们儿，有事儿说话啊！

星：哥们儿？哥们儿！哥们儿！

夏：还敢打同学吗？

（刘星房门外）

姥：东海，打两下就行了啊。东海，别这么打孩子呀，东海！

梅：妈，他是不把孩子嘴给堵上了？这孩子怎么没声儿呀？

6. 收拾　shōushi / v. / settle with; punish
7. 凳子　dèngzi / n. / stool; bench
8. 招　zhāo / n. / trick
9. 过关　guòguān / pass a barrier; go through
10. 愣　lèng / v. / distracted; stupefied
11. 不愧　búkuì / adv. / be worthy of; prove oneself to be
12. 哥们儿　gēmenr / n. / buddies; pals

* 苦肉计 kǔròujì：The ruse of inflicting an injury on oneself to win the confidence of the enemy. *See Culture Points* 24.
* 小菜一碟儿 xiǎocài yìdiér：比喻轻而易举的事情。A piece of cake.

姥：哎哟，东海呀！你可不能把孩子嘴给堵上啊，你就是打犯人，你也得让他孩子喊两声儿、哭两声儿呀！我可告诉你啊，你这么做事儿你可不人道。东海！哎哟，瞧见没有啊，到了*他不是亲生的呀！他这么打孩子！哎哟，我可告诉你啊，他要是把孩子打坏了，你后悔去吧！

梅：我……夏东海！你把他给我弄出来，我收拾他！我就不信了我……夏东海！我仔细想了想，他也确实还是算是⑤一个祖国的花朵，虽然不是什么名贵品种，但也确实不能把叶子都给打掉了。我，我主要担心刘星那俩耳朵……

姥：瞧见没有，他现在连你的话他都不听了！

夏：嘿嘿，我们出来了，而且我宣布：我们俩现在是好哥们儿。

星：亲如父子的好哥们儿！

夏：对！刘星还向我保证了，像今天这样的错误，以后绝不会再犯，而且会努力改正所有的缺点，对吧？

星：再补充一句，慢慢儿来！

13. 犯人	fànrén	n. / criminal; prisoner
14. 人道	réndào	adj. / humane
15. 后悔	hòuhuǐ	v. / regret; repent
16. 仔细	zǐxì	adj. / careful
17. 名贵	míngguì	adj. / rare, famous and precious
18. 品种	pǐnzhǒng	n. / breed; variety

19. 亲如父子	qīnrúfùzǐ	/ as dear to each other as relation between father and son
20. 改正	gǎizhèng	v. / correct; put right
21. 所有	suǒyǒu	adj. / all
22. 缺点	quēdiǎn	n. / shortcoming; defect

---

* 到了（dàoliǎo）：方言，副词，意思同"到底"。Dialect; adverb; meaning "to the end".

语言点例释 Grammar Points

❶ 本（来）以为……

解释 Explanation

有时说"本以为"，含有"原来以为……，可是实际上完全想错了"的意思。

You can sometimes say "本以为" and this contains the meaning that what was thought in the beginning in fact was completely wrong.

剧中 Example in Play

梅：我对你很失望！**本来以为**你能帮我管管孩子呢！**本来以为**你跟我一条心呢！**本来我以为**你是个好爸爸呢！

他例 Other Examples

↳ 我**本（来）以为**她会和我一起去，可是她有事不能去了。
↳ **本（来）以为**他会生我的气，没想到他却先向我道了歉。

❷ 看……

解释 Explanation

指出严重的后果。带有警告语气。

"看……" indicates a serious consequence. It shows a tone of warning.

剧中 Example in Play

夏：站好！**看**我不好好儿收拾收拾你！我让你还敢拆学校凳子！我让你敢打同学！让你在学校里撒纸！**看**你还敢不敢了？**看**你还敢不敢？

他例 Other Examples

↳ 你现在不好好儿复习，将来考不好，**看**你怎么办？
↳ 你从来不愿意帮助别人，等你有了困难，**看**谁能帮你。

❸ 不愧

解释 Explanation

当得起某种称号。用于夸奖别人。后常跟"是"或者"为"。

"不愧" shows achievement of a title and is used while praising another person highly. It is often followed by "是" or "为".

剧中 Example in Play

夏：别愣着了，帮忙打呀！快！
星：你这招不错哎，**不愧**是儿童剧院的大导演。

他例 / Other Examples
- 他的课讲得特别棒，不愧为全国优秀教师。
- 他一下子就把电脑修好了，不愧是电脑高手。

④ 这算什么？小菜一碟儿！

解释 / Explanation

用于对对方的赞许的反应，意思是"这没什么，相当容易"。有往轻里说的意思。"小菜一碟"比喻轻而易举的事情。

This sentence is used while giving favourable feedback on something. It means that something was rather easy (i.e. a piece of cake) and is the perfect expression to sum up a light situation.

剧中 / Example in Play

星：你这招不错哎，不愧是儿童剧院的大导演。
夏：嘿，这算什么？小菜一碟儿！

他例 / Other Examples
- 甲：这么复杂的数学题你都算出来了？
  乙：这算什么，这样的题我做过很多，小菜一碟儿！
- 甲：谢谢你这么快就帮我修好了洗衣机。
  乙：这算什么，小菜一碟儿！

⑤ 算是……

解释 / Explanation

"可以说是"。

It means "You could say that ...".

剧中 / Example in Play

梅：夏东海！我仔细想了想，他也确实还是算是一个祖国的花朵，虽然不是什么名贵品种，但也确实不能把叶子都给打掉了。

他例 / Other Examples
- 去了一趟东北，我算是知道什么才叫"寒冷"了。
- 一起去看电影？你算是找对人了，我最爱看电影了。

文化点滴 Culture Points

24 苦肉计

中国古代有一部书叫《三十六计》，书中总结了中国历史上著名的三十六条计谋。其中第三十四条计谋，就是"苦肉计"。这条计谋大致的内容是：习惯的看法认为人是不会自己伤害自己的，因而，可以用自己伤害自己的方法欺骗迷惑对方，使对方相信自己。

剧中夏东海对刘星说的"苦肉计"是：假装痛打刘星迷惑刘梅，使刘梅因为心疼儿子而不忍心再继续惩罚他。这只是借用"苦肉计"的说法而已。

24 Deception

There is a book called 《三十六计》 (*36 Schemes*) in ancient China, and it forms a conclusion on 36 well-known schemes. The 34th scheme is known as "苦肉计" and the rough idea of this as a general thought is that, people will not by logic harm themselves, however in order to deceive or puzzle another person, may adopt such an approach.

In the play Xia Donghai expresses his "苦肉计" towards Liu Xing: he pretends to hit Liu Xing in order to confuse Liu Mei. This is to make her stop punishing him and be reluctant to punish him in the future as she will have a stronger love for her son. This is a borrowed form of "苦肉计" and not a traditional method.

第四单元（第6课）| 好爸爸
Unit 4 (Lesson 6) | Good Father

练习 Exercises

一、根据剧情内容判断对错 According to the plot decide whether statements are true or false

1. 夏东海对刘梅很失望。☐
2. 夏东海非常想当一个好爸爸。☐
3. 刘梅觉得夏东海跟自己是一条心。☐
4. 刘梅要打刘星，是为了让他长记性。☐
5. 夏东海把刘星关起来打了一顿。☐
6. 刘星对爸爸的"苦肉计"很欣赏。☐
7. 夏东海是儿童剧演员。☐
8. 刘梅希望夏东海好好儿收拾刘星。☐
9. 姥姥让刘梅进屋去看看。☐
10. 刘星和夏东海成了好朋友。☐

二、根据剧情填写内容 Complete the statements below according to the plot

1. 刘梅对夏东海表示失望的一组排比句：
   _____
   _____

2. 夏东海拦住刘梅的时候说的话：
   _____

3. 小雪对夏东海表示失望的话：
   _____

4. 刘星夸夏东海的话：
   _____

5. 夏东海和刘星从房间里出来后宣布的话：
   _____

263

三、看视频，给台词填空 Watch the video and complete the scripts

1. 梅：就你这模样还祖国的花朵呢，啊？我非今天给你剪剪枝（　　　）！

2. 夏：这叫苦肉计，没这招你（　　　）不了关。

3. 姥：你可不能把孩子嘴给（　　　）上啊，你就是打犯人，你也得让他孩子（　　　）两声儿、哭两声儿呀！我可告诉你啊，你这么做事儿你可不（　　　）。

4. 梅：你把他给我弄出来，我（　　　）他！

5. 梅：我（　　　）想了想，他也确实还是（　　　）是一个祖国的花朵，虽然不是什么名贵品种，但也（　　　）不能把叶子都给打掉了。

6. 夏：我们出来了，而且我（　　　）：我们俩现在是好哥们儿。

   星：亲（　　　）父子的好哥们儿！

   夏：刘星还向我（　　　）了，像今天这样的错误，以后（　　　）不会再犯，而且会努力改正所有的缺点，对吧？

   星：再（　　　）一句，慢慢儿来！

四、选词填空 Choose the most appropriate words to fill in the blanks

（一）1. 这只小狗的（　　　）真漂亮。

2. 会上，大家的意见很不一致，吵成一团，（　　　）非常混乱。

3. 这种花是一个很名贵的（　　　），所以价格很高。

4. 奶奶用了一个（　　　），让孙子免了一顿打。

5. 妈妈做菜有很多妙（　　　），你可以向她学。

6. 每个人都会有（　　　），这是很正常的。

7. 对他来说，解决这个问题是（　　　）。

招	缺点
局面	品种
模样	苦肉计
小菜一碟儿	

（二）1. 还（　　　）着干什么，快给客人倒茶啊。

2. 他生气的时候总是（　　　）不住自己的脾气。

3. 这次考试我准备得很充分，终于顺利（　　　）。

4. 我很（　　　）对他说出那么不客气的话。

5. 请把句子中的错字（　　　）过来。

6. 他对孩子这么好，（　　　）是一位好父亲。

7. 请（　　　）阅读文章，然后回答问题。

8. 把生病的小狗扔在大街上是很不（　　　）的。

9. 展览大厅内，摆满了各种（　　　）的鲜花。

10. 他喜欢看小说，恨不得利用假期把（　　　）的小说都看完。

仔细	后悔
名贵	过关
人道	改正
不愧	所有
控制	愣

五、用提示词语完成对话，并设计一个新对话

Use the given words below to complete the dialogues, and then design a new dialogue

1. 本（来）以为……
   (1) 夏：刘梅……
       梅：我对你很失望！ _____
   (2) 甲：电影还没演完，你怎么就出来了？
       乙： _____

2. 不愧
   (1) 夏：别愣着了，帮忙打呀！快！
       星：你这招不错哎，_____
   (2) 甲：这里的每一位工作人员都受过严格的训练。
       乙： _____

3. 这算什么？小菜一碟儿！
   (1) 星：你这招不错哎，不愧是儿童剧院的大导演。
       夏： _____
   (2) 甲：你会做衣服？
       乙： _____

4. 对……失望
   (1) 雪：老爸，你连这种局面都控制不了，我对你太失望了！
       雨： _____
   (2) 甲：听说那部电视剧重拍了，你看了吗？
       乙： _____

六、成段表达　Presentation

以刘星的口气说说夏东海的"苦肉计"以及他的全部心理活动。

Take Liu Xing's tone to talk about Xia Donghai's deception and his mental state.

七、延伸练习　Extension exercise

讨论：父亲和儿子可以成为"哥们儿"吗？你认为理想的父子关系应该是怎样的？

Discussion: May father and son become friends? What do you think is the perfect relationship one should have with their parents?

佳句集锦 A Collection of Key Sentences

(一)

1. 你吓姥姥一跳！
2. 您来得可真是时候，我总算得救了。
3. 告诉我，是不又闯什么祸了？
4. 老师说什么，您可千万别跟我妈说。
5. 姥姥啊，记性好着呢。
6. 你在学校里到底干了什么了？
7. 我发誓，绝对是一些小事情！
8. 这些小事情攒起来，听着就很严重了。
9. 我怎么会肝(儿)疼啊？我看哪，你屁股疼倒是真的。
10. 我找你呀，就是想随便聊会儿。
11. 我又犯什么错误了？
12. 好像我像你这么大的时候啊，学习还不如你呢。
13. 我其实就是想问问：你觉得我这个爸爸感觉怎么样？
14. 换句话说就是：你突然成了我的儿子，习惯吗？
15. 不要有顾虑，有话直说。
16. 反正我生下来就给人当儿子了，给谁当都一样。
17. 这事儿……我说了算吗？
18. 你理想中的爸爸是什么样的，你可以告诉我，我往那边儿靠拢啊。
19. 好爸爸守则第一条，就是老妈揍孩子的时候，您不要上去混合双打。

(二)

20. 我发现刘星这孩子挺逗，而且对我要求还不高。
21. 她一开家长会，肯定没时间做饭了，凑合吃吧。
22. 你不知道啊，大会开完了还有小会呢。

23. 我是明白了，不管是要做好老公，还是做个好爸爸，都要先从这家长会开始。

24. 你今天比哪天都早。

25. 我是特意请假回来的。

26. 给刘星开家长会是我做爸爸的责任。

27. 快点儿跟他说啊！要不然，要不然我就死定了！

28. 一回生，两回熟。正好啊，我也借此机会认识一下刘星的班主任，以后还得老打交道。

29. 我一出现在家长会上，就等于向刘星的老师和同学们宣布：我们家刘星再也不是单亲孩子了，他有一个新爸爸，那个人就是——我。

30. 这样会极大提高孩子的自信心的，更重要的是，我要让刘梅知道，我是一个负责任的好爸爸。

31. 好爸爸哪儿有不参加家长会的？所以这个家长会，我必须得参加。责无旁贷！

32. 你要是这么说呀，我就没什么可说的了。

33. 这身打扮肯定会给你加分的。

(三)

34. 家长会很可怕吗？

35. 这个嘛，好学生啊和坏学生的感觉是不一样的。

36. 就这么说吧，好学生呢，就会感觉到温暖和阳光；而坏学生呢，就会遭到一场噼里啪啦的大雹子。

37. 既然都是噼里啪啦的大雹子，那为什么刘星让姥姥去，不让爸爸去呢？

38. 他当我老爸才俩月，当你们老爸都好久了吧，你们肯定知道。

39. 我可没惹过老爸生气。

40. 我呢，只会让老爸感觉到自豪，尤其是在开家长会的时候。

41. 拜托了！我就是想知道开完家长会以后，老爸是怎么惩罚犯错误的孩子的。

42. 我跟你们没有共同语言！

43. 我先回去拿凉水洗洗脑袋。

44. 刘星把班里所有的椅子都给拆了……

45. 你这事儿呀，哪个也不算小啊！！

46. 其余的我也就不一一跟您列举了，等刘梅回来我慢慢儿地去跟她说。

47. 能不说就别说呀！

48. 那刘梅那脾气，你可不知道啊，她要一听说啊，那准急。一急，那准打孩子。那一打，那就轻不了啊！

49. 老爸救救我！！

(四)

50. 我这心那么软，哪儿受得了你这个。

51. 这事儿呀，睁一眼闭一眼就得了。

52. 随便说啊，不给孩子告状就行。

53. 那我就没什么可说的了。

54. 早知道我就不去了。

55. 本来我都没好意思麻烦你。

56. 我自投罗网。

57. 是我自己要求自己，心甘情愿去的。

58. 没受刺激吧？就你这种给那个小雪那种好学生开惯了家长会的，你肯定心里有巨大的落差。

59. 是不是恨不得找个地缝儿都钻进去？

60. 没那么严重，瞧你说的。开得还算比较圆满。

61. 说的也是。

62. 那我就简明扼要地传达一下刘星在学校的表现。

63. 真行啊你儿子！我给你开了那么多年家长会，每回都得挨老师一顿呲儿呀。每回妈妈从学校出来，到处找棍子，恨不得要揍你。好不容易今天夸一回，妈还没参加成。

64. 妈可真够背的。

65. 妈准备好好儿奖励奖励你！你到底想要什么？

（五）

66. 这不公平！

67. 别那么小心眼儿。

68. 你跟谁赌气呢？

69. 你这小孩儿怎么有暴力倾向啊你？

70. 我什么时候说打破别人的鼻子有奖啊？

71. 你有话慢慢儿说。

72. 现在我命令你，必须把事实跟我说清楚！

73. 刘星在学校表现根本就不是那么回事儿！

74. 其实有些话不能信……

75. 没想到刚跟我结婚两个多月，就开始骗我！

76. 我绝对没有！

77. 我就是隐瞒了部分事实……报喜不报忧。

78. 刘星给班里修椅子不假，因为那椅子就是让他给拆坏的；刘星给班里做值日也不假，因为那教室就是让他给折腾乱的；刘星送同学去医院更不假，因为那同学的鼻子就是让他给打坏的……省略号，等等，等等。

79. 历史就是这样被篡改的。

80. 你听我解释。我是真有苦衷……

81. 你少跟我提"苦衷"二字！

82. 我告诉你，你的事儿一五一十我都知道了。

83. 我今天非揍你不可。

84. 老爸你出卖我！

85. 你当人一面，背人一面，你两面派！

(六)

86. 我对你很失望!

87. 本来以为你能帮我管管孩子呢!本来以为你跟我一条心呢!本来我以为你是个好爸爸呢!

88. 你连这种局面都控制不住,我对你太失望了!

89. 站好!看我不好好儿收拾收拾你!

90. 这叫苦肉计,没这招你过不了关。

91. 别愣着了,帮忙打呀!

92. 你这招不错哎,不愧是儿童剧院的大导演。

93. 这算什么?小菜一碟儿!

94. 你可不能把孩子嘴给堵上啊,你就是打犯人,你也得让他孩子喊两声儿、哭两声儿呀!

95. 我可告诉你啊,他要是把孩子打坏了,你后悔去吧!

96. 你把他给我弄出来,我收拾他!

97. 瞧见没有,他现在连你的话他都不听了!

98. 我们出来了,而且我宣布:我们俩现在是好哥们儿。

99. 刘星还向我保证了,像今天这样的错误,以后绝不会再犯,而且会努力改正所有的缺点。

100. 再补充一句,慢慢儿来!

第五单元 Unit 5

老妈，谢谢你
Thanks, Mum

源自《家有儿女》第一部第七集《老妈，谢谢你》

Extracted from *Thanks, Mum* of "Home with Kids" Series 1 Episode 7

第一课 Lesson One
（共4分12秒）

❓ 热身问题 Warm-Up Questions

1 小雪最近和平时有什么不一样的表现？
2 小雪拿绳子和切菜刀干什么？

（客厅，小雨在用望远镜看外边）

雨：回来一个！

星：老妈，是咱家炖肉的香味儿吧？

梅：呵！小鼻子够尖的你。最近几天表现不错啊，回来挺早，比小雪都①早。你说，为什么这几天，小雪回来都那么晚呢？而且身上还老脏了吧唧的②。

雨：这是个问题。她今天比昨天的衣服还要③脏。

（小雪哼歌进门）

雨：当当当当！

梅：哎哎，小雪！呵呵呵，你是不是去种树去了？

雪：我这样像刚种完树回来的吗？

星：你像是爬树去了。

梅：你们最近是不是体育课改军训了？有摸爬滚打的项目？

雪：哎呀，您就甭管啦！

雨：妈，妈！他揪我耳朵！

星：你说不说？你说不说？你说不说？

雨：哎哟！

梅：刘星！刘星！干吗呢你！你干吗揪他耳朵啊？

星：咳！我是想给小雨做个示范，我要是像小雪每天回来得这么晚，身上还弄得脏了吧唧的，您早该这么揪我耳朵了。

1. 炖 dùn / v. / stew slowly; braise
2. 尖 jiān / adj. / sensitive
3. 吧唧 bājī / part. / See Grammar Points 2
4. 种树 zhòng shù / plant trees
5. 军训 jūnxùn / v. / military training
6. 摸爬滚打 mō-pá-gǔn-dǎ / grope, creep, roll and beat. See Culture Points 25
7. 项目 xiàngmù / n. / item; sports event
8. 揪 jiū / v. / hold tight; seize
9. 示范 shìfàn / v. / show-how; demonstrate

梅：那成，那我就问问你，最近小雪为什么回来这么晚呢？

星：您别掐我呀！我又不知道。

梅：说——

（卧室）

雨：妈，有一件事儿，您不揪我耳朵我也告诉您。

梅：什么事儿？

雨：姐姐逃课了！

梅：嗯？你怎么知道的？

雨：她今天跟同学打电话了。

梅：啊？

雨：妈妈，别担心，我保证我不会逃课的。

梅：嗯，你最乖了，你就是妈妈的乖孩子。

雨：我上课睡觉我也不逃课。

梅：嘿！这孩子！

（夏东海进来）

雨：哎！爸！

夏：哎！

梅：哎哎哎。

夏：累死我了！

梅：咱俩得说说小雪的事儿了。

夏：明天再说行吗？困死我了，真的。

梅：她今天可旷课了。

夏：哎呀，刘星旷课不是很正常的事儿嘛。

梅：嘿，谁跟你说是刘星啊？小雪！你听见没听见？

夏：啊？小雪？不可能吧？

10. 掐 qiā / v. / pinch; clutch

11. 逃课 táo kè / cut class

12. 旷课 kuàng kè / be absent from school without leave; cut school

梅：嘿，怎么不可能啊。你没看见她今天回家那样儿。哎哟，满身满脸脏的！**好家伙！**④ 绝对不是从教室沾来的。哎，你看这衣服，破了个大口子！

夏：哪儿？哪儿？哪儿呢？

梅：这不嘛？我刚给缝上的。

（小雨推门进来）

雨：爸，妈，姐姐……

梅、夏：怎么了？！

雨：切菜刀，上吊绳儿！

夏：啊？

梅：什么？

（刘梅和夏东海冲进小雪房间）

梅：啊！小雪你干吗呀你！

雪：哎呀，哎！

梅：你怎么这么想不开呀你！

夏：是啊，你这干吗？让我们多着急呀！

雪：哎呀！你们想哪儿去了？我只是用绳子和图片来模拟生态链！

梅：生态链？嗯？

雪：您应该知道什么叫生物链吧。

梅：我知道。

雨：我不知道。

梅：生物链呢，就是大鱼吃小鱼，小鱼吃虾米。

夏：那你拿刀干吗呀？

梅：啊。

雪：用刀割绳子呀！**总不能让我用牙咬吧**⑤？

13. 沾　zhān / v. / be stained with
14. 口子　kǒuzi / n. / tear
15. 缝　féng / v. / sew
16. 上吊　shàng diào / hang oneself
17. 绳儿　shéngr / n. / rope
18. 想不开　xiǎngbukāi / take things too seriously; take a matter to heart
19. 模拟　mónǐ / v. / imitate; simulate
20. 链　liàn / n. / chain
21. 生物　shēngwù / n. / living being; biology
22. 虾米　xiāmi / n. / small shrimps
23. 割　gē / v. / cut with a knife

梅：哎呀，虚惊一场。

夏：哎？那旷课是怎么回事儿？

雪：不就是少上一节自习课吗？我那个呀，是去参加一个生物夏令营的入营仪式。这几天哪，我总算是没白练，野外生存呢都得A+。我要以这个夏令营为起点，我将来呢，要做中国的**珍妮·古多尔***。

夏：嘿嘿嘿，行，那好好儿去参加你的夏令营吧！啊，我们就走了！

雪：好！

夏：但是不能耽误学习！

（刘梅和夏东海从小雪屋出来）

梅：珍妮·古多尔是谁啊？

夏：哦，英国的一女的，为了保护和研究野生**大猩猩***，天天在树林里和它们同吃同住。你不知道啊？

梅：啊？小雪要跟她学？要……要把青春献给大猩猩？

24. 虚惊一场 xūjīng yìchǎng / false alarm
25. 夏令营 xiàlìngyíng / n. / summer camp
26. 仪式 yíshì / n. / ceremony; rite
27. 野外 yěwài / n. / open country; field

28. 耽误 dānwu / v. / delay; hold up
29. 大猩猩 dàxīngxing / n. / chimpanzee; gorilla
30. 青春 qīngchūn / n. / youth; youthfulness

---

* 珍妮·古多尔 Zhēnní Gǔduō'ěr (1934—#)：英国著名动物生态学家，26岁赴非洲原始森林观察黑猩猩，在野外度过38年生涯，之后奔走于世界各地，呼吁人们保护动物和地球环境。
Jane Goodall (1934-#) is a well-known British zoologist. When she was 26 years old, she went to Africa to observe chimpanzees in the Virgin Forest and has spent 38 years in the wild. Following her exploits, protection of animals and conservation of the world's natural environment has become more appealing.

* 本单元中，夏东海一家把黑猩猩误说成了大猩猩。
In this unit, Xia Donghai's family mistook chimpanzee for gorilla.

语言点例释 Grammar Points

❶ A比B都……

解释 Explanation

"A 比 B 都……",表示一般的情形下是 B 这样,但现在 A 比 B 更如此。有不同寻常的意思。

"A 比 B 都……" indicates that B usually is of this quality, however now A is even more so compared to B. It has the meaning of "out of ordinary".

剧中 Example in Play

梅:最近几天表现不错啊,回来挺早,比小雪都早。

他例 Other Examples

▽ 今天妈妈太累了,比我们睡得都早。
▽ 今年的秋天比冬天都冷。

❷ ……了吧唧的

解释 Explanation

在某些单音节形容词后加上"了吧唧的",反映说话人的一种主观感觉,表示某种状况不堪忍受,相当于"挺……的"。只用于口语。

"了吧唧的" can be added behind some monosyllabic adjectives and shows a subjective feeling from the speaker, which expresses that a certain situation is unbearable. It's rather like "挺……的" and only used colloquially.

剧中 Example in Play

梅:你说,为什么这几天,小雪回来都那么晚呢?而且身上还老脏了吧唧的。

他例 Other Examples

▽ 你怎么能这样想呢?傻了吧唧的。
▽ 快把衣服脱下来啊,湿了吧唧的。

❸ A比B还(要)……

解释 Explanation

"A 比 B 还(要)……"与"A 比 B 都……"意思相近,表示 B 已经到了相当的程度,但是 A 比 B 程度更高。"要"可以省略。

The meanings of both "A 比 B 还(要)……" and "A 比 B 都……" are rather close. It shows that B has already arrived at a degree, but compared to B, A's degree is even greater. "要" can be omitted.

第五单元（第1课） | 老妈，谢谢你
Unit 5 (Lesson 1) | Thanks , Mum

剧 中 Example in Play

雨：这是个问题。她今天比昨天的衣服还要脏。

他 例 Other Examples

- 今天比昨天还热。
- 青菜比肉还要贵。

❹ 好家伙！

解 释 Explanation

叹词。表示惊讶或赞叹。

It's an exclamation that shows surprise or a very high level of praise.

剧 中 Example in Play

夏：啊？小雪？不可能吧？
梅：嘿，怎么不可能啊。你没看见她今天回家那样儿。哎哟，满身满脸脏的！好家伙！绝对不是从教室沾来的。

他 例 Other Examples

- 好家伙！你去过20个国家！
- 好家伙！你们怎么干得这么快啊！

❺ 总不能……吧

解 释 Explanation

"总"用在否定词的前边，用反问的语气表示强调。"总不能……吧"的实际意思是"当然不能……"。

"总" is used in front of expressions of refusal to show a rhetorical tone that gives emphasis to the statement. The practical meaning of "总不能……吧" can be defined as "当然不能……"(of course not).

剧 中 Example in Play

夏：那你拿刀干吗呀？
雪：用刀割绳子呀！总不能让我用牙咬吧？

他 例 Other Examples

- 这么多包子，总不能一次吃完吧？
- 他是个孩子，总不能一次错误也不犯吧？

文化点滴 Culture Points

25 军训与摸、爬、滚、打

为增强国民的国防观念和国家安全意识，根据国家规定，中国的大中学生在校学习期间要安排一定时间的军事训练课程，使学生掌握基本军事知识和技能。摸、爬、滚、打是指军训中提高个人军事素质的基本训练科目。

25 The Disciplines of Military Training (Touching, Climbing, Rolling, Combatting)

According to the national regulations, high school and college students in China must attend military training sessions to gain basic military experience and skills to boost people's awareness and knowledge about national security and defense. Touching, climbing, rolling, and combatting are the primary training subjects in these military training sessions.

练习 Exercises

一、看视频，回答问题 Watch the video and answer the questions correctly

（一）1. 小雨用望远镜看到了什么？
2. 刘梅夸刘星什么？担心小雪什么？
3. 小雪的回答让妈妈和弟弟满意吗？
4. 刘星为什么揪小雨的耳朵？

（二）5. 小雨是怎么知道小雪逃课的事儿的？
6. 刘梅告诉夏东海小雪逃课的事儿，夏东海什么反应？
7. 小雪用刀和绳子在干什么？
8. 刘梅是怎么解释"生物链"的？
9. 小雪最近在忙什么？

二、选词填空 Choose the most appropriate words to fill in the blanks

1. 刘星的鼻子很（　　），一进家门，就闻到了（　　）肉的香味儿。
2. 军训有摸爬滚打的（　　）。
3. 刘星揪小雨的耳朵，为的是想给小雨做个（　　）。
4. 小雨听见小雪打电话，所以知道她（　　）了。
5. 听说女儿（　　），刘梅非常着急。
6. 小雪的衣服上破了一个大（　　）。
7. 小雪用绳子和图片（　　）生态链，刘梅和夏东海以为她（　　），结果是（　　）。
8. 小雪利用一节自习课的时间参加了一个（　　）夏令营的入营（　　）。
9. 小雪这几天都在练习（　　）生存能力。
10. 夏东海同意女儿参加夏令营，但是希望她不要（　　）学习。

虚惊一场	想不开
仪式	耽误
模拟	示范
项目	野外
生物	逃课
旷课	口子
炖	尖

三、剧中出现了很多单音节动词，请注意它们的意思
The play presents many single-syllable verbs. Give attention to their meanings please

摸　爬　滚　打　揪　掐　沾　割　缝

四、判断台词的顺序，把序号写在前边的方格里
Place the lines into the correct order and number them accordingly

序号	台词
☐	雪：您就甭管啦！
☐	星：你像是爬树去了。
☐	梅：你们最近是不是体育课改军训了？有摸爬滚打的项目？
☐	雪：我这样像刚种完树回来的吗？
☐	梅：最近几天表现不错啊，回来挺早，比小雪都早。你说，为什么这几天，小雪回来都那么晚呢？而且身上还老脏了吧唧的。
☐	梅：哎哎，小雪！呵呵呵，你是不是去种树去了？
☐	雨：这是个问题。她今天比昨天的衣服还要脏。

五、看视频，判断下列台词是谁说的
Watch the video and decide who says the corresponding lines from the script

说话人	台词
	1. 你干吗揪他耳朵啊？
	2. 我要是像小雪每天回来得这么晚，身上还弄得脏了吧唧的，您早该这么揪我耳朵了。
	3. 我上课睡觉我也不逃课。
	4. 咱俩得说说小雪的事儿了。
	5. 刘星旷课不是很正常的事儿嘛。
	6. 你没看见她今天回家那样儿。哎哟，满身满脸脏的！好家伙！绝对不是从教室沾来的。
	7. 你怎么这么想不开呀你！
	8. 哎呀！你们想哪儿去了？
	9. 我要以这个夏令营为起点，我将来呢，要做中国的珍妮·古多尔。

六、用提示词语完成对话，再做一个新对话

Use the given words below to complete the dialogues, and then make a new dialogue

1. A比B都……/ A比B还（要）……
   (1) 梅：最近几天表现不错啊，回来挺早，_____。
       你说，为什么这几天，小雪回来都那么晚呢？而且身上还老脏了吧唧的。
       雨：这是个问题。她_____
   (2) 甲：你能不能给我介绍一本中国人用的汉语词典？
       乙：_____

2. 好家伙！
   (1) 夏：啊？小雪？不可能吧？
       梅：嘿，怎么不可能啊。你没看见她今天回家那样儿。哎哟，满身满脸脏的！_____
   (2) 甲：为了减肥，我三天没吃饭，只吃黄瓜。
       乙：_____

3. 总不能……吧
   (1) 夏：那你拿刀干吗呀？
       雪：用刀割绳子呀！_____
   (2) 甲：你老批评他，他受得了吗？
       乙：_____

七、成段表达　Presentation

根据画面的提示以及剧情的发展情况，说出小雪要说的话。

According to the clues in the picture and how the play has developed, express what you think Xiaoxue wants to say.

参考词语或句式
Refer to the following words and expressions or sentence structures

不就是……吗　　参加　　总算是　　以……为起点　　将来
耽误　　保护　　野生　　同吃同住　　青春　　献

第二课 Lesson Two
（共3分22秒）

热身问题 Warm-Up Questions

1. 刘梅给小雪准备了什么东西？
2. 为了与小雪沟通，刘梅又做了什么努力？

（续前）

梅：啊？小雪要跟她学？要……要把青春献给大猩猩？

夏：没你说得那么吓人。她又不傻，就是小孩儿心血来潮，**无非**①就是兴趣广泛了一点儿，没什么大事儿。我们应该支持嘛，啊？

梅：嘿……哎哎哎，那大猩猩可会咬人！

（客厅）

梅：小雪，哎，小雪，我给你准备两个指南针，万一要丢了一个，还有一个备用的。

雪：不用，我有GPS定位系统。

梅：G……

夏：就是卫星定位。

梅：哦，反正一定要注意安全。啊，千万别出什么事儿啊。这个，你再喜欢大猩猩，咱也不能被它吃了是不是？

雪：大猩猩是素食主义者，您这都不知道啊？

夏：咳，这谁知道啊，**隔行如隔山***嘛！我都不太清楚。

梅：呵呵呵，反正你看人家②大猩猩在一块儿

1. 吓人　xià rén / frightening; terrible
2. 广泛　guǎngfàn / adj. / wide range
3. 支持　zhīchí / v. / support
4. 指南针　zhǐnánzhēn / n. / compass. See Culture Points 26
5. 备用　bèiyòng / v. / reserve; spare
6. GPS定位系统　GPS dìngwèi xìtǒng / Global Positioning System
7. 系统　xìtǒng / n. / system
8. 卫星　wèixīng / n. / satellite
9. 素食主义　sùshí zhǔyì / vegetarianism

---

* 隔行如隔山 gé háng rú gé shān：比喻不同行业之间互不了解，像隔着一座山一样。
A lack of understanding amongst each other's field is like separating mountains, compared within different trades.

玩儿呀，倒没关系，它们要是一块儿一打架，你赶紧躲远远儿的，别回头伤着你。

雪：您对它们的了解真是太少了！大猩猩是一种很合群的动物，它们很少打架的。算了，反正啊，您也不懂这些东西，您呢，也就别跟着瞎掺和了啊！那我就走了啊！

夏：好，来，背着。

雪：走了啊。

星：哟，走了，那我就不送了啊。

雨：我也不送了。

星：你要是看见大猩猩，你就能明白，你两个弟弟有多么的英俊了。拜拜。

雪：不见得③！

夏：这小子！

雪：我走了啊！

梅：啊，再见。

雪：喔，对了，还有一件事儿。我走了以后大家不要想我呀！拜拜！

夏：拜拜！

梅：拜拜！

夏：到了打电话啊！

（小雪离去）

梅：什么叫瞎掺和呀，人家②好心好意关心她。

夏：呵呵，她不是孩子嘛！别往心里去*啊。

梅：我告诉你，我不光不能往心里去，我还得想办法跟她沟通，让她服我！我决定，

10. 打架　dǎ jià / fight

11. 躲　duǒ / v. / hide (oneself); avoid

12. 合群　héqún / adj. / get on well with others

13. 瞎　xiā / adv. / aimlessly; groundlessly

14. 英俊　yīngyùn / adj. / handsome

15. 好心好意　hǎoxīn hǎoyì / good intention; kindness

16. 服　fú / v. / be convinced

---

* 别往心里去：别在意，别计较。Don't take it personally; don't mind; don't care about it.

恶补有关大猩猩的知识，迅速成为一个大猩猩通！我上她屋查资料去！

夏：哎……

（刘梅卧室）

梅：黑猩猩是一种体形最大的类人猿。属于猩猩科，主要生活在非洲的赤道地区。

夏：哎呀！老婆，今天差不多了吧？睡吧！

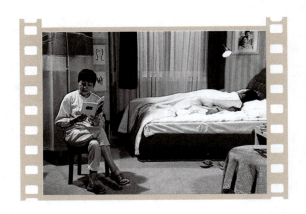

梅：很多人误以为大猩猩是野蛮动物，这恐怕是动物界中最大的冤案。其实它们性情一点儿也不狂躁。**即使**为了争夺统治权，雄性大猩猩们**也**④很少打架。

（夏东海翻身，再翻身）

梅：嘿！你说我们医院那些男大夫，一天到晚为了争夺那个主治医的名额在那儿打得**不亦乐乎**⑤！还不如人家②黑猩猩呢！

夏：唉，行了，咱就别用联想式思维了吧！

梅：我也得忍得住哇！

（夏东海无奈地躺下）

17. 恶补	èbǔ / v. / frantically make up; frantically compensate
18. 迅速	xùnsù / adj. / rapid; quick
19. 通	tōng / n. / expert; specialist
20. 资料	zīliào / n. / data; material
21. 体形	tǐxíng / n. / type of build or figure; somatotype
22. 类人猿	lèirényuán / n. / anthropoid
23. 科	kē / n. / family (in biological taxonomy)
24. 赤道	chìdào / n. / equator
25. 地区	dìqū / n. / area; district; region
26. 误以为	wù yǐwéi / consider by mistake
27. 冤案	yuān'àn / n. / wrong verdict; injustice
28. 性情	xìngqíng / n. / temper
29. 狂躁	kuángzào / adj. / mania
30. 争夺	zhēngduó / v. / fight for
31. 统治权	tǒngzhìquán / n. / right of domination
32. 雄性	xióngxìng / n. / male
33. 主治医	zhǔzhìyī / n. / physician-in-charge
34. 名额	míng'é / n. / number of people assigned or allowed
35. 不亦乐乎	búyìlèhū / extremely; awfully
36. 联想式	liánxiǎngshì / type of thought; mental association
37. 思维	sīwéi / n. / thought; thinking

语言点例释 Grammar Points

❶ 无非

解释 Explanation

副词。只，不过，不外乎。指明范围。多指把事情往小里或轻里说。常常说"无非是""无非就是"。

"无非" is an adverb that means "only, merely and clearly", pointing out that there are confines. It is a rather light expression and often "无非是""无非就是" are spoken.

剧中 Example in Play

梅：啊？小雪要跟她学？要……要把青春献给大猩猩？

夏：没你说得那么吓人。她又不傻，就是小孩儿心血来潮，无非就是兴趣广泛了一点儿，没什么大事儿。我们应该支持嘛，啊？

他例 Other Examples

↘ 周末我们没有什么特别的活动，无非是看看书，打打球。

↘ 他无非是跟你开个玩笑，你别生气。

❷ 人家

解释 Explanation

人称代词。可指自己，也可指别人，可特指某个人或某些人，意思同"我""他/她""他们/她们"等。

It's a personal pronoun that can be used to indicate oneself or other people. The meaning is the same as "我""他/她""他们/她们"etc..

剧中 Examples in Play

↘ 梅：呵呵呵，反正你看人家大猩猩在一块儿玩儿呀倒没关系，它们要是一块儿一打架，你赶紧躲远远儿的，别回头伤着你。

↘ 梅：什么叫瞎掺和呀，人家好心好意关心她。

↘ 梅：嘿！你说我们医院那些男大夫，一天到晚为了争夺那个主治医的名额在那儿打得不亦乐乎！还不如人家黑猩猩呢！

他例 Other Examples

↘ 人家小雪学习这么好，你怎么老考二分？

↘ 人家都去旅行了，你怎么不去？

❸ 不见得

解释 Explanation

副词。不一定。

It's an adverb that means something is uncertain.

| 剧 中 Example in Play | 星：你要是看见大猩猩，你就能明白，你两个弟弟有多么的英俊了。拜拜。
雪：不见得！ |

| 他 例 Other Examples | ↳ 今天不见得会下雨。
↳ 甲：你觉得他们会同意吗?
　乙：不见得。 |

❹ 即使……也……

| 解 释 Explanation | 连词。表示假设兼让步。"即使"所表示的条件，可以是尚未实现的事情，也可以是与事实相反的事情。

"即使……也……" is a conjunction that expresses concession, which is used to explain conditions to the contrary of one's wishes or that an action is unredeemable. |

| 剧 中 Example in Play | 梅：其实它们性情一点儿也不狂躁。即使为了争夺统治权，雄性大猩猩们也很少打架。 |

| 他 例 Other Examples | ↳ 即使别人都不去，我也会去。
↳ 你去西藏的事儿还是算了吧，即使爸爸同意了，医生也不会同意。 |

❺ 不亦乐乎

| 解 释 Explanation | "不亦乐乎"原意是"不也是很快乐的吗"，出自《论语》。现常用在某些动词的后边做补语，表示达到极点的意思。

The original intention of "不亦乐乎" is similar to "isn't it a happy thing" and stems from *Lunyu*. It's often used after certain verbs to complement them. It expresses culmination of an event. |

| 剧 中 Example in Play | 梅：嘿！你说我们医院那些男大夫，一天到晚为了争夺那个主治医的名额在那儿打得不亦乐乎，还不如人家黑猩猩呢！ |

| 他 例 Other Examples | ↳ 晚会上，大家唱歌、跳舞、做游戏，玩儿得不亦乐乎。
↳ 年底的工作很多，她忙得不亦乐乎。 |

文化点滴 Culture Points

26 指南针

指南针，是利用磁针制成的指示方向的仪器，它是中国古代四大发明之一，古称"司南"。司南由天然磁铁矿石制成，样子像一把放在方形底盘上的汤勺。方形底盘上铸有标明方向的刻纹。因为勺子底部光滑圆润，可以自由旋转并保持平衡，当它静止时，勺柄就会指向南方。后来用于航海、测量、旅行及军事等方面的指南针，大都由它发展而来。

26 The Compass

The compass is a direction indicating instrument made of magnetic needle. It is one of the four great inventions in ancient China. It was called "Sinan" in ancient times. Sinan is made of natural magnet ore and looks like a soup spoon on a square chassis. The square chassis is cast with engraved lines indicating the direction. Because the bottom of the spoon is smooth and round, it can rotate freely and maintain balance. When it is stationary, the handle of the spoon will point south. Later, the compass used in navigation, surveying, travel and military was mostly developed from it.

练习 Exercises

一、根据剧情选择答案　Choose the correct answers according to the plot

1. 小雪要研究黑猩猩，夏东海的态度是：（　　　）
   A. 担心　　　　B. 支持　　　　C. 不关心
2. 刘梅担心黑猩猩：（　　　）
   A. 太脏　　　　B. 咬人　　　　C. 太难看
3. 刘梅给小雪准备了：（　　　）
   A. 指南针　　　B. GPS　　　　C. 午饭

4. 关于黑猩猩，下列说法不正确的是：（　　）
   A. 性情狂躁　　　　　B. 是素食动物　　　　C. 很少打架

5. 小雪走后，刘梅：（　　）
   A. 很生气　　　　　　B. 查黑猩猩资料　　　C. 跟夏东海吵架

6. 刘梅觉得她们医院的男大夫：（　　）
   A. 很安静　　　　　　B. 不怎么样　　　　　C. 和黑猩猩一样

二、看视频，用剧中的台词替换画线部分（可在右框中选择）
Watch the video and use the lines in the play to substitute the underlined expressions. Make your selections from the table on the right

1. 夏：她又不傻，就是小孩儿想干什么就突然干什么，<u>只不过就是兴趣广泛了一点儿</u>，没什么大事儿。我们应该支持嘛，啊？
2. 雪：大猩猩是<u>吃素的</u>，您这都不知道啊？
3. 夏：这谁知道啊，<u>不是我们的专业我们完全不了解</u>嘛！我都不太清楚。
4. 星：你要是看见大猩猩，你就能明白，你两个弟弟有多么的<u>帅</u>了。
   雪：<u>不一定</u>！
5. 梅：什么叫瞎掺和呀，<u>我好心好意关心她</u>。
6. 夏：呵呵，她不是孩子嘛！<u>别在意</u>啊。
   梅：我决定，恶补有关大猩猩的知识，<u>很快</u>成为一个大猩猩通！
7. 梅：很多人<u>错误地认为</u>大猩猩是野蛮动物，这恐怕是动物界中最大的冤案。

人家	迅速
英俊	不见得
无非	误以为
心血来潮	
别往心里去	
隔行如隔山	
素食主义者	

三、人称代词"人家"在句子里有很多种意思，请区别它在下边各句中的含义
The personal pronoun "人家" in the sentence has many meanings. Differentiate its correct meanings below

1. 什么叫瞎掺和呀，人家好心好意关心她。
2. 我们医院那些男大夫，一天到晚为了争夺那个主治医的名额在那儿打得不亦乐乎！还不如人家黑猩猩呢！
3. 人家都不着急，怎么就你着急？
4. 人家小雨都听见了，你今天逃课来着。
5. 他当时又没有在场，你凭什么说是人家干的？

四、看视频，给台词填空　　Watch the video and complete the scripts

（一）梅：什么叫瞎掺和呀，人家（　　　）关心她。

夏：呵呵，她不是孩子嘛！别（　　　）啊。

梅：我告诉你，我不光不能往心里去，我还得想办法（　　　），让她（　　　）我！我决定，恶补有关大猩猩的知识，迅速成为一个（　　　）！我上她屋查资料去！

（二）梅：黑猩猩是一种（　　　）最大的类人猿。（　　　）猩猩科，主要生活在非洲的赤道地区。

夏：哎呀！老婆，今天差不多了吧？睡吧！

梅：很多人误以为大猩猩是野蛮动物，这（　　　）是动物界中最大的冤案。其实它们性情一点儿也不狂躁。（　　　）为了争夺统治权，雄性大猩猩们（　　　）很少打架。嘿！你说我们医院那些男大夫，一天到晚为了（　　　）那个主治医的名额在那儿打得（　　　）！还不如人家黑猩猩呢！

夏：唉，行了，咱就别用（　　　）思维了吧！

梅：我也得（　　　）得住哇！

五、成段表达　　Presentation

1. 找出剧本中关于黑猩猩的内容，整理一下，然后表述出来。

   Find and tidy up the relevant content in the play concerning the chimpanzee and then perform it.

2. 从网上查找资料，介绍某一种动物。

   Look up the internet and introduce one kind of animal.

第三课 Lesson Three
(共3分28秒)

❓ 热身问题 Warm-Up Questions

1. 刘梅在研究黑猩猩的资料时又有什么新想法？
2. 刘梅闹了什么笑话？

（续前，刘梅仍然在读有关黑猩猩的资料）

梅：猩猩在动物世界的地位，既尴尬又微妙，它和人类有着千丝万缕的联系，是人类祖先的活样本。（夏东海翻身）三千万年前，它**原本**①有一次成为人的机会，却因为偷懒，不肯从树上下来，永远在兽群里沉沦。嘿！那**也就是说**②，三千万年前它要不偷懒，要从树上下来了，那没准儿我们现在人类都已经星球大战了！哎，是不是，夏东海？

夏：人和猩猩可都是需要睡眠的！

梅：猩猩完全有理由这么想：哎呀，说我就差那么一点儿点儿，我就变成人了！而人类呢，也可以完全有理由这么想：我就差那么一点儿点儿，我就不是人了。哎，真的就差那么一点儿点儿嘿！

1. 尴尬 gāngà / adj. / awkward
2. 微妙 wēimiào / adj. / delicate; subtle
3. 人类 rénlèi / n. / mankind; human being
4. 千丝万缕 qiānsī-wànlǚ / countless ties
5. 祖先 zǔxiān / n. / ancestry; ancestor
6. 样本 yàngběn / n. / sample
7. 原本 yuánběn / adv. / originally
8. 偷懒 tōu lǎn / goldbrick; be lazy
9. 兽群 shòuqún / n. / group of beasts
10. 沉沦 chénlún / v. / sink into
11. 星球大战 xīngqiú dàzhàn / star war
12. 睡眠 shuìmián / n. / sleep

13. 理由 lǐyóu / n. / reason; cause

夏：就差这么一点儿点儿就凌晨一点钟了，夫人，你能上来安息吗？我实在是受不了了！

梅：夫君，我来了！我来安息了！

夏：你不能上来！

（厨房到客厅，刘梅还在想着黑猩猩的事儿）

梅：猩猩为什么拒绝进化呀？

星：（边玩儿边插话）给我一个进化的理由。

梅：它为什么不说话呀？

星：您让我说什么呀！

梅：在于③缺乏听力基因的分化过程？

星：我耳朵挺好的！

梅：去去，别老在这儿捣乱！

星：您不是说我呢吗？

梅：谁说你呢？我这儿说大猩猩呢！

星：嘿，我这暴脾气！

（夏东海走出来）

夏：哎哟，什么时候开饭呀？

梅：马上。哎，你把米饭端过来吧，在锅里呢。

夏：刘星，来拿碗来，帮忙。

星：哎，成。

夏：哎哎哎，刘梅同志，米饭在哪儿呢？

星：唉！给黑猩猩吃的吧！

夏：看，凉水泡大米，这算特色饭吧？

梅：哎哟，坏了坏了，我忘插电源了。

夏：那吃什么呀？

梅：那，那吃方便面吧？赶快④拿几根菠菜出来，煮点儿面吃。

14. 凌晨　língchén / n. / early in the morning
15. 安息　ānxī / v. / rest in peace

16. 拒绝　jùjué / v. / refuse
17. 进化　jìnhuà / v. / evolve

18. 基因　jīyīn / n. / gene
19. 分化　fēnhuà / v. / differentiate

20. 暴脾气　bào píqi / violent temper

21. 锅　guō / n. / pot; boiler (rice cooker)

22. 泡　pào / v. / steep; soak
23. 特色　tèsè / n. / characteristic; unique feature
24. 插　chā / v. / stick in; insert
25. 电源　diànyuán / n. / power source
26. 菠菜　bōcài / n. / spinach
27. 煮　zhǔ / v. / boil; cook

夏：好吧。哎？菠菜在哪儿放着呢？
梅：在冰箱里呢！
夏：哎哟，菠菜什么时候变成这模样了？
梅：哎？我记得在冰箱里呢，有啊！
星：大卫·科波菲尔*来了。
梅：嗯？大卫·科波菲尔是谁呀？
星：变魔术的呀，把咱家菠菜呀，变成竹叶儿了。
梅：去！
雨：妈，这个给我吧。明天爸爸带我去动物园，喂大熊猫吃。
梅：想得倒挺美的*。我们张大夫好不容易从植物园给我弄来的。
夏：哎，你不会拿这个煮方便面吧？
梅：什么方便面？它又不会吃方便面。再说⑤了，它又不会使筷子。
星：哎，我会使筷子。
夏：你妈说的是野生大猩猩。
星：她不会走火入魔了吧？
雨：哎，爸，你说我妈会不会变成大猩猩啊？
夏：嗯，很危险。

28. 魔术　móshù / n. / magic; conjuring

29. 植物园　zhíwùyuán / n. / botanical garden

30. 使　shǐ / v. / use
31. 筷子　kuàizi / n. / chopsticks

32. 走火入魔　zǒuhuǒ-rùmó / an infatuation or an obsession with something, which shows an irrational state

---

* 大卫·科波菲尔 Dàwèi Kēbōfēi'ěr：著名魔术师。 A famous magician.
* 想得倒挺美（的）：意思是想得太好了（实际不可能那样）。
The meaning is that the reality won't be the way as what somebody thought.

语言点例释 Grammar Points

❶ 原本

解释 Explanation

副词。原来，本来。

"原本" is an adverb that means "originally, formerly".

剧中 Example in Play

梅：三千万年前，它原本有一次成为人的机会，却因为偷懒，不肯从树上下来，永远在兽群里沉沦。

他例 Other Examples

↘ 他原本是学法律的，后来改行搞电影了。
↘ 我原本不想管这事，但是现在不能不管。

❷ 也就是说

解释 Explanation

在两段话之间起连接作用，后一段话是对前一段话所表达的意思的解释、说明或者推断。

"也就是说" is often used to connect two segments of speech. The second part of speech should explain, narrate or conclude the first part.

剧中 Example in Play

梅：三千万年前，它原本有一次成为人的机会，却因为偷懒，不肯从树上下来，永远在兽群里沉沦。嘿！那也就是说，三千万年前它要不偷懒，要从树上下来了，那没准儿我们现在人类都已经星球大战了！

他例 Other Examples

↘ 我的英语只是初级水平，也就是说，我根本当不了翻译。
↘ 他的房间黑着灯，也就是说，他还没有回家。

❸ 在于

解释 Explanation

动词。指出事物的本质所在或者关键所在。

"在于" is a verb that shows the essence of or key to something.

剧中 Example in Play

梅：（大猩猩不能说话是）在于缺乏听力基因的分化过程？

他例 Other Examples
- 衣服的好坏不在于价格,而在于质量。
- 一年之计在于春。

④ 赶快

解释 Explanation

副词。抓住时机,加快速度。

"赶快" is an adverb that means to seize the moment or to do something quickly.

剧中 Example in Play

梅:赶快拿几根菠菜出来,煮点儿面吃。

他例 Other Examples
- 时间不早了,我们赶快走吧。
- 赶快去,要不就买不到票了。

⑤ 再说

解释 Explanation

连词,表示推进一层。

"再说" is a conjunction that indicates the current action is incomplete and advances it on a level.

剧中 Example in Play

夏:哎,你不会拿这个煮方便面吧?
梅:什么方便面?它又不会吃方便面。再说了,它又不会使筷子。

他例 Other Examples
- 这辆自行车的颜色不太好,再说,价格也有些贵,还是别买了。
- 今天天气这么好,我们去爬山吧,再说,我们已经很久没去爬山了。

文化点滴 Culture Points

27 大熊猫

大熊猫是中国特有的珍稀野生动物，生活在中国的四川、陕西、甘肃的高山密林之中，以竹子为主要食物，是一个有200万~300万年历史的古老物种。成年大熊猫长约120~190厘米，体重85~125千克。大熊猫十分稀少，是中国的一级保护动物，被视为国宝。大熊猫也深受世界各国人民喜爱，世界野生动物基金会（WWF）的会徽图案就是一只大熊猫。

27 The Giant Panda

The giant panda is one of China's most cherished wild animals and they live in the mountainous and forests in Sichuan, Shaanxi, and Gansu Province in China. They mainly eat bamboo and are a species that date back as far as 2 million ~ 3 million years ago. When fully grown, giant panda can reach a height of 120 ~ 190 cm and a weight of 85 ~ 125 kg. Giant pandas are very rare and rank as China's most protected animal, which are regarded as a national treasure. Giant pandas are also adored deeply by people all over the world and the symbol of the World Wildlife Fund (WWF) is a giant panda.

练习 Exercises

一、根据剧情内容判断对错
According to the plot, make a decision on whether statements are true or false

1. 黑猩猩是人类祖先的活样本。☐
2. 刘梅研究黑猩猩的资料研究到了凌晨两点。☐
3. 第二天刘梅就不再想黑猩猩的事儿了。☐
4. 刘梅做米饭时忘了插电源。☐
5. 冰箱里的菠菜变成了竹叶。☐
6. 一家人的中午饭吃的是方便面。☐
7. 竹叶是刘梅从植物园弄来的。☐

二、看视频，选择合适的词语填空
Watch the video and choose the appropriate words or phases to fill in the blanks

端	千丝万缕	星球大战	没准儿	受不了	模样
微妙	尴尬	机会	电源	祖先	特色
人类	开饭	永远	睡眠	偷懒	理由
进化	一点儿点儿				

1. 梅：猩猩在动物世界的地位，既（　　）又（　　），它和人类有着（　　）的联系，是人类（　　）的活样本。三千万年前，它原本有一次成为人的（　　），却因为（　　），不肯从树上下来，（　　）在兽群里沉沦。嘿！那也就是说，三千万年前它要不偷懒，要从树上下来了，那（　　）我们现在人类都已经（　　）了！哎，是不是，夏东海？

夏：人和猩猩可都是需要（　　）的！

梅：猩猩完全有（　　）这么想：哎呀，说我就差那么一点儿点儿，我就变成人了！而（　　）呢，也可以完全有理由这么想：我就差那么一点儿点儿，我就不是人了。哎，真的就差那么一点儿点儿嘿！

夏：就差这么（　　）就凌晨一点钟了，夫人，你能上来安息吗？我实在是（　　）了！

2. 梅：猩猩为什么拒绝（　　）呀？

3. 夏：什么时候（　　）呀？

梅：马上。哎，你把米饭（　　）过来吧，在锅里呢。

4. 夏：看，凉水泡大米，这算（　　　）饭吧？
   梅：哎哟，坏了坏了，我忘插（　　　）了。
5. 夏：哎哟，菠菜什么时候变成这（　　　）了？

三、判断台词的顺序，把序号写在前边的方格里
Place the lines into the correct order and number them accordingly

序号	台词
1	雨：妈，这个给我吧。明天爸爸带我去动物园，喂大熊猫吃。
☐	夏：哎，你不会拿这个煮方便面吧？
☐	星：她不会走火入魔了吧？
☐	雨：哎，爸，你说我妈会不会变成大猩猩啊？
☐	梅：什么方便面？它又不会吃方便面。再说了，它又不会使筷子。
☐	星：哎，我会使筷子。
☐	梅：想得倒挺美的。我们张大夫好不容易从植物园给我弄来的。
☐	夏：你妈说的是野生大猩猩。
☐	夏：嗯，很危险。

四、用提示词语完成对话，并设计一个新对话
Use the given words below to complete the dialogues, and then design a new dialogue

1. 在于
   (1) 梅：它（黑猩猩）为什么不说话呀？
       ＿＿＿＿＿＿＿＿＿＿＿＿＿？
       星：我耳朵挺好的。
   (2) 甲：学好汉语什么最重要？
       乙：＿＿＿＿＿＿＿＿＿＿＿＿＿

2. 赶快
   (1) 夏：那吃什么呀？
       梅：那，那吃方便面吧？＿＿＿＿＿。

   (2) 甲：妈，我的腿受伤了！
       乙：＿＿＿＿＿＿＿＿＿＿＿

3. 再说
   (1) 夏：哎，你不会拿这个煮方便面吧？
       梅：什么方便面？它又不会吃方便面。
       ＿＿＿＿＿＿＿＿＿＿＿＿＿。
   (2) 甲：你喜欢一个人旅行？
       乙：＿＿＿＿＿＿＿＿＿＿＿

五、成段表达　Presentation

模仿刘梅关于黑猩猩的描述。以图片上的句子开始。

Imitate Liu Mei's description of a gorilla and use the pictures in the sentence to start you off.

猩猩在动物世界的地位……

第四课 Lesson Four
(共3分钟)

❓ 热身问题 Warm-Up Questions

1. 刘梅这几天在忙什么？
2. 夏东海觉得还缺一样什么东西？

（客厅，夏东海、刘星和小雨在看电视，刘梅唱歌进门）

梅：呵，看电视呢。

夏：你妈这几天在你姐房间里鼓捣什么呢？

星：老妈说了，要在小雪回来之前，把她屋里搞点儿气氛。

雨：大猩猩的气氛。

夏：啊？

梅：哎哎哎，我宣布一下儿啊，从现在开始，小雪房门钥匙由妈妈保管啊，因为我怕你们进去破坏气氛。我决定给小雪一个惊喜。

夏：哎哎，那个刘梅同志，我能否①代表咱们全家的男子汉，向你提一个请求？

梅：什么事儿？

夏：就是在给小雪惊喜之前，先给我们一个惊喜，然后您再保管钥匙。我们主要是怕吓着小雪。

星：对对对对，我也要看。

雨：我也要看。

梅：真想看？行，那你们给我记住了，只许看，不许碰！

夏：听见了吗？

星、雨：听见了，听见了，听见了。

夏：走！！

1. 鼓捣 gǔdao / v. / tinker with; fiddle with
2. 气氛 qìfēn / n. / ambience; atmosphere
3. 保管 bǎoguǎn / v. / take care of; store and manage
4. 破坏 pòhuài / v. / destroy
5. 惊喜 jīngxǐ / adj. / pleasantly surprised
6. 能否 néngfǒu / is it possible...
7. 请求 qǐngqiú / n. & v. / request

(夏东海和刘星、小雨进小雪屋子)

夏、星、雨：哇！！

夏：哎哎哎，我说刘梅同志！

梅：什么事儿啊？

夏：这可有点儿太过了啊。这孩子怎么住啊？

梅：哎？怎么不能住啊？看见没有，多有气氛啊！啊，猩猩的模型，猩猩的图片，猩猩的书，猩猩的资料……全齐了。

夏：噢。这**看来**②你是要走猩猩系列呀！

梅：那当然了！

夏：那我觉得还差一样很重要的东西。

梅：不可能，我觉得什么都齐了！哼！

夏：你看那自然博物馆里边，猩猩系列的有一样很重要的就是猩猩化石，**周口店**里很多呀，而且离咱这儿也不远。我觉得，你给小雪弄一个猩猩化石回来，会把她乐疯了的。

梅：**你说的有道理**③。周口店，当时挖化石的科学家，万一要像你似的戴眼镜看不清楚，没准儿还真能漏个一个两个的。

夏：哎哎，我可是在逗你玩儿呢，你不会当真吧？

梅：凭什么逗我玩儿呀，这太有可能性了。明天谁有时间跟我去周口店？夏东海？呵？！这男的怎么都那么不热爱科学呀！

8. 过　guò / adj. / excessive; go beyond the limit

9. 模型　móxíng / n. / model

10. 系列　xìliè / n. / series

11. 齐　qí / adj. / all ready; all present

12. 化石　huàshí / n. / fossil; remains
13. 周口店　Zhōukǒudiàn / N. / See Culture Points 28

14. 漏　lòu / v. / be missing; leave out

语言点例释 Grammar Points

❶ 能否

解释 Explanation
"是否可以，可以不可以"。语气比较正式。
"能否" means "是否可以，可以不可以". The tone is rather formal.

剧中 Example in Play
夏：哎哎，那个刘梅同志，我能否代表咱们全家的男子汉，向你提一个请求？

他例 Other Examples
➢ 您能否答应我一个要求？
➢ 你们能否向我解释一下儿刚才发生的事情？

❷ 看来

解释 Explanation
插入语。依据客观情况估计。
"看来" is an insertion whereby the basic gist shows impartial estimation of a situation.

剧中 Example in Play
梅：看见没有，多有气氛啊！啊，猩猩的模型，猩猩的图片，猩猩的书，猩猩的资料……全齐了。
夏：噢。这看来你是要走猩猩系列呀！

他例 Other Examples
➢ 已经过了半个小时了，看来他不会来了。
➢ 听见他在唱歌吧？看来他今天心情不错。

❸ 说的有道理

解释 Explanation
用在对话的下句，表示赞同对方的话，认为对方说得对。
It's used in the next sentence of a conversation to show that the previous statement has credence. It shows agreement and that what the other person said is correct.

剧中 Example in Play
夏：我觉得，你给小雪弄一个猩猩化石回来，会把她乐疯了的。
梅：你说的有道理。……

> 他例
> Other Examples

➤ 甲：冬天也应该出去锻炼，老待在屋子里不好。
  乙：说的有道理，我是需要锻炼锻炼了。
➤ 甲：孩子需要多鼓励。
  乙：说的有道理，我以前对他太严厉了。

文化点滴 Culture Points

28 周口店

周口店，位于北京市西南约50千米，是50万年以前北京猿人栖息的地方。北京猿人先后在此处龙骨山的洞穴里群居了40多万年。那里遗留下了他们吃剩的残余食物和用过的器具，还有他们的遗骸。在1929年12月2日的发掘中，科学家在龙骨山的巨大洞穴里又发现了一块完整的原始人头盖骨化石以后，周口店即以"中国猿人之家"闻名于世。1987年"周口店北京人遗址"被联合国教科文组织列入世界遗产名录。

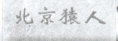
北京猿人

28 Zhoukoudian

Zhoukoudian is situated around 50km to the southwest of Beijing and this place was inhabited by Beijing's ape population around 500,000 years ago. These apes from herein lived in the caves of Longgu Shan for more than 400,000 years and they left behind many things such as food surpluses, instruments and utensils, even their remains. On the 2nd Dec. 1929 while being excavated by scientists and archeologists, a complete large skull of one of these primitive people was discovered in one of Longgu Shan's large caves. Zhoukoudian has been named "The Home of the Chinese Homo Erectus" and these people dubbed as the "Peking Man". The site is now famous throughout the world and is recognized by UNESCO as one of the world's major heritage sites.

练习 Exercises

一、根据剧情回答问题 According to the plot answer the following questions

1. 刘梅在小雪房间里鼓捣什么？
2. 刘梅宣布了一个什么重要决定？
3. 夏东海提出一个什么请求？
4. 夏东海和刘星、小雨看了小雪的房间后有什么反应？
5. 刘梅给小雪准备了什么？
6. 夏东海开玩笑说刘梅准备的东西还差什么？
7. 刘梅是否把丈夫的玩笑当了真？

二、台词填空 Use the appropriate words to fill in the blanks

过	疯	齐	差	挖	逗	漏	热爱
化石	当真	宣布	请求	气氛	系列	资料	能否
鼓捣	保管	破坏	模型	惊喜	可能性	博物馆	有道理

1. 夏：你妈这几天在你姐房间里（　　　）什么呢？
   星：老妈说了，要在小雪回来之前，把她屋里搞点儿（　　　）。

2. 梅：哎哎哎，我（　　　）一下儿啊，从现在开始，小雪房门钥匙由妈妈（　　　）啊，因为我怕你们进去（　　　）气氛。我决定给小雪一个（　　　）。
   夏：哎哎，那个刘梅同志，我（　　　）代表咱们全家的男子汉，向你提一个（　　　）？

3. 夏：我说刘梅同志！这可有点儿太（　　　）了啊。这孩子怎么住啊？
   梅：哎？怎么不能住啊？看见没有，多有气氛啊！啊，猩猩的（　　　），猩猩的图片，猩猩的书，猩猩的（　　　）……全（　　　）了。
   夏：噢。这看来你是要走猩猩（　　　）呀！
   梅：那当然了！
   夏：那我觉得还（　　　）一样很重要的东西。
   梅：不可能，我觉得什么都齐了！哼！
   夏：你看那自然（　　　）里边，猩猩系列的有一样很重要的就是猩猩（　　　），周口店里很多呀，而且离咱这儿也不远。我觉得，你给小雪弄一个猩猩化石回来，会把她乐（　　　）了的。
   梅：你说的（　　　）。周口店，当时（　　　）化石的科学家，万一要像你似的戴眼镜看不清楚，没准儿还真能（　　　）个一个两个的。
   夏：哎哎，我可是在（　　　）你玩儿呢，你不会（　　　）吧？
   梅：凭什么逗我玩儿呀，这太有（　　　）了。明天谁有时间跟我去周口店？夏东海？呵？！这男的怎么都那么不（　　　）科学呀！

Unit 5 (Lesson 4) | Thanks, Mum

三、用提示词语完成对话，并设计一个新对话
Use the given words below to complete the dialogues, and then design a new dialogue

1. 看来
   - (1) 梅：看见没有，多有气氛啊！啊，猩猩的模型，猩猩的图片，猩猩的书，猩猩的资料……全齐了。
     夏：噢。_____
   - (2) 甲：我准备办一张健身卡，天天锻炼两个小时。
     乙：_____

2. 说的有道理
   - (1) 夏：我觉得，你给小雪弄一个猩猩化石回来，会把她乐疯了的。
     梅：_____
   - (2) 甲：看自然科学方面的书可以开阔孩子们的眼界，应该帮他们多买一些这样的书。
     乙：_____

四、看剧照，找出对应的台词　Look at the pictures and match them with the corresponding actor's lines

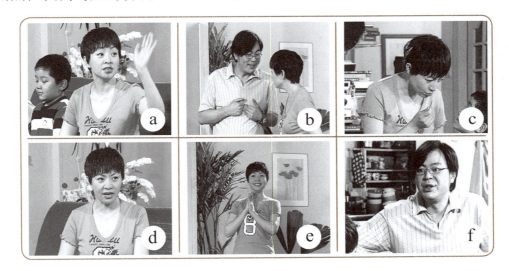

- ☐ 我决定给小雪一个惊喜。
- ☐ 我能否代表咱们全家的男子汉，向你提一个请求？
- ☐ 你们给我记住了，只许看，不许碰！
- ☐ 那我觉得还差一样很重要的东西。
- ☐ 不可能，我觉得什么都齐了！
- ☐ 这男的怎么都那么不热爱科学呀！

五、成段表达　Presentation

1. 以刘梅的口气描述她这几天做的事儿以及她当时的心情。
   Take Liu Mei's tone to describe the things that she has done recently along with her current feelings.

2. 设想一下刘梅下一步要干什么，结果怎么样，并说明理由。
   Imagine what Liu Mei will do next and what is the result of this. State your reasons clearly.

第五课 Lesson Five
(共3分17秒)

❓ 热身问题 Warm-Up Questions

1. 刘梅回来了，她有什么收获？
2. 刘梅拿那么多树枝干什么？

（小区内）

夏：你说你妈怎么到现在还不回来？

星：我妈不会真去那什么，房山周口店了吧？

夏：嗯，没准儿！

雨：啊？那里有化石吗？

夏：化石是肯定有啊，可①那都是国家级保护文物，你妈能捡着吗？

（刘梅回来了）

梅：呵，你们都在这儿呢。（夏东海上前想帮妻子）别动别动，我这都是稀世珍宝，起来起来起来……

夏：快快快，让让，让让。来来，先放下。

梅：哎，哎，累死我了！哎哟！

夏：这都什么呀？这么沉！

梅：哎呀，给你们看看啊，显摆显摆。看看，这是什么？

雨：石头。

梅：去！这叫化石！

夏：化石？就您能捡着的也叫化石？那咱整个北京城那就成博物馆了。

梅：我给你看看，你过来。瞧瞧啊，有记载的。这个是1957年云南的古猿牙齿化石，这个是1970年在湖北发现的……

1. 房山　Fángshān / N. / the Fangshan District in Beijing

2. 文物　wénwù / n. / cultural relic; artifact. *See Culture Points* 29
3. 捡　jiǎn / v. / pick up; collect
4. 稀世珍宝　xīshì zhēnbǎo / rare treasures

5. 沉　chén / adj. / heavy
6. 显摆　xiǎnbai / v. / show off

7. 记载　jìzǎi / v. / put down in writing; record
8. 牙齿　yáchǐ / n. / tooth; dental

夏：哦，那您这块儿……

梅：我这块儿很有可能是1921年北京出土的化石。

夏：你挖出来的？

梅：对呀！

夏：你拿什么挖的呀？

梅：我……嘿，我当然是拿这个挖的了。

夏：我看你晚上拿什么炒菜。

（饭桌上）

雨：爸，你为什么天天给我们做方便面呀？

星：就是的②，我都吃反胃了。

夏：哎呀，我也不爱吃啊，可妈妈不给咱们做怎么办？哎？要不然，我给你们做清蒸鲤鱼？

雨：啊？就是那种很苦的鱼呀？

星：就是连苦胆一块儿蒸的那个，哼！还不如吃面呢！

（刘梅回来了）

梅：大家好！

雨、星、夏：大家不好！

星：妈，您拿这么多树枝干吗呀？

梅：哎，不知道了吧？猩猩一般都是用树枝搭

9. 出土 chūtǔ / v. / be unearthed

10. 炒 chǎo / v. / stir-fry

11. 反胃 fǎnwèi / v. / gastric disorder causing nausea

12. 清蒸 qīngzhēng / v. / steamed in clear soup (usually without soy sauce)

13. 鲤鱼 lǐyú / n. / carp; cyprinoid

14. 苦胆 kǔdǎn / n. / gall bladder

15. 蒸 zhēng / v. / steam

16. 树枝 shùzhī / n. / branch; twig

17. 搭 dā / v. / put up; build

窝。高度大概是八到十米，白天就待在树上，喜欢独居。

星：八到十米？您要搭那么高的窝呀？

雨：晚上摔下来怎么办？

梅：嘿，咱们家哪有八米高啊这房顶？

夏：哎，那你要干什么呀？

梅：呃（è），我打算弄一个微缩景观，比例是八比一。

夏：你要把猩猩窝搭在小雪房间呀？！

梅：对呀！来来来，有空儿帮我一块儿干，快点儿！

夏：你还真要干哪？

梅：快快快，真的，快点儿……

（电话铃响）

夏：接电话。

梅：嘿，你过来……

星：（接电话）喂？哦，哦，小雪，爸，小雪！

夏：我先接电话啊。

梅：我来我来我来我来！

夏：喂？小雪啊……

梅：我们俩有共同语言。喂，小雪，啊啊，我告诉你呀，**据我**③的观察和研究啊，这个猩猩最好待在加里曼丹和苏门答腊的原始森林，啊，一般是三只到十只为一族群，对对对，喜欢家族生活，就跟咱们家差不多。

雨：那咱们家不就成了猩猩家族了吗？

梅：啊？！等你明天回来再说啊？

18. 窝　wō / n. / nest; lair; den
19. 独居　dújū / v. / live a solitary existence
20. 房顶　fángdǐng / n. / roof
21. 微缩　wēisuō / v. / microform
22. 景观　jǐngguān / n. / landscape
23. 比例　bǐlì / n. / ratio; proportion

24. 加里曼丹　Jiālǐmàndān / N. / Kalimantan
25. 苏门答腊　Sūméndálà / N. / Sumatra
26. 原始森林　yuánshǐ sēnlín / primeval forest
27. 族群　zúqún / n. / ethnic group
28. 家族　jiāzú / n. / clan; family

第五单元（第5课） | 老妈，谢谢你
Unit 5（Lesson 5） | Thanks, Mum

语言点例释 Grammar Points

❶ ……是……，可……

解释 Explanation

先肯定再转折。意思与"虽然……但是……"差不多。

It shows there is a definite transition in a turn of events. The meaning is pretty much the same as "虽然……但是……".

剧中 Example in Play

雨：那里有化石吗？
夏：化石**是**肯定有啊，**可**那都是国家级保护文物，你妈能捡着吗？

他例 Other Examples

↘ 甲：这幅画儿真漂亮！
　 乙：画儿**是**漂亮，**可**价格太贵了！
↘ 甲：看起来今天不会下雨了。
　 乙：雨**是**不会下了，**可**风还是很大。

❷ 就是（的）

解释 Explanation

强烈赞同或附和前边说的，意思相当于"对啊""是这样"。"的"可以省略。

It's used to vehemently concur with or to go along with the previous statement. The meaning is rather akin to "对啊""是这样"."的" can be omitted.

剧中 Example in Play

雨：爸，你为什么天天给我们做方便面呀？
星：**就是的**，我都吃反胃了。

他例 Other Examples

↘ 甲：作业真多啊！
　 乙：**就是（的）**，都快累死了。
↘ 甲：你怎么老打孩子呢？
　 乙：**就是（的）**，他一着急就打孩子，您快说说他吧。

3 据我……

解释 Explanation

意思是"根据我的……"。口气比较正式。

The meaning is similar to "根据我的……" and there's a somewhat formal tone.

剧中 Example in Play

梅：喂，小雪，啊啊，我告诉你呀，据我的观察和研究啊，这个猩猩最好待在加里曼丹和苏门答腊的原始森林……

他例 Other Examples

↳ 据我所知，黑猩猩是一种体形最大的类人猿。
↳ 据我了解，这件事是因为一张电影票引起的。

文化点滴 Culture Points

29 国家级保护文物

在历史发展过程中遗留下来的有价值的东西都是文物。文物是历史文化遗产，理应受到保护。中国有严格的法律保护文物，并按不同标准划分了文物保护级别。国家级保护文物是保护级别最高的文物，此外，还有省、县等级别的保护文物。中国对文物出境的管理极为严格，擅自携带文物出境有可能触犯刑律。

29 The National Protection of Cultural Relics

Many remains have been left behind over the course of history and these have been dubbed as cultural relics. These are part of our historical culture and merit protection. China has very strict laws regarding the protection and preservation of cultural and historical relics and these are categorized into different levels of criteria. National treasures are regarded as the highest level on the scale and there are also treasures of provincial and county level. China is very strict on managing the departure of any relics from China and makes clear that the action of taking anything of this kind out of the country could violate criminal law.

第五单元（第5课） | 老妈，谢谢你
Unit 5 (Lesson 5) | Thanks, Mum

练习 Exercises

一、根据剧情选择答案　Choose the correct answers according to the plot

1. 周口店化石是：（　　　）
   A. 国家级保护文物　　　B. 普通的石头　　C. 化学方法制成的石头

2. 刘梅背回来很多：（　　　）
   A. 化石　　　　　　　B. 土　　　　　　C. 石头

3. 刘梅挖"化石"的工具是：（　　　）
   A. 手　　　　　　　　B. 刀　　　　　　C. 炒菜铲

4. 刘梅不在家的时候，夏东海天天给孩子们做：（　　　）
   A. 清蒸鲤鱼　　　　　B. 西红柿鸡蛋面　　C. 方便面

5. 关于黑猩猩，下列说法不正确的是：（　　　）
   A. 一般都是用树枝搭窝
   B. 猩猩窝的高度大概是六到八米
   C. 喜欢家族生活

二、看视频，用剧中的台词替换画线部分（可在右框中选择）
Watch the video and use the lines in the play to substitute the underlined expressions. Make your selections from the table on the right

1. 梅：别动别动，我这都是<u>世上少有的宝贝</u>。
2. 夏：这都什么呀？这么<u>重</u>！
3. 梅：我这块儿很有可能是1921年北京<u>挖出来</u>的化石。
4. 雨：爸，你为什么天天给我们做方便面呀？
   星：就是的，我都<u>吃得不想再吃</u>了。
5. 星：八到十米？您要建那么高的窝呀？
   雨：晚上<u>掉</u>下来怎么办？
6. 梅：我打算弄一个<u>按比例缩小的</u>景观，比例是八比一。
7. 梅：我来我来我来我来！我们俩<u>谈得来</u>。喂，小雪……

搭	摔
沉	出土
吃反胃	
稀世珍宝	
微缩景观	
有共同语言	

三、下列句子是谁说的？请写出人名，并说一下说话人的心情

Who said the sentences below? Write the correct names next to the statements and talk about the speaker's mood

_____：你说你妈怎么到现在还不回来？

_____：哎呀，给你们看看啊，显摆显摆。看看，这是什么？

_____：化石？就您能捡着的也叫化石？那咱整个北京城那就成博物馆了。

_____：我看你晚上拿什么炒菜。

_____：要不然，我给你们做清蒸鲤鱼？

_____：就是连苦胆一块儿蒸的那个，哼！还不如吃面呢！

_____：你要把猩猩窝搭在小雪房间呀？！

_____：据我的观察和研究啊，这个猩猩最好待在加里曼丹和苏门答腊的原始森林，一般是三只到十只为一族群，对对对，喜欢家族生活，就跟咱们家差不多。

_____：那咱们家不就成了猩猩家族了吗？

_____：等你明天回来再说啊？

四、用提示词语完成对话，并设计一个新对话

Use the given words below to complete the dialogues, and then design a new dialogue

1. 是……，可……
   (1) 雨：那里有化石吗？
       夏：_____，你妈能捡着吗？
   (2) 甲：这件事我一个人处理不行吗？
       乙：_____

2. 就是（的）
   (1) 雨：爸，你为什么天天给我们做方便面呀？
       星：_____

(2) 甲：妈妈整天工作，连周末也不能陪我们一起玩儿。
    乙：_____

3. 据我……
   (1) 雪：您说您对大猩猩有研究？
       梅：_____
   (2) 甲：冬天去哪里旅行比较好？
       乙：_____

五、成段表达 Presentation

设想一下小雪回来后的反应，并说明理由。

Imagine Xiaoxue's reaction after her return and state your reasons clearly.

Lesson Six 第六课

(共3分09秒)

❓ 热身问题 Warm-Up Questions

1. 小雪的背包里装的是什么？
2. 小雪的兴趣有什么变化？
3. 小雪的房间被刘梅布置成了什么样？

（客厅）

梅：哟！小雪回来了？！来来来！哎哟，嚯嚯，这是什么东西？这么一大包。

雪：哎哟，千万别碰，这可是珍贵的东西。

星：哎呀，不会是猩猩吧？！

梅：哟！你给猩猩打了麻醉剂了？它怎么一动都不动啊？

夏：对呀。

雪：这个东西呀是一动不动，但是它一眨眼就是十万八千里。

星：嚯，飞毛腿导弹*吧？

梅：打开让我们看看？

雪：噔噔噔——！

星：天文望远镜！

雪：嗯，以后啊，咱们就可以拿着这个，望天上的星星了。

梅：哎哎哎！！你不是喜欢研究四条腿儿的大猩猩吗？怎么又改研究天上的星星了？

雪：**事情是这样的**①，我们呀在野外观察了两天的大猩猩，我觉得呢，不是特别有意思，这个时候呢，我就发现了天上的星星

1. 碰 pèng / v. / touch
2. 珍贵 zhēnguì / adj. / valuable; precious
3. 麻醉剂 mázuìjì / n. / anaesthetic
4. 眨 zhǎ / v. / (of eyes) blink, wink
5. 十万八千里 shíwàn bāqiān lǐ tens of thousands of miles; very long distance
6. 飞毛腿 fēimáotuǐ / n. / fleet-footed
7. 导弹 dǎodàn / n. / guided missile
8. 噔噔噔 dēngdēngdēng / ono. / ta-da
9. 天文 tiānwén / n. / astronomy
10. 望远镜 wàngyuǎnjìng / n. / telescope

---

*飞毛腿导弹：A scud.

是那么的美,是那么的神奇,天空是那么的浩瀚,所以呢,天上的星星就把我深深地吸引住了。

梅:嘿!这……她怎么这么快就转了。

雪:唉!太累了,在野外这几天,我好想念我的那张小床啊!我一定要洗个澡,舒舒服服②地在我的小床上,好好儿地睡上一觉。

梅:哎哎哎——小雪,你先洗澡吧,我一会儿,我得给你那房间先通通风。

雪:不用了,不用了。

(小雪进房间,愣住了)

(客厅)

星:猩猩窝还在床上?

梅:离地一米,差不多的距离……

雨:石头还在桌子上?

梅:嗯。

夏:满墙还都贴满了猩猩的画儿?

梅:哎呀!这孩子非恨死我不可。

星:您别着急!我给您找关于天文的书去,您好好儿学学。

夏:实在不行③呀,明天我带你去天文馆好好儿看看。

梅:嗯,我一定加紧学天文方面的知识,我一定好好儿研究星星,我必须得让小雪知道,我多爱她。

11. 浩瀚 hàohàn / adj. / vast
12. 吸引 xīyǐn / v. / attract
13. 转 zhuǎn / v. / turn; change
14. 想念 xiǎngniàn / v. / miss

15. 通风 tōng fēng / ventilate

16. 距离 jùlí / n. / distance
17. 墙 qiáng / n. / wall
18. 恨 hèn / v. / hate
19. 天文馆 tiānwénguǎn / n. / planetarium
20. 加紧 jiājǐn / v. / step up; speed up

(小雪出来)

梅：哟，小雪，对不起啊，我实在是，你先洗澡，给我五分钟，我保证把你的房间收拾得干干净净②的。

夏：就是，阿姨也不知道，什么时候你突然改变兴趣了……

梅：对对。

雨：老妈就想给你个惊喜……

星：老妈明天就改学天文知识……

梅：对。

雪：老妈，谢谢你！

语言点例释 Grammar Points

1 事情是这样的

解释 Explanation

用于一段话的开头，详细说明一件事情的具体情况。

"事情是这样的" is used at the beginning of the conversation, and defines in detail the specific nature of a situation.

剧中 Example in Play

梅：你不是喜欢研究四条腿儿的大猩猩吗？怎么又改研究天上的星星了？

雪：事情是这样的，我们呀在野外观察了两天的大猩猩，我觉得呢，不是特别有意思，这个时候呢，我就发现了……

他例 Other Examples

↘ 甲：刘梅怎么去周口店了？
　乙：事情是这样的，因为小雪喜欢黑猩猩……

↘ 甲：那座房子为什么着火了？
　乙：事情是这样的，有一家的男主人特别爱抽烟……

② AABB

解释 Explanation

形容词重叠形式。AB 本身为形容词，重叠之后表示"非常 AB"。

AABB, an adjective that whereby duplicating the letters, superimposes the degree. AB takes on the form of an adjective, however, by superimposing AB basically it means "非常 AB".

剧中 Examples in Play

- 雪：在野外这几天，我好想念我的那张小床啊！我一定要洗个澡，舒舒服服地在我的小床上，好好儿地睡上一觉。
- 梅：给我五分钟，我保证把你的房间收拾得干干净净的。

他例 Other Examples

- 孩子们都打扮得漂漂亮亮的去参加晚会。
- 祝你们和和美美、白头到老。

③ 实在不行

解释 Explanation

"如果真的不行的话"，是一种对消极情况的假设，后边提出应对的办法。

"实在不行" means that if something is really not ok, and it's an assumption based upon a negative situation. Following this expression, the speaker should put forward an answer.

剧中 Example in Play

星：您别着急！我给您找关于天文的书去，您好好儿学学。
夏：实在不行呀，明天我带你去天文馆好好儿看看。

他例 Other Examples

- 雪天路滑，别开车了，还是坐地铁吧，实在不行，打车也可以呀。
- 甲：哎哟，我的头越来越疼了。
  乙：实在不行，我们去医院吧。

文化点滴 Culture Points

30 北京天文馆

北京天文馆是目前中国国内最大的天文科普教育基地，由两部分组成：北京西直门外的北京天文馆（简称西馆）和北京建国门内的北京古观象台（简称东馆）。北京天文馆西馆，又分为新馆和老馆两部分。老馆始建于1955年，面积7000多平方米，1957年建成开放。新天文馆建筑规模为21000多平方米，由政府投资建成，于2004年开放。这里有世界一流的天文科普设施，深受观众喜爱。

30 Beijing Planetarium

Beijing Planetarium is the largest education bases for the study of astronomy in China and is comprised of two parts: that of the Beijing Xizhimen Wai (shortened as West planetarium) and that of Beijing Jianguomen Nei ancient observatories (shortened as East planetarium). West planetarium has been divided into both the old and new observatories. The old one was built in 1955, has an area of more than 7000 sqm and was opened to the public in 1957. The dimensions of the new planetarium are over 21,000 sqm and it has been built from substantial government investment. This was opened to the public in 2004, which is regarded as a top ranking astrology establishment in the world today and has the adoration of the audiences who have been experienced its wonder.

练习 Exercises

一、根据剧情选择答案　Choose the correct answers according to the plot

1. 小雪的背包里是：（　　　）
   A. 猩猩化石　　　　　　　B. 麻醉剂　　　　　　　C. 天文望远镜
2. 小雪在野外的时候发现：（　　　）
   A. 黑猩猩很有意思　　　　B. 天上的星星很美　　　C. 家里比野外好
3. 小雪回家后最想做的事儿不包括：（　　　）
   A. 洗个澡　　　　　　　　B. 舒舒服服地睡一觉　　C. 给小屋通风
4. 小雪房间里的情况是：（　　　）
   A. 猩猩窝在桌子上
   B. 石头在床上
   C. 墙上贴满了猩猩的画儿
5. 从房间走出来后，小雪：（　　　）
   A. 对刘梅很生气　　　　　B. 什么也没有说　　　　C. 对刘梅改了称呼

二、台词填空　Choose the appropriate words to fill in the blanks

| 望远镜 | 珍贵 | 加紧 | 导弹 | 吸引 | 观察 | 星星 |
| 必须 | 神奇 | 浩瀚 | 转 | 眨 | 碰 | 望 | 恨 |

1. 梅：这是什么东西？这么一大包。
   雪：哎哟，千万别（　　　），这可是（　　　）的东西。
2. 梅：它怎么一动都不动啊？
   雪：这个东西呀是一动不动，但是它一（　　　）眼就是十万八千里。
   星：飞毛腿（　　　）吧？
   梅：打开让我们看看？
   星：天文（　　　）！
   雪：嗯，以后啊，咱们就可以拿着这个，（　　　）天上的星星了。
3. 雪：事情是这样的，我们呀在野外（　　　）了两天的大猩猩，我觉得呢，不是特别有意思，这个时候呢，我就发现了天上的（　　　）是那么的美，是那么的（　　　），天空是那么的（　　　），所以呢，天上的星星把我深深地（　　　）住了。
   梅：嘿！这……她怎么这么快就（　　　）了。
4. 梅：哎呀！这孩子非（　　　）死我不可。
5. 梅：我一定（　　　）学天文方面的知识，我一定好好儿研究星星，我（　　　）得让小雪知道，我多爱她。

三、判断台词的顺序，把序号写在前边的方格里

Place the lines into the correct order and number them accordingly

序号	台词
☐	星：老妈明天就改学天文知识……
☐	雪：老妈，谢谢你！
☐	夏：就是，阿姨也不知道，什么时候你突然改变兴趣了……
☐	雨：老妈就想给你个惊喜……
☐	梅：对。
☐	梅：小雪，对不起啊，我实在是，你先洗澡，给我五分钟，我保证把你的房间收拾得干干净净的。
☐	梅：对对。

四、用提示词语完成对话，并设计一个新对话

Use the given words below to complete the dialogues, and then design a new dialogue

1. 事情是这样的
   (1) 梅：你不是喜欢研究四条腿儿的大猩猩吗？怎么又改研究天上的星星了？
      雪：＿＿＿＿＿＿＿＿＿＿＿＿＿＿
   (2) 甲：她为什么哭得这么伤心？
      乙：＿＿＿＿＿＿＿＿＿＿＿＿＿＿

2. AABB
   (1) 雪：我的房间怎么变成这样了？
      梅：给我五分钟，我保证 ＿＿＿＿＿＿＿＿＿＿＿＿＿＿＿＿＿＿＿（干净）

   (2) 甲：考试的时候要注意什么？
      乙：＿＿＿＿＿＿＿＿＿＿＿＿＿＿
      （仔细）

3. 实在不行
   (1) 星：您别着急！我给您找关于天文的书去，您好好儿学学。
      夏：＿＿＿＿＿＿＿＿＿＿＿＿＿＿
   (2) 甲：退烧有什么好办法吗？
      乙：＿＿＿＿＿＿＿＿＿＿＿＿＿＿

五、在《家有儿女》中出现过的叹词非常多，请看看下列各句中的叹词表达的都是什么意思。如果可能，请再找出几个，并做一下小结

In *Home with Kids*, there are a vast array of exclamations made. Look at the examples below and explain their meanings. If possible, pick out a few and provide a summary of them

1. 梅：哎哎哎，我宣布一下儿啊，从现在开始，小雪房门钥匙由妈妈保管啊，因为我怕你们进去破坏气氛。我决定给小雪一个惊喜。

2. 夏：好吧。哎？菠菜在哪儿放着呢？

3. 夏：哎哟，菠菜什么时候变成这模样了？

4. 梅：嘿！你说我们医院那些男大夫，一天到晚为了争夺那个主治医的名额在那儿打得不亦乐乎！还不如人家黑猩猩呢！

5. 梅：嗯？你怎么知道的？

6. 梅：啊？！等你明天回来再说啊？

7. 梅：哟！小雪回来了？！来来来！哎哟，嚯嚯，这是什么东西？这么一大包。

8. 雪：嗯，以后啊，咱们就可以拿着这个，望天上的星星了。

9. 梅：哎哎哎！！你不是喜欢研究四条腿儿的大猩猩吗？怎么又改研究天上的星星了？

10. 雪：不用解释了！你就是那只猫，你就是要把我变成害怕你的老鼠！哼！

11. 梅：哎呀！这孩子非恨死我不可。

12. 星：哦，对对对，是白天。在一个月黑风高的白天……

13. 星：咳！我是想给小雨做个示范，我要是像小雪每天回来得这么晚，身上还弄得脏了吧唧的，您早该这么揪我耳朵了。

14. 梅：唉，咱们俩现在，只好忍着。

15. 雪：噢，对了，还有那个叫刘星的那孩子，他欺负过你吗？

16. 梅：啧，瞧瞧，瞧瞧人（家）姐姐多懂事儿呀！

17. 梅：嗨，是这么回事儿，你弄错了。刘星啊，是送鼻子破了的同学到医院去。

18. 星：嚯，飞毛腿导弹吧！

小结：

叹词 exclamation	啊	唉	哦	哎	嗯	哼	噢	啧	嗨	哟	哎呀	咳	嚯	咦	嘿	哎哟
基本含义 main meaning																

六、成段表达　Presentation

1. 根据图片和剧情，设想一下小雪进房间后的感受。
   According to the picture and plot, imagine Xiaoxue's feelings after entering the room.

2. 请根据第1至5单元的内容，复述小雪和刘梅的关系变化。
   Based on the content of Units 1 to 5, please talk about how the relationship between Xiaoxue and Liu Mei has changed. Please give some examples.

七、延伸练习　Extension exercise

复述1至5单元剧情，说说你对这个重组家庭的看法。
Retell the story of Units 1 to 5 and talk about your views on this family.

佳句集锦 A Collection of Key Sentences

(一)

1. 最近几天表现不错啊，回来挺早，比小雪都早。
2. 你说，为什么这几天，小雪回来都那么晚呢？而且身上还老脏了吧唧的。
3. 这是个问题。她今天比昨天的衣服还要脏。
4. 我这样像刚种完树回来的吗？
5. 您就甭管啦！
6. 他揪我耳朵！
7. 姐姐逃课了！
8. 妈妈，别担心，我保证我不会逃课的。
9. 咱俩得说说小雪的事儿了。
10. 刘星旷课不是很正常的事儿嘛。
11. 你没看见她今天回家那样儿。哎哟，满身满脸脏的！好家伙！绝对不是从教室沾来的。
12. 你怎么这么想不开呀你！
13. 你们想哪儿去了？
14. 您应该知道什么叫生物链吧。
15. 生物链呢，就是大鱼吃小鱼，小鱼吃虾米。
16. 虚惊一场。
17. 这几天哪，我总算是没白练，野外生存呢都得A+。
18. 我要以这个夏令营为起点，我将来呢，要做中国的珍妮·古多尔。

(二)

19. 没你说得那么吓人。
20. 她又不傻，就是小孩儿心血来潮，无非就是兴趣广泛了一点儿，没什么大事儿。我们应该支持嘛。
21. 那大猩猩可会咬人！
22. 我给你准备两个指南针，万一要丢了一个，还有一个备用的。
23. 千万别出什么事儿啊。
24. 大猩猩是素食主义者，您这都不知道啊？
25. 隔行如隔山嘛！
26. 反正你看人家大猩猩在一块儿玩儿呀，倒没关系，它们要是一块儿一打架，你赶紧躲远远儿的，别回头伤着你。

27. 大猩猩是一种很合群的动物，它们很少打架的。
28. 你要是看见大猩猩，你就能明白，你两个弟弟有多么的英俊了。
29. 不见得！
30. 什么叫瞎掺和呀，人家好心好意关心她。
31. 她不是孩子嘛！别往心里去啊。
32. 我告诉你，我不光不能往心里去，我还得想办法跟她沟通，让她服我！
33. 我决定，恶补有关大猩猩的知识，迅速成为一个大猩猩通！
34. 黑猩猩是一种体形最大的类人猿。属于猩猩科，主要生活在非洲的赤道地区。
35. 很多人误以为大猩猩是野蛮动物，这恐怕是动物界中最大的冤案。
36. 其实它们性情一点儿也不狂躁。即使为了争夺统治权，雄性大猩猩们也很少打架。
37. 你说我们医院那些男大夫，一天到晚为了争夺那个主治医的名额在那儿打得不亦乐乎！还不如人家黑猩猩呢！
38. 行了，咱就别用联想式思维了吧！

（三）

39. 猩猩在动物世界的地位，既尴尬又微妙，它和人类有着千丝万缕的联系，是人类祖先的活样本。
40. 那也就是说，三千万年前它要不偷懒，要从树上下来了，那没准儿我们现在人类都已经星球大战了！
41. 人和猩猩可都是需要睡眠的！
42. 猩猩完全有理由这么想：哎呀，说我就差那么一点儿点儿，我就变成人了！而人类呢，也可以完全有理由这么想：我就差那么一点儿点儿，我就不是人了。
43. 就差这么一点儿点儿就凌晨一点钟了。
44. 猩猩为什么拒绝进化呀？
45. 给我一个进化的理由。
46. 别老在这儿捣乱！
47. 什么时候开饭呀？
48. 你把米饭端过来吧，在锅里呢。
49. 凉水泡大米，这算特色饭吧？
50. 坏了坏了，我忘插电源了。
51. 赶快拿几根菠菜出来，煮点儿面吃。
52. 菠菜什么时候变成这模样了？

53. 我记得在冰箱里呢。
54. 我们张大夫好不容易从植物园给我弄来的。
55. 你不会拿这个煮方便面吧?
56. 她不会走火入魔了吧?

(四)

57. 你妈这几天在你姐房间里鼓捣什么呢?
58. 老妈说了,要在小雪回来之前,把她屋里搞点儿气氛。
59. 我宣布一下儿啊,从现在开始,小雪房门钥匙由妈妈保管啊,因为我怕你们进去破坏气氛。
60. 我决定给小雪一个惊喜。
61. 我能否代表咱们全家的男子汉,向你提一个请求?
62. 就是在给小雪惊喜之前,先给我们一个惊喜,然后您再保管钥匙。
63. 我们主要是怕吓着小雪。
64. 只许看,不许碰!
65. 这可有点儿太过了啊。这孩子怎么住啊?
66. 看见没有,多有气氛啊!啊,猩猩的模型,猩猩的图片,猩猩的书,猩猩的资料……全齐了。
67. 这看来你是要走猩猩系列呀!
68. 那我觉得还差一样很重要的东西。
69. 不可能,我觉得什么都齐了!
70. 我觉得,你给小雪弄一个猩猩化石回来,会把她乐疯了的。
71. 你说的有道理。
72. 我可是在逗你玩儿呢,你不会当真吧?

(五)

73. 你说你妈怎么到现在还不回来?
74. 化石是肯定有啊,可那都是国家级保护文物,你妈能捡着吗?
75. 别动别动,我这都是稀世珍宝。
76. 这都什么呀?这么沉!
77. 化石?就您能捡着的也叫化石?那咱整个北京城那就成博物馆了。
78. 我这块儿很有可能是1921年北京出土的化石。

79. 我当然是拿这个挖的了。
80. 我看你晚上拿什么炒菜。
81. 爸,你为什么天天给我们做方便面呀?
82. 就是的,我都吃反胃了。
83. 我也不爱吃啊,可妈妈不给咱们做怎么办?哎?要不然,我给你们做清蒸鲤鱼?
84. 您拿这么多树枝干吗呀?
85. 猩猩一般都是用树枝搭窝。高度大概是八到十米,白天就待在树上,喜欢独居。
86. 晚上摔下来怎么办?
87. 我打算弄一个微缩景观,比例是八比一。
88. 你要把猩猩窝搭在小雪房间呀?!
89. 我们俩有共同语言。
90. 据我的观察和研究啊,这个猩猩最好待在加里曼丹和苏门答腊的原始森林……

(六)

91. 这是什么东西?这么一大包。
92. 千万别碰,这可是珍贵的东西。
93. 你给猩猩打了麻醉剂了?它怎么一动都不动啊?
94. 这个东西呀是一动不动,但是它一眨眼就是十万八千里。
95. 天文望远镜!
96. 以后啊,咱们就可以拿着这个,望天上的星星了。
97. 你不是喜欢研究四条腿儿的大猩猩吗?怎么又改研究天上的星星了?
98. 事情是这样的,我们呀在野外观察了两天的大猩猩,我觉得呢,不是特别有意思,这个时候呢,我就发现了天上的星星是那么的美,是那么的神奇,天空是那么的浩瀚,所以呢,天上的星星把我深深地吸引住了。
99. 她怎么这么快就转了。
100. 在野外这几天,我好想念我的那张小床啊!
101. 我一定要洗个澡,舒舒服服地在我的小床上,好好儿地睡上一觉。
102. 这孩子非恨死我不可。
103. 我一定加紧学天文方面的知识,我一定好好儿研究星星,我必须得让小雪知道,我多爱她。
104. 给我五分钟,我保证把你的房间收拾得干干净净的。
105. 阿姨也不知道,什么时候你突然改变兴趣了……

附录一 Appendix 1

词性缩略语表
Abbreviations for Parts of Speech

adj.	Adjective	形容词
adv.	Adverb	副词
conj.	Conjunction	连词
interj.	Interjection	叹词
mw.	Measure Word	量词
n.	Noun	名词
N.	Proper Noun	专有名词
num.	Numerals	数词
ono.	Onomatopoeia	象声词
part.	Particle	助词
pron.	Pronoun	代词
prep.	Preposition	介词
quan.	Quantifier	数量词
v.	Verb	动词
方	Local Dialect	方言

附录二 Appendix 2

词汇索引
Vocabulary Index

	A	
挨呲儿	ái cīr	4-4
挨打	ái dǎ	2-3
爱护	àihù	4-4
爱情	àiqíng	1-6
爱心	àixīn	1-5
安息	ānxī	5-3

	B	
拔份儿	bá fènr	2-2
霸道	bàdào	2-6
吧唧	bājī	5-1
白宫	Báigōng	3-4
白头偕老	báitóu-xiélǎo	3-6
摆	bǎi	3-1
败火	bài huǒ	2-1
拜托	bàituō	4-3
班主任	bānzhǔrèn	4-2
半道儿上	bàndàor shang	1-3
榜样	bǎngyàng	1-2
包	bāo（包在我身上）	3-2
雹子	báozi	4-3
保持	bǎochí	1-4
保管	bǎoguǎn	5-4
保护	bǎohù	2-1
保证	bǎozhèng	1-2
暴力	bàolì	4-5
暴脾气	bào píqi	5-3
悲惨	bēicǎn	4-4
备用	bèiyòng	5-2
背	bèi（真够背的）	4-4
本能	běnnéng	3-2
本人	běnrén	3-5
甭	béng	4-5

比例	bǐlì	5-5
比喻	bǐyù	1-1
彼此	bǐcǐ	2-3
必须	bìxū	1-4
毕竟	bìjìng	2-1
闭	bì	4-4
编导	biāndǎo	3-4
编排	biānpái	1-2
辫子	biànzi	3-6
标志	biāozhì	1-4
表明	biǎomíng	2-2
表态	biǎo tài	2-3
表现	biǎoxiàn	4-4
憋	biē	3-2
玻璃	bōli	2-1
菠菜	bōcài	5-3
不愧	búkuì	4-6
不容置疑	bùróng-zhìyí	1-4
不像话	búxiànghuà	1-5
不许	bùxǔ	1-1
不亦乐乎	búyìlèhū	5-2
不在乎	bú zàihu	3-5
不足	bùzú	1-3
部分	bùfen	4-5

	C	
擦	cā	1-6
惨叫	cǎn jiào	2-3
惨痛	cǎntòng	2-1
灿烂	cànlàn	3-1
草地	cǎodì	3-1
插	chā	5-3
茶几	chájī	3-3
拆	chāi	4-3

猖狂	chāngkuáng	2-3		错误	cuòwù	2-1
场面	chǎngmiàn	3-4		**D**		
炒	chǎo	5-5		搭	dā	5-5
撤	chè	3-4		达到	dá dào	2-4
沉	chén	5-5		答应	dāying	4-4
沉沦	chénlún	5-3		打扮	dǎban	4-2
沉默	chénmò	1-4		打架	dǎ jià	5-2
陈列	chénliè	3-6		打交道	dǎ jiāodao	4-2
趁	chèn	1-3		打扰	dǎrǎo	1-4
趁早	chènzǎo	1-5		大猩猩	dàxīngxing	5-1
撑腰	chēng yāo	3-4		大熊猫	dàxióngmāo	3-4
成语	chéngyǔ	2-5		大闸蟹	dàzháxiè	1-4
承认	chéngrèn	3-5		代替	dàitì	3-3
惩罚	chéngfá	2-3		待	dāi	1-1
赤道	chìdào	5-2		待会儿	dāi huǐr	2-4
冲突	chōngtū	2-1		待遇	dàiyù	1-6
虫子	chóngzi	1-1		担心	dān xīn	2-4
重复	chóngfù	2-5		单独	dāndú	2-1
重组	chóngzǔ	序		单亲	dānqīn	4-2
冲	chòng	3-2		耽误	dānwu	5-1
抽（时间）	chōu (shíjiān)	1-5		当（面）	dāng (miàn)	4-5
臭	chòu	1-1		当头一棒	dāngtóu-yíbàng	4-4
出卖	chūmài	4-5		当着	dāngzhe	1-1
出面	chū miàn	3-2		当真	dàngzhēn	2-5
出土	chūtǔ	5-5		捯饬	dáochi	1-1
出主意	chū zhúyi	1-5		导弹	dǎodàn	5-6
除非	chúfēi	2-2		捣蛋	dǎo dàn	2-6
处理	chǔlǐ	2-2		捣乱	dǎo luàn	1-6
传达	chuándá	4-4		倒	dǎo (倒时差)	1-1
闯祸	chuǎng huò	4-1		倒	dǎo (弄倒)	3-3
创意	chuàngyì	2-1		到底	dàodǐ	1-4
春游	chūnyóu	3-1		道歉	dào qiàn	1-5
纯正	chúnzhèng	1-1		得	dé	1-4
此	cǐ	4-2		得救	déjiù	4-1
刺	cì	2-2		德行	déxing	3-6
刺激	cìjī	3-4		噔噔噔	dēngdēngdēng	5-6
刺猬	cìwei	2-2		等于	děngyú	4-2
凑合	còuhe	4-2		凳子	dèngzi	4-6
篡改	cuàngǎi	2-6		地缝儿	dìfèngr	4-4

地区	dìqū	5-2	方面	fāngmiàn	1-4
典型	diǎnxíng	1-2	方向	fāngxiàng	2-4
电源	diànyuán	5-3	防伪	fángwěi	1-4
爹	diē	1-5	房顶	fángdǐng	5-5
顶	dǐng (一张顶八张)	3-4	房山	Fángshān	5-5
定位	dìngwèi	1-3	放大	fàngdà	3-4
东北虎	Dōngběihǔ	3-4	放弃	fàngqì	2-2
懂事儿	dǒng shìr	1-3	飞毛腿	fēimáotuǐ	5-6
动	dòng	1-4	分化	fēnhuà	5-3
动换	dònghuan	4-4	芬芳	fēnfāng	1-6
动手	dòng shǒu	2-1	粉笔头儿	fěnbǐtóur	4-2
逗	dòu (真逗)	3-2	丰盛	fēngshèng	1-2
独居	dújū	5-5	风波	fēngbō	3-4
独立	dúlì	1-4	风水	fēngshuǐ	3-3
堵	dǔ	2-3	缝	féng	5-1
赌气	dǔ qì	4-5	夫唱妇随	fūchàng-fùsuí	3-5
炖	dùn	5-1	扶	fú	1-1
朵	duǒ	2-4	服	fú	5-2
躲	duǒ	5-2	负责任	fù zérèn	2-2
躲开	duǒ kāi	4-5	复杂	fùzá	3-4
E			G		
恶补	èbǔ	5-2	改正	gǎizhèng	4-6
恶意	èyì	2-5	概率	gàilǜ	1-2
儿女双全	érnǚ shuāngquán	3-5	干杯	gān bēi	1-4
儿童	értóng	3-4	干脆	gāncuì	1-1
F			干涉	gānshè	2-1
发愁	fā chóu	3-2	肝	gān	4-1
发话	fā huà	3-2	尴尬	gāngà	5-3
发挥	fāhuī	4-5	赶	gǎn	1-1
发蒙	fāmēng	4-4	赶紧	gǎnjǐn	3-1
发誓	fāshì	4-1	赶明儿	gǎnmíngr	3-1
发泄	fāxiè	3-4	敢情	gǎnqing	3-5
发展	fāzhǎn	2-4	干吗	gànmá	1-2
反抗	fǎnkàng	2-5	高粱	gāoliang	2-2
反胃	fǎnwèi	5-5	告状	gào zhuàng	4-4
反正	fǎnzhèng	1-3	哥们儿	gēmenr	4-6
犯	fàn	2-1	割	gē	5-1
犯法	fàn fǎ	2-3	个性	gèxìng	1-4
犯人	fànrén	4-6	各自	gèzì	3-4

公物	gōngwù	4-4	恨	hèn	5-6
功课	gōngkè	4-1	恨不得	hènbude	4-4
供血	gōng xiě	1-3	横	héng	1-1
共同	gòngtóng	序	轰	hōng	1-1
勾肩搭背	gōujiān-dābèi	3-6	哄	hòng	3-6
沟通	gōutōng	2-3	后果	hòuguǒ	3-5
GPS定位系统	GPS dìngwèi xìtǒng	5-2	后悔	hòuhuǐ	4-6
孤独	gūdú	3-5	后妈	hòumā	1-3
孤零零	gūlínglíng	3-2	胡说	húshuō	1-1
鼓捣	gǔdao	5-4	胡说八道	húshuō-bādào	3-1
顾虑	gùlǜ	4-1	糊涂	hútu	2-5
雇	gù	2-1	花朵	huāduǒ	1-6
乖	guāi	1-2	花花公子	huāhuā-gōngzǐ	2-5
观念	guānniàn	1-4	花园	huāyuán	1-6
管	guǎn	1-5	划船	huá chuán	3-5
管教	guǎnjiào	2-6	哗哗	huāhuā	4-3
光辉	guānghuī	1-1	滑	huá	2-2
广泛	guǎngfàn	5-2	滑头	huátóu	4-1
闺女	guīnü	1-1	化石	huàshí	5-4
滚	gǔn	3-1	坏蛋	huàidàn	2-6
棍子	gùnzi	4-4	环境	huánjìng	1-6
锅	guō	5-3	环游	huányóu	1-1
国情	guóqíng	2-5	晃悠	huàngyou	4-1
果酱	guǒjiàng	3-1	挥之即去	huīzhījíqù	3-5
过	guò	5-4	回归	huíguī	2-5
过分	guòfèn	2-6	混合双打	hùnhé shuāngdǎ	4-1
过关	guò guān	4-6	火腿肠	huǒtuǐcháng	1-3
过速	guò sù	1-2		J	
过瘾	guò yǐn	2-1	鸡毛	jīmáo	2-4
	H		积累	jīlěi	2-2
海誓山盟	hǎishì-shānméng	3-6	基因	jīyīn	5-3
害怕	hài pà	1-1	集贸市场	jímào shìchǎng	3-4
含情脉脉	hánqíng-mòmò	3-6	计较	jìjiào	3-2
好心好意	hǎoxīn hǎoyì	5-2	记录	jìlù	3-6
浩瀚	hàohàn	5-6	记性	jìxing	4-1
合群	héqún	5-2	记载	jìzǎi	5-5
合影	héyǐng	3-2	既然	jìrán	4-3
何在	hézài	2-3	加班	jiā bān	4-2
狠毒	hěndú	1-5	加急	jiājí	3-4

加紧	jiājǐn	5-6		解释	jiěshì	2-5
加里曼丹	Jiālǐmàndān	5-5		戒指	jièzhi	2-5
加利福尼亚	Jiālìfúníyà	序		金钱	jīnqián	2-2
家庭	jiātíng	序		紧张	jǐnzhāng	1-2
家长会	jiāzhǎnghuì	4-2		尽快	jǐnkuài	2-5
家族	jiāzú	5-5		尽	jìn	2-1
假	jiǎ	1-5		进化	jìnhuà	5-3
假冒	jiǎmào	2-2		经典	jīngdiǎn	2-2
假装	jiǎzhuāng	3-6		惊喜	jīngxǐ	5-4
嫁	jià	2-1		精力	jīnglì	2-2
尖	jiān	5-1		精神	jīngshén (传达精神)	4-4
尖叫	jiānjiào	3-6		景观	jǐngguān	5-5
尖锐	jiānruì	2-4		净	jìng	3-1
尖子生	jiānzishēng	1-2		揪	jiū	5-1
肩膀	jiānbǎng	1-5		救	jiù	4-3
艰巨	jiānjù	1-1		居然	jūrán	2-1
捡	jiǎn	5-5		局面	júmiàn	4-6
剪枝	jiǎn zhī	4-6		局外人	júwàirén	3-2
简明扼要	jiǎnmíng-èyào	4-4		举动	jǔdòng	3-3
见义勇为	jiànyì-yǒngwéi	4-4		巨大	jùdà	4-4
建议	jiànyì	1-4		拒绝	jùjué	5-3
健康	jiànkāng	1-4		剧情	jùqíng	3-4
健忘症	jiànwàngzhèng	4-1		剧院	jùyuàn	3-4
奖励	jiǎnglì	1-3		距离	jùlí	5-6
奖状	jiǎngzhuàng	2-4		决策	juécè	2-4
交易	jiāoyì	2-2		决斗	juédòu	2-1
郊游	jiāoyóu	3-1		绝对	juéduì	1-3
胶条	jiāotiáo	3-4		绝句	juéjù	2-2
脚丫子	jiǎoyāzi	1-6		军训	jūnxùn	5-1
搅和	jiǎohuo	3-5		**K**		
叫板	jiào bǎn	2-2		开饭	kāi fàn	1-3
教科文组织	Jiào-Kē-Wén Zǔzhī	2-4		扛	káng	4-5
教训	jiàoxùn	2-1		靠拢	kàolǒng	4-1
教养	jiàoyǎng	1-2		科	kē	5-2
教育	jiàoyù	1-5		壳	ké	1-4
阶段	jiēduàn	2-2		可（着）	kě (zhe)	4-3
街坊四邻	jiēfang sìlín	3-2		可怜	kělián	1-1
节目	jiémù	1-2		可怕	kěpà	4-3
结合	jiéhé	2-4		可惜	kěxī	3-6

肯	kěn	2-2
肯定	kěndìng	1-4
恐怕	kǒngpà	1-4
控制	kòngzhì	4-6
口子	kǒuzi	5-1
苦胆	kǔdǎn	5-5
苦衷	kǔzhōng	4-5
筷子	kuàizi	5-3
宽大为怀	kuāndà-wéihuái	1-5
狂野	kuángyě	1-6
狂躁	kuángzào	5-2
旷课	kuàng kè	5-1

L

拦	lán	4-5
阑尾炎	lánwěiyán	1-2
劳	láo	4-2
劳动	láodòng	4-4
老大	lǎodà	3-3
老公	lǎogōng	序
老老实实	lǎolǎoshíshí	4-5
老婆	lǎopo	序
姥姥	lǎolao	4-1
乐意	lèyì	3-1
类人猿	lèirényuán	5-2
冷静	lěngjìng	2-4
愣	lèng	4-6
离婚	lí hūn	2-1
礼貌	lǐmào	1-2
理解	lǐjiě	2-4
理科	lǐkē	2-2
理想	lǐxiǎng	4-1
理由	lǐyóu	5-3
理智	lǐzhì	2-4
鲤鱼	lǐyú	5-5
力量	lìliàng	2-4
荔枝	lìzhī	1-2
连锁反应	liánsuǒ fǎnyìng	3-5
联络	liánluò	2-2
联想式	liánxiǎngshì	5-2
恋爱	liàn'ài	2-2
链	liàn	5-1
凉水	liángshuǐ	4-3
列举	lièjǔ	4-3
凌晨	língchén	5-3
零	líng	2-3
领带	lǐngdài	1-1
另案	lìng'àn	4-5
留	liú	4-2
流血	liú xiě (xuè)	4-3
漏	lòu	5-4
乱	luàn	1-2
螺丝钉	luósīdīng	4-3
落	luò	2-3
落差	luòchā	4-4

M

妈咪	māmī	3-3
麻醉剂	mázuìjì	5-6
马不停蹄	mǎbùtíngtí	3-4
满分	mǎnfēn	4-1
猫头鹰	māotóuyīng	3-1
毛病	máobìng	4-1
没准儿	méizhǔnr	2-3
玫瑰	méiguī	2-4
密度	mìdù	3-6
绵羊	miányáng	2-2
名额	míng'é	5-2
名贵	míngguì	4-6
明媚	míngmèi	3-1
明确	míngquè	2-3
鸣金收兵	míngjīn-shōubīng	3-4
命令	mìnglìng	4-5
摸爬滚打	mō-pá-gǔn-dǎ	5-1
模拟	mónǐ	5-1
模型	móxíng	5-4
磨	mó	2-1
魔术	móshù	5-3
抹	mǒ	3-1
陌生	mòshēng	3-2

模样	múyàng	4-6		品位	pǐnwèi	1-1
目标	mùbiāo	2-4		品种	pǐnzhǒng	4-6
目前	mùqián	1-1		凭	píng	1-5
N				破	pò	4-4
奶糖	nǎitáng	1-2		破坏	pòhuài	5-4
耐心	nàixīn	1-5		**Q**		
男子汉	nánzǐhàn	3-5		欺负	qīfu	1-3
难道	nándào	1-6		齐	qí	5-4
难受	nánshòu	3-2		其余	qíyú	4-3
难为	nánwei	1-5		起点	qǐdiǎn	1-3
挠	náo	1-1		起开	qǐkai	2-5
脑	nǎo	1-3		起码	qǐmǎ	1-5
脑袋	nǎodai	4-3		气氛	qìfēn	5-4
闹	nào	1-2		掐	qiā	5-1
能否	néngfǒu	5-4		千丝万缕	qiānsī-wànlǚ	5-3
年级	niánjí	4-2		千万	qiānwàn	1-6
拧	nǐng	4-3		前夫	qiánfū	3-5
拧	nìng	2-1		欠	qiàn	3-5
弄	nòng	1-2		墙	qiáng	5-6
挪	nuó	3-3		敲门	qiāo mén	1-4
女性	nǚxìng	1-2		乔迁之喜	qiáoqiān zhī xǐ	3-1
P				瞧	qiáo	1-1
趴	pā	1-5		切	qiē	2-1
拍	pāi	3-1		切面	qiēmiàn	4-2
派	pài	3-2		茄子	qiézi	1-4
螃蟹	pángxiè	1-1		亲	qīn（亲兄弟）	1-1
泡	pào	5-3		亲（妈）	qīn (mā)	3-2
佩服	pèifú	1-6		亲戚	qīnqi	3-2
配合	pèihé	2-3		亲情	qīnqíng	3-3
碰	pèng	5-6		亲如父子	qīnrúfùzǐ	4-6
批评	pīpíng	1-5		亲自	qīnzì	2-1
噼里啪啦	pīlipālā	4-3		青春	qīngchūn	5-1
脾气	píqi	2-2		倾向	qīngxiàng	4-5
屁股	pìgu	4-1		清醒	qīngxǐng	2-1
偏心	piānxīn	1-4		清蒸	qīngzhēng	5-5
骗	piàn	4-5		情感	qínggǎn	2-4
拼	pīn	2-4		情节	qíngjié	3-4
拼命	pīn mìng	2-1		情人	qíngrén	2-2
频道	píndào	2-6		请假	qǐng jià	4-2

请求	qǐngqiú	5-4
庆祝	qìngzhù	3-1
求	qiú	4-3
娶	qǔ	1-1
权（利）	quán (lì)	1-4
权威	quánwēi	3-2
全家福	quánjiāfú	3-1
缺	quē	1-2
缺点	quēdiǎn	4-6
缺乏	quēfá	3-2
确定	quèdìng	1-4
确认	quèrèn	2-5
确实	quèshí	1-5

R

燃烧	ránshāo	1-6
染	rǎn	1-6
惹	rě	3-2
热爱	rè'ài	4-4
人道	réndào	4-6
人格	réngé	1-4
人工降雪	réngōng jiàngxuě	4-3
人类	rénlèi	5-3
人身自由	rénshēn zìyóu	1-3
忍	rěn	1-5
任人宰割	rènrénzǎigē	2-2
任务	rènwu	1-1
扔	rēng	2-1
如实	rúshí	1-2
锐利	ruìlì	2-1

S

仨	sā	1-2
撒	sǎ	4-3
嗓子	sǎngzi	4-4
沙漠	shāmò	1-6
沙皮狗	shāpígǒu	3-3
傻	shǎ	2-1
傻样儿	shǎyàngr	3-1
闪电式	shǎndiànshì	2-1
扇	shān	2-2

善解人意	shànjiě-rényì	1-5
伤害	shānghài	2-1
上吊	shàng diào	5-1
烧烤	shāokǎo	3-2
舌战	shézhàn	2-1
社交	shèjiāo	2-1
深渊	shēnyuān	2-2
神奇	shénqí	2-4
生	shēng	4-2
生存	shēngcún	1-3
生物	shēngwù	5-1
绳儿	shéngr	5-1
省略号	shěnglüèhào	4-5
失望	shīwàng	2-1
诗意	shīyì	1-1
湿纸巾	shīzhǐjīn	1-3
十万八千里	shíwàn bāqiān lǐ	5-6
时差	shíchā	1-1
时期	shíqī	3-6
实行	shíxíng	2-3
使	shǐ	5-3
示范	shìfàn	5-1
世纪	shìjì	1-2
似的	shìde	1-1
事关重大	shìguānzhòngdà	2-5
事实	shìshí	4-5
是时候	shì shíhou	4-1
誓言	shìyán	2-1
收拾	shōushi (房间)	1-5
收拾	shōushi (某人)	4-6
手掌	shǒuzhǎng	2-3
守则	shǒuzé	4-1
受气	shòu qì	2-2
兽群	shòuqún	5-3
熟	shú (shóu)	1-4
	(熟螃蟹 shúpángxiè)	
熟	shú (shóu)	4-2
	(一回生，二回熟)	
熟悉	shúxi	1-6

属于	shǔyú	3-6
树立	shùlì	1-2
树枝	shùzhī	5-5
摔	shuāi	2-1
甩	shuǎi	2-6
帅	shuài	1-1
睡眠	shuìmián	5-3
瞬间	shùnjiān	3-1
说了算	shuōle suàn	4-1
说明	shuōmíng	1-5
思维	sīwéi	5-2
思想	sīxiǎng	2-5
死定了	sǐdìng le	4-2
苏门答腊	Sūméndálà	5-5
素食主义	sùshí zhǔyì	5-2
素质	sùzhì	2-3
塑料	sùliào	2-1
算	suàn	1-2
随便	suíbiàn	1-4
所谓	suǒwèi	2-2
所有	suǒyǒu	4-6
所作所为	suǒzuò suǒwéi	2-6

T

态度	tàidù	3-6
贪玩儿	tān wánr	2-6
趟	tàng	序
逃课	táo kè	5-1
逃离	táolí	2-6
逃跑	táopǎo	2-3
淘气	táoqì	序
讨厌	tǎo yàn	3-1
特等奖	tèděngjiǎng	1-4
特色	tèsè	5-3
特意	tèyì	4-2
提醒	tíxǐng	3-3
体形	tǐxíng	5-2
天理	tiānlǐ	2-3
天女散花	tiānnǚ sànhuā	4-3
天文	tiānwén	5-6

天文馆	tiānwénguǎn	5-6
调皮	tiáopí	序
通	tōng	5-2
通风	tōng fēng	5-6
通情达理	tōngqíng-dálǐ	1-5
统治权	tǒngzhìquán	5-2
痛快	tòngkuai	3-2
偷懒	tōu lǎn	5-3
秃小子	tūxiǎozi	1-2
突然	tūrán	3-3
团圆	tuányuán	1-4
托儿	tuōr	2-2
妥	tuǒ	3-4
妥当	tuǒdàng	3-5

W

完美	wánměi	2-4
完整	wánzhěng	1-2
玩意儿	wányìr	2-4
晚餐	wǎncān	1-2
万一	wànyī	3-4
望远镜	wàngyuǎnjìng	5-6
微妙	wēimiào	5-3
微缩	wēisuō	5-5
围	wéi	3-2
伟大	wěidà	1-1
委屈	wěiqu	1-5
卫星	wèixīng	5-2
未来	wèilái	2-2
喂	wèi	3-4
温暖	wēnnuǎn	3-2
文静	wénjìng	1-2
文弱书生	wénruò shūshēng	2-2
文物	wénwù	5-5
文质彬彬	wénzhì-bīnbīn	2-2
闻	wén	1-1
窝	wō	5-5
污染	wūrǎn	1-4
诬蔑	wūmiè	3-5
武器	wǔqì	2-1

勿	wù	1-4
误以为	wù yǐwéi	5-2

X

西方化	xīfānghuà	2-5
吸引	xīyǐn	5-6
稀里糊涂	xīlihútú	2-1
稀世珍宝	xīshì zhēnbǎo	5-5
习惯	xíguàn	1-3
洗	xǐ	3-2
喜新厌旧	xǐxīn-yànjiù	3-3
系列	xìliè	5-4
系统	xìtǒng	5-2
虾	xiā	1-4
虾米	xiāmi	5-1
瞎	xiā	5-2
瞎说八道	xiāshuō bādào	1-1
瞎子	xiāzi	3-6
下馆子	xià guǎnzi	1-3
下马威	xiàmǎwēi	2-1
下手	xià shǒu	2-1
吓	xià	1-2
吓人	xià rén	5-2
夏令营	xiàlìngyíng	5-1
先发制人	xiānfā-zhìrén	1-5
先来后到	xiānlái-hòudào	3-3
显摆	xiǎnbai	5-5
显眼	xiǎnyǎn	3-1
限制	xiànzhì	2-3
相册	xiàngcè	3-3
箱子	xiāngzi	1-5
享受	xiǎngshòu	1-6
想不开	xiǎngbukāi	5-1
想念	xiǎngniàn	5-6
想象	xiǎngxiàng	2-5
想象力	xiǎngxiànglì	1-1
项目	xiàngmù	5-1
象征	xiàngzhēng	1-6
消毒	xiāo dú	1-3
消气	xiāo qì	2-2
消失	xiāoshī	2-2
嚣张	xiāozhāng	3-3
小品	xiǎopǐn	4-1
小区	xiǎoqū	1-6
小心眼儿	xiǎoxīnyǎnr	4-5
写真	xiězhēn	3-5
血	xiě	1-1
心甘情愿	xīngān-qíngyuàn	4-4
心肝儿	xīngānr	4-1
心理	xīnlǐ	1-1
心灵	xīnlíng	2-1
心疼	xīnténg	3-2
心跳	xīn tiào	1-2
心血来潮	xīnxuè-láicháo	2-1
欣赏	xīnshǎng	3-3
新新人类	xīnxīnrénlèi	2-1
信任	xìnrèn	1-2
信心	xìnxīn	1-1
星球大战	xīngqiú dàzhàn	5-3
行使	xíngshǐ	2-6
猩猩	xīngxing	4-4
兴高采烈	xìnggāo-cǎiliè	3-2
性情	xìngqíng	5-2
性骚扰	xìngsāorǎo	2-5
凶	xiōng	2-1
兄弟	xiōngdì	1-1
雄性	xióngxìng	5-2
秀	xiù	3-4
虚惊一场	xūjīng yìchǎng	5-1
宣布	xuānbù	4-2
悬崖勒马	xuányá-lèmǎ	2-2
血浓于水	xuènóngyúshuǐ	3-4
迅速	xùnsù	5-2

Y

鸭子	yāzi	3-3
牙齿	yáchǐ	5-5
严加	yánjiā	2-6
严厉	yánlì	2-3
严重	yánzhòng	2-5

言谢	yán xiè	3-4
眼看	yǎnkàn	4-4
眼皮	yǎnpí	1-2
眼神	yǎnshén	3-6
阳光	yángguāng	4-3
阳台	yángtái	2-3
养	yǎng	3-5
痒	yǎng	4-4
样本	yàngběn	5-3
咬	yǎo	序
要不然	yàobùrán	1-5
要求	yāoqiú	4-2
噎	yē	3-1
野蛮	yěmán	2-4
野外	yěwài	5-1
叶子	yèzi	4-1
一般	yìbān	1-4
一条心	yìtiáoxīn	4-6
一五一十	yìwǔ-yìshí	4-5
一一	yīyī	4-3
衣食住行	yī-shí-zhù-xíng	1-4
医务室	yīwùshì	4-3
仪式	yíshì	5-1
阴影	yīnyǐng	2-1
音响	yīnxiǎng	1-6
隐瞒	yǐnmán	4-5
英俊	yīngyùn	5-2
英明	yīngmíng	2-4
迎接	yíngjiē	1-4
影响	yǐngxiǎng	3-6
应付	yìngfu	2-3
庸俗	yōngsú	2-2
尤其	yóuqí	4-3
幼小	yòuxiǎo	2-1
幼稚	yòuzhì	2-2
预备	yùbèi	2-1
预支	yùzhī	2-2
冤	yuān	3-3
冤案	yuān'àn	5-2

冤枉	yuānwang	3-2
原本	yuánběn	5-3
原始森林	yuánshǐ sēnlín	5-5
原装	yuánzhuāng	3-3
圆满	yuánmǎn	4-4
愿意	yuànyì	序
晕	yūn	4-1
允许	yǔnxǔ	2-2
Z
仔细	zǐxì	4-6
攒	zǎn	4-1
遭	zāo	4-3
早恋	zǎoliàn	2-2
造成	zàochéng	3-5
责任	zérèn	2-1
责无旁贷	zéwúpángdài	4-2
眨	zhǎ	5-6
摘	zhāi	1-6
沾	zhān	5-1
战斗	zhàndòu	1-1
招	zhāo (招惹 zhāorě)	1-5
招	zhāo (招了)	2-2
招	zhāo (名词)	4-6
招之即来	zhāozhījílái	3-5
朝夕相处	zhāoxī xiāngchǔ	1-1
照顾	zhàogù	1-1
照相馆	zhàoxiàngguǎn	3-6
折腾	zhēteng	4-5
珍贵	zhēnguì	5-6
真心	zhēnxīn	1-2
枕巾	zhěnjīn	1-6
争	zhēng	3-4
争夺	zhēngduó	5-2
睁眼	zhēng yǎn	4-4
蒸	zhēng	5-5
整个	zhěnggè	1-6
正面	zhèngmiàn	2-1
正确	zhèngquè	1-4
正式	zhèngshì	1-1

正事儿	zhèngshìr	3-5		专门	zhuānmén	1-4
正宗	zhèngzōng	1-4		转	zhuǎn	5-6
政治	zhèngzhì	4-2		转达	zhuǎndá	1-2
支持	zhīchí	5-2		装	zhuāng	3-2
蜘蛛	zhīzhū	序		准	zhǔn	1-5
直接	zhíjiē	4-4		资格	zīgé	2-6
直说	zhí shuō	4-1		资金	zījīn	2-4
值日	zhírì	4-3		资料	zīliào	5-2
植物园	zhíwùyuán	5-3		自打	zìdǎ	1-1
指南针	zhǐnánzhēn	5-2		自当	zì dàng	4-1
至于	zhìyú	1-1		自个儿	zìgěr	2-3
智囊团	zhìnángtuán	2-1		自豪	zìháo	4-3
忠实	zhōngshí	3-6		自生自灭	zìshēng-zìmiè	3-4
肿	zhǒng	2-2		自投罗网	zìtóuluówǎng	4-4
中头奖	zhòng tóujiǎng	1-2		自信心	zìxìnxīn	4-2
种树	zhòng shù	5-1		综合	zōnghé	2-3
重症病房	zhòngzhèng bìngfáng	1-1		走火入魔	zǒuhuǒ-rùmó	5-3
周边	zhōubiān	1-6		揍	zòu	2-1
周口店	Zhōukǒudiàn	5-4		族群	zúqún	5-5
主见	zhǔjiàn	1-4		祖国	zǔguó	4-1
主治医	zhǔzhìyī	5-2		祖先	zǔxiān	5-3
煮	zhǔ	5-3		钻	zuān	4-4
嘱咐	zhǔfù	1-3		钻石	zuànshí	2-5
祝酒词	zhùjiǔcí	1-4		尊重	zūnzhòng	1-3
抓	zhuā	3-3		作用	zuòyòng	4-5

附录三 Appendix 3

常见成语、惯用语与俗语索引
Idioms, Locutions and Proverbs Index

白头偕老	3-6	好心好意	5-2
报喜不报忧	4-5	恨不得找个地缝儿钻进去	4-4
别往心里去	5-2	花花公子	2-5
兵来将挡，水来土掩	3-5	混合双打	4-1
不容置疑	1-4	尖子生	1-2
不像话	1-5	简明扼要	4-4
不亦乐乎	5-2	见义勇为	4-4
车到山前必有路	3-5	局外人	3-2
重组家庭	序	苦肉计	4-6
出主意	1-5	宽大为怀	1-5
大半夜	2-4	老老实实	4-5
当头一棒	4-4	连锁反应	3-5
东东	2-1	两面派	4-5
儿女双全	3-5	零限制	2-3
防伪标志	1-4	马不停蹄	3-4
放一马	4-4	美眉	2-6
夫唱妇随	3-5	鸣金收兵	3-4
父子之间不言谢	3-4	摸爬滚打	5-1
哥们儿	4-6	噼里啪啦	4-3
隔行如隔山	5-2	千丝万缕	5-3
供血不足	1-3	乔迁之喜	3-1
勾肩搭背	3-6	亲如父子	4-6
乖乖女	1-2	请勿打扰	1-4
海誓山盟	3-6	全家福	3-1
含情脉脉	3-6	人工降雪	4-3

人身自由	1-3
任人宰割	2-2
善解人意	1-5
事关重大	2-5
是时候	4-1
死定了	4-2
素食主义	5-2
所作所为	2-6
天理何在	2-3
天女散花	4-3
通情达理	1-5
文弱书生	2-2
文质彬彬	2-2
稀里糊涂	2-1
稀世珍宝	5-5
喜新厌旧	3-3
瞎说八道	1-1
下馆子	1-3
下马威	2-1
先发制人	1-5
先来后到	3-3
想得倒挺美（的）	5-3
小菜一碟儿	4-6

心甘情愿	4-4
心跳过速	1-2
心血来潮	2-1
新新人类	2-1
兴高采烈	3-2
虚惊一场	5-1
悬崖勒马	2-2
血浓于水	3-4
一回生，两回熟	4-2
一条心	4-6
一头羊也是赶，三头羊也是轰	1-1
原始森林	5-5
责无旁贷	4-2
朝夕相处	1-1
招之即来，挥之即去	3-5
睁一眼闭一眼	4-4
只许州官放火，不许百姓点灯	2-5
中头奖	1-2
周边环境	1-6
祝酒词	1-4
自生自灭	3-4
自投罗网	4-4
走火入魔	5-3

附录四 Appendix 4

语言点例释索引
Grammar Points Index

AABB	5-6	不亦乐乎	5-2
A被B（给）……	1-1	不再……	2-3
A比B都……	5-1	才……呢	2-6
A比B还（要）……	5-1	趁（着）	1-3
A对B有信心	1-1	趁早	1-5
A越……B越……	2-1	……成吗	2-4
把……（给）……	1-2	……成什么样了	3-3
把……当（成）……	1-6	除非……才……	2-2
罢了	4-4	凑合	4-2
拜托	4-3	大……的	2-4
包括	3-6	待会儿	2-4
本来	4-4	当初	2-1
本来就是	3-2	当时	2-5
本（来）以为……	4-6	当真	2-5
甭	4-5	倒是	4-1
比+疑问代词+都……	2-6	到底	1-4
比如说……	1-6	得了吧	3-5
彼此	2-3	……得受不了	1-3
毕竟	2-1	……了吧唧的	5-1
不……不……	2-3	等于	4-2
不管A还是B，都	4-2	顶	3-4
不光……还……	3-4	对（于）……来讲	1-6
不见得	5-2	对……信任/不信任	1-2
不就是……嘛，至于……吗	1-1	多……啊	1-1
不就完了吗	3-1	发	4-4
不愧	4-6	反正	1-3
不是我说你	2-6	非……不行	1-2
不像话	1-5	非得……不可	1-2
不许……	1-1	否则	3-3
不一般	1-4	干脆	1-1

附录
Appendix

赶紧	3-1		可不是嘛	4-2
赶快	5-3		可惜	3-6
敢情	3-5		肯	2-2
干吗 I	1-2		肯定	1-4
干吗 II	2-1		恐怕……	1-4
搞	4-3		……来着	1-2
根本	2-2		连……都……	1-5
跟……似的	1-1		连……都……，还……	3-5
还 I	4-1		没那么严重	2-5
还 II	4-5		没什么可……的	4-2
还是……吧	2-1		没准儿	2-3
还是……为好	2-5		那当然了	2-3
还算……	4-4		那倒不是	3-3
行了	2-1		那会儿	3-1
好……	2-2		那哪儿行啊	4-2
好不容易	4-4		难道	1-6
好家伙！	5-1		能……就……	4-3
恨不得	4-4		能否	5-4
话不能这么说	3-5		你给我……	1-3
换句话说就是……	4-1		你说	1-5
回头	1-6		弄	3-3
即使……也……	5-2		凭什么	1-5
记得……	1-2		起码	1-5
既然	4-3		千万	1-6
将	2-2		欠	3-5
尽快	2-5		瞧你说的	4-4
净……	3-1		亲自	2-1
就是（的）	5-5		去你的	1-2
就要……了	序		确实	1-5
居然	2-1		人家	5-2
据我……	5-5		如果……那就算了	2-3
绝对	1-3		少……	1-1
看……	4-6		什么都……	1-1
看来	5-4		实在不行	5-6
可	2-4		使	3-4
可不……吗	3-2		事情是这样的	5-6

……是……，可……	5-5
是时候	4-1
是这么回事儿	4-5
谁说的	3-6
谁知道……	3-2
说的有道理	5-4
死定了	4-2
算 I	1-2
算 II	4-1
算得了什么	2-6
算是……	4-6
所……	2-5
所谓	2-2
太过分了	2-6
贪	2-6
特意	4-2
万一	3-4
为	2-2
为……干（一）杯	1-4
为了	1-2
我保证……	1-2
我发誓，……	4-1
我建议，……	1-4
我就说嘛	2-2
我是怕……	2-1
我习惯……	1-3
我也是	4-3
无非	5-2
想……就……	3-6
想怎么……就怎么……	2-3
要不	1-3
要不然	1-5
也就是说	5-3

尤其	4-3
由于	2-5
原本	5-3
愿意	序
再加上	3-2
再说	5-3
再也不……了	4-2
在于	5-3
早就	2-2
早知道（A）就B了	4-4
怎么可能	1-6
……着呢	3-5
怎么着 I	2-5
怎么着 II	3-3
怎么着 III	3-6
这个事情包在我身上	3-2
这话倒也对	4-1
这几天	2-4
这么说吧	4-3
这/那算怎么回事儿呀	3-2
这说明……	1-5
这算什么？小菜一碟儿！	4-6
这下可……了	3-6
这要让……（知道）了，……	2-4
真逗	3-2
真是的	3-1
正是……	3-3
只不过	3-5
终于	2-4
准	1-5
总不能……吧	5-1
总算	4-1
作为	2-2

附录五 Appendix 5

文化点滴索引
Cultural Points Index

中国的家庭	1-1	外来语	3-4
尖子生与三好生	1-2	俗语	3-5
"嫁"与"娶"	1-3	"茄子"	3-6
团圆	1-4	关于分数	4-1
后妈与后爸	1-5	亲属称谓	4-2
早恋问题	1-6	天女散花	4-3
上火与败火	2-1	俚语	4-4
高考与"3+X"	2-2	排比句	4-5
特殊电话号码	2-3	苦肉计	4-6
三从四德	2-4	军训与摸、爬、滚、打	5-1
成语	2-5	指南针	5-2
惯用语	2-6	大熊猫	5-3
乔迁之喜	3-1	周口店	5-4
全家福	3-2	国家级保护文物	5-5
风水	3-3	北京天文馆	5-6

附录六 Appendix 6

部分练习参考答案
Reference Answers of Exercises

序

二、1. 夫妻　　2. 女儿　　3. 爷爷家　　4. 夏东海　　5. 美国

四、1. 愿意　　2. 趟　　3. 淘气　　4. 咬　　5. 共同　　6. 重

第一单元

第一课

一、1. ✓　2. ×　3. ×　4. ✓　5. ×　6. ×　7. ×

二、(a) 你是说，让我当三个孩子的妈？
　　(b) 妈，我的手被虫子给咬了。
　　(c) 为什么蚊子只咬我，不咬刘星？
　　(d) 谁又在这儿瞎说八道啊？
　　(e) 刚才我看见一个八条腿的家伙。
　　(f) 那你给我来点有想象力的，有诗意的。

四、(一) 亲　帅　伟大　正式　娶　待　扶　害怕　照顾　可怜　纯正　朝夕相处
　　(二) 领带　心理　品位　信心　任务　艰巨　比喻　太阳　诗意
　　　　想象力　目前　时差

第二课

二、1. 算　　2. 如实转达　　3. 心跳过速　　4. 秃小子，大闺女
　　5. 尖子生，眼皮底下　　6. 概率　　7. 缺

四、(一) 真心　如实　树立　转达　中　保证　信任　缺　吓
　　(二) 紧张　文静　典型　乖　闹　乱　丰盛
　　(三) 礼貌　世纪　女性　概率　节目

第三课

三、嘱咐　欺负　习惯　尊重　生存　奖励　消毒　懂事儿　起点

第四课

五、1. 观点　　2. 主意　　3. 方面　　4. 权利　　5. 性格
　　6. 正确　　7. 健康　　8. 迎接　　9. 尝　　10. 肯定
　　11. 污染　12. 团圆　13. 熟　14. 干杯　15. 保持
　　16. 敲门　17. 动　18. 沉默　19. 偏心　20. 建议
　　21. 必须　22. 顺便　23. 专门　24. 可怕　25. 一般

六、容 勿 行 伪 格 祝

第五课

一、委屈，道歉，忍，通情达理、善解人意，趴，委屈，先发制人，爱（心），耐（心）

四、1. 懂得道理，说话做事合情合理。（通情达理）
2. 先于对手采取行动以获得主动。（先发制人）
3. 容易理解别人的想法，体贴对方。（善解人意）
4. 待人接物胸怀宽广，态度宽容厚道。（宽大为怀）

五、道歉 抽 批评 出主意 忍 难为 趴 说明 管 收拾 委屈 假

第六课

一、1. C 2. B 3. B 4. A 5. C

三、1，2，3，4，6，7——xíng 5，8——háng

四、周边 环境 待遇 爱情 沙漠 熟悉 享受 捣乱 佩服 摘 染 擦 献 燃烧 象征 整个

第二单元

第一课

二、1. B 2. A 3. B 4. B 5. A 6. C 7. B

四、尽责任，犯错误，发生冲突，磨菜刀，雇人，有创意，败火

五、惨痛的（教训） 锐利的（武器） 幼小的（心灵）
闪电式地（结婚） 拼命地（追求） 塑料（杯子）

六、(一) 单独 凶 清醒 稀里糊涂 闪电式 傻 正面 亲自 心血来潮
(二) 责任 誓言 社交 错误 阴影 教训 冲突 创意 当初
(三) 保护 失望 干涉 犯 离婚 扔 伤害 摔 预备 过瘾 拼命 嫁 动手 雇 切

第二课

一、1. ✗ 2. ✗ 3. ✗ 4. ✓ 5. ✓
6. ✗ 7. ✓ 8. ✗ 9. ✓ 10. ✓

四、(一) 恋爱 积累 联络 处理 消失 假冒 表明 招 允许 滑 预支 放弃 负 消 受气 肿 作为 肯
(二) 脾气 深渊 阶段 精力 未来 刺 交易 理科 幼稚 庸俗 经典 责任

第三课

一、1. ✗ 2. ✗ 3. ✗ 4. ✓ 5. ✗ 6. ✗ 7. ✓

四、素质 零 严厉 猖狂 综合 明确 惩罚 挨打 落 沟通 应付 表态 实行 配合 逃跑 彼此 限制

第四课

一、1. B　　2. C　　3. C　　4. C　　5. B

三、(1) e　　(2) h　　(3) g　　(4) c　　(5) f　　(6) d　　(7) b　　(8) a

四、1. 到达　　2. 担心　　3. 发生　　4. 了解　　5. 结合　　6. 待会儿
　　7. 乖　　8. 惊奇　　9. 英明　　10. 理智　　11. 完美　　12. 安静
　　13. 尖锐　　14. 目的　　15. 向　　16. 力量　　17. 决定　　18. 感情

第五课

四、成语　思想　西方化　恶意　国情　反抗　确认　重复　想象　不像话　解释

第六课

一、1. 人是自由的，鞋也是自由的。
　　2. 能不能留个频道也给我们说两句呀？
　　3. 你根本没资格这么说我们。
　　4. 希望你对你们家的小孩子严加管教。
　　5. 小雪根本就没有男朋友，那个狂野少年是她的一个托儿！
　　6. 我要跟你们两个小坏蛋决斗！！
　　7. 不许篡改成语。
　　8. 我只是行使一下儿当姐姐的责任。

二、贪玩儿

三、过分　甩　所作所为　资格　行使　霸道　篡改　频道　贪玩儿　管教

第三单元

第一课

一、1. ×　　2. ×　　3. ×　　4. ×　　5. ✓　　6. ×　　7. ×　　8. ✓

二、(1) f　　(2) e　　(3) b　　(4) a　　(5) g　　(6) d　　(7) c

五、(一) 1. 抹　　2. 滚　　3. 讨厌　　4. 嗔　　5. 拍
　　　　6. 庆祝　　7. 郊游　　8. 乐意　　9. 摆
　　(二) 1. 春游　　2. 草地　　3. 乔迁之喜　　4. 瞬间　　5. 明媚
　　　　6. 灿烂　　7. 赶紧　　8. 显眼

第二课

四、(一) 1. 逗　　2. 兴高采烈　　3. 孤零零　　4. 温暖　　5. 陌生
　　　　6. 痛快　　7. 难受　　8. 本能
　　(二) 1. 装　　2. 憋　　3. 冲　　4. 围　　5. 缺乏
　　　　6. 计较　　7. 冤枉　　8. 出面　　9. 心疼　　10. 派

第三课

二、喜新厌旧

五、1. 突然　　2. 原装　　3. 冤　　4. 嚣张　　5. 抓　　6. 挪
　　7. 倒　　8. 提醒　　9. 代替　　10. 先来后到　　11. 弄

第四课

三、(一) 1. 儿童　　2. 剧院　　3. 编导　　4. 风波　　5. 场面
　　　　 6. 情节　　7. 各自
　　(二) 1. 刺激　　2. 使　　3. 争　　4. 喂　　5. 顶
　　　　 6. 发泄　　7. 放大　　8. 妥　　9. 加急　　10. 复杂

四、1. 自然产生，自然灭亡。指不用过问，任其自然发展。（自生自灭）
　　2. 比喻行动宣告结束。（鸣金收兵）
　　3. 比喻连续不断地活动，一刻不停。（马不停蹄）
　　4. 比喻有血缘关系的人关系最紧密。（血浓于水）

第五课

一、1. √　　2. ×　　3. √　　4. √　　5. ×　　6. √　　7. √
　　8. ×　　9. √

四、1. 正事儿　　2. 后果　　3. 本人　　4. 承认　　5. 诬蔑　　6. 欠
　　7. 搅和　　8. 造成　　9. 划船　　10. 养　　11. 在乎　　12. 妥当
　　13. 孤独　　14. 冷静

五、男（子）汉　　　　　　　　　　连锁反（应）
　　儿女（双）全　　　　　　　　　夫唱妇（随）
　　车到山前（必）有路　　　　　　气儿不打一（处）来
　　兵来（将）挡，水来（土）掩　　招（之）即来，（挥）之即去

第六课

一、1. ×　　2. √　　3. √　　4. ×　　5. √　　6. ×　　7. ×

四、1. 假装　　2. 属于　　3. 影响　　4. 陈列　　5. 记录
　　6. 眼神　　7. 时期　　8. 忠实　　9. 包括　　10. 密度

五、1. 两个人亲热地把手放在对方的肩上的样子。（勾肩搭背）
　　2. 男女发誓真诚相爱，永不变心。（海誓山盟）
　　3. 男女之间满含深情看着对方的样子。（含情脉脉）
　　4. 相爱的夫妇永远在一起，直到变成白发老人。（白头偕老）

第四单元

第一课

五、1. 闯祸　　2. 发誓　　3. 攒　　4. 直说　　5. 靠拢　　6. 得救
　　7. 算　　8. 记性　　9. 毛病　　10. 功课　　11. 顾虑　　12. 守则
　　13. 晕　　14. 理想　　15. 混合　　16. 健忘

第二课

一、1. ✓　　2. ×　　3. ✓　　4. ✓　　5. ×

二、b, g, e, d, f, a, c

三、(一) 1. 要求　　2. 年级　　3. 政治　　4. 粉笔　　5. 自信心
　　　　 6. 打扮

　　(二) 1. 留　　2. 请假　　3. 凑合　　4. 加班　　5. 打交道
　　　　 6. 等于　　7. 宣布　　8. 特意　　9. 生　　10. 熟

第三课

三、1. 阳光　　2. 可怕　　　3. 自豪　　4. 遭　　5. 惹
　　6. 拆　　　7. 一一列举　8. 拜托　　9. 拧　　10. 撒
　　11. 流血　 12. 人工降雪　13. 救　　14. 其余　15. 求

第四课

一、睁一眼闭一眼　应尽的责任　受刺激　找个地缝儿钻进去　心理落差
　　严重　圆满　表现　安上　爱护公物　值日　热爱劳动　见义勇为
　　奖励　晕

四、1. 痒　　　2. 巨大　　3. 圆满　　4. 悲惨　　5. 眼看
　　6. 直接　　7. 答应　　8. 公物　　9. 劳动　　10. 传达
　　11. 背　　 12. 破　　 13. 爱护　 14. 热爱　 15. 表现
　　16. 精神　 17. 落差　 18. 挨　　 19. 好不容易

第五课

四、1. 赌气　　2. 隐瞒　　3. 折腾　　4. 扛　　5. 拦　　6. 发挥
　　7. 命令　　8. 骗　　　9. 出卖　　10. 躲开　11. 事实　12. 作用
　　13. 部分　 14. 省略　 15. 老老实实　16. 当面　17. 一五一十

第六课

一、1. ×　　2. ✓　　3. ×　　4. ✓　　5. ×
　　6. ✓　　7. ×　　8. ×　　9. ✓　　10. ✓

四、(一) 1. 模样　　2. 局面　　3. 品种　　4. 苦肉计　　5. 招
　　　　 6. 缺点　　7. 小菜一碟儿

　　(二) 1. 愣　　2. 控制　　3. 过关　　4. 后悔　　5. 改正
　　　　 6. 不愧　　7. 仔细　　8. 人道　　9. 名贵　　10. 所有

第五单元

第一课

二、1. 尖，炖   2. 项目
   3. 示范   4. 逃课
   5. 旷课   6. 口子
   7. 模拟，想不开，虚惊一场   8. 生物，仪式
   9. 野外   10. 耽误

第二课

一、1. B   2. B   3. A   4. A   5. B   6. B

二、1. 心血来潮，无非   2. 素食主义者
   3. 隔行如隔山   4. 英俊，不见得
   5. 人家   6. 别往心里去，迅速
   7. 误以为

第三课

一、1. √   2. ×   3. ×   4. √   5. ×   6. √   7. ×

二、1. 尴尬   微妙   千丝万缕   祖先   机会   偷懒   永远   没准儿
    星球大战   睡眠   理由   人类   一点儿点儿   受不了
   2. 进化   3. 开饭 端   4. 特色 电源   5. 模样

第四课

二、1. 鼓捣   气氛
   2. 宣布   保管   破坏   惊喜   能否   请求
   3. 过   模型   资料   齐   系列   差   博物馆   化石   疯   有道理
     挖   漏   逗   当真   可能性   热爱

第五课

一、1. A   2. C   3. C   4. C   5. B

二、1. 稀世珍宝   2. 沉   3. 出土   4. 反胃
   5. 搭，摔   6. 微缩景观   7. 有共同语言

第六课

一、1. C   2. B   3. C   4. C   5. C

二、1. 碰，珍贵
   2. 眨，导弹，望远镜，望
   3. 观察，星星，神奇，浩瀚，吸引，转
   4. 恨
   5. 加紧，必须

博雅学与练　微信使用指南

1. 扫描二维码关注"博雅学与练"公众号，关闭页面，回到微信页面。
2. 用微信扫描图书二维码即可打开该图书的学习页面，之后也可通过"博雅学与练"公众号主页面右下角"我的书架"打开图书。

博雅学与练　USER'S GUIDE BY WECHAT

Step 1: Scan the QR code below，click the highlight point "博雅学与练" and add the official account "关注公众号". Then close the page.

Step 2: Scan the specific book's QR code, and get into the learning page immediately. Later, the book will always be on "我的书架" and you can also click the book cover and enjoy your learning.